터지는 상품은
이렇게 만들어집니다

신상품

터지는 상품은
이렇게 만들어집니다

신상품

천지윤

김서현

고희정

정우재

최훈아

권명회

북스톤

차례

PART 1.
브랜드 데뷔전, 상품기획

PART 2.
콘텐츠로 상품은 두 번 태어난다

PART 3.
돈이 되는 광고, 돈만 쓰는 광고

PART 4.
광고 없이 하나 더 팔기

PART 5.
시장에서는 싸워 이기고 고객에게는 기꺼이 진다

PART 6.
성공하는 브랜드가 가진 것

성공 감각을 팝니다

　　와디즈를 아시나요? 월 평균 약 1000개의
신상품이 데뷔하는 국내 최대 크라우드펀딩 플랫폼입니다.
제철 복숭아나 꾸덕한 브라우니 같은 다양한 식품은 물론, 브
랜드에 가려져 잘 몰랐던 제조 공장의 주방용품에서부터 손
글씨를 디지털 폰트로 바꿔주거나 나만의 서명을 만들어주
는 무형의 서비스까지, '이런 것도 있어?' 할 만한 온갖 신상
품들의 경연장이죠. 이 책은 그런 와디즈에서도 가장 맹렬하
게 매출액을 키워낸 영업조직의 노하우를 담았습니다.

　　저희가 속한 와디즈 알파3팀은 2022년 4월 결성 당시만
해도 월 10억대 초반의 매출액을 내던 팀이었습니다. 자랑할

얘기는 아니지만 조직에서 가장 하위권 실적이었죠. 그러던 팀이 약 7개월 만에 월 30억 이상의 매출액을 만들어내며 전체 영업조직 1위의 성과를 거두었습니다. 단기간에 매출액을 200% 이상 성장시키며 테크·가전, 뷰티, 홈리빙, 클래스·출판, 푸드, 여행·레저 등 온갖 카테고리를 섭렵한 프로젝트 디렉터PD 6명의 노하우를 그냥 흘려보내기가 아까웠습니다. 그래서 다 함께 인사이트를 수집하고, 기록하고, 엮어낸 결과물이 지금 보시는 이 책입니다.

그렇다고 크라우드펀딩에 대한 책은 아닙니다. 신규 브랜드나 신제품의 론칭을 준비하는 1인 기업, 제조사, 브랜드, 청년 창업가, N잡러, 마케터, MD, 디렉터 등 온라인에서 제품을 선보이는 모두를 위한 인사이트를 담았습니다. 온라인 유통에 대한 다양한 노하우와 펀딩 이야기, 브랜드들의 구체적인 성공담과 실패담, 그리고 프로젝트 디렉터로서 제품을 대하는 감각을 다양한 관점에서 포착해 풀어냈습니다.

세상에 이름을 알린 적 없던 브랜드가 억대 매출을 낼 수 있던 이유, 작디작은 규모에도 착실히 팬층을 쌓아가는 브랜드의 비밀, 개인 창작자와 1인 사업가가 카테고리 1위를 할 수 있는 비결… 브랜드와 닿아 있는 일을 하고 있다면 누구든 비슷한 궁금증을 품어보았으리라 생각합니다. 저희도 그랬습니다. 적게는 하루 한 건, 많게는 3건의 신규 브랜드 미팅

성공 감각을 팝니다

을 하며 어딘가 조금씩 닮아 있는 어려움을 번번이 마주하곤 합니다. 이들 브랜드가 멋지게 데뷔할 수 있도록 상품을 기획하고, 무대를 준비하고, 가시적인 성과를 거두도록 하는 것이 저희 PD들의 일입니다. 함께하는 모든 브랜드의 프로젝트를 성공적으로 이끌고 싶습니다. 그러나 현실은 그리 호락호락하지 않다는 것을 매번 부딪혀 깨지고서야 또 깨닫습니다. 그과정에서 잘되는 프로젝트, 안 되는 프로젝트, 좋든 좋지 않든 성공과 실패에 대한 경험이 쌓입니다. 방정식 같은 명쾌한 공식은 잘 모르겠습니다. 그래도 예전보다는 조금 더 뚜렷하게 느껴지는 것들이 있습니다. 경험에서 태어난 감각입니다. '성공 감각'이라는 좀 더 선명한 이름을 붙여봅니다. 실제로 뛰어난 퍼포먼스를 보여주는 PD들은 단순한 데이터로는 설명하지 못하는 어떠한 능력을 갖고 있는 것 같습니다. 그것을 이를테면 '성공 감각'이라 하는 것 같습니다. 두 어절로 간단히 퉁쳐버린 듯하지만, 쉽게 가질 수 있는 것은 물론 아닙니다. 선천적인 것 같지도 않고요. 수없이 많은 브랜드를 만나고, 성공하는 브랜드들은 어떠한 특징이 있는지 가장 가까이에서 긴밀하게 디렉팅을 하면서 쌓인 역량이니까요.

명쾌하게 설명하기 어려운 성공의 감각이라는 것이 어떻게 발현되는지 한 글자씩 힘을 실어 풀어보고 싶었습니다. 다분히 직관적인 '감각'을 긴 지면 안에 설명하다니 언뜻 모순처럼 느껴지지만, 그렇게 해서라도 브랜드들의 새로운 시작을 응원하고 싶었습니다. 새로운 제품을 론칭할 예정이라면, 나만의 브랜드를 구상하는 분이라면, 온라인에서 제품을 정말 잘 팔고 싶어 고민이라면, 저희가 쌓아온 성공 감각이 크든 작든 어떤 모양새로든 도움이 될 거라 믿습니다. 또 그러기를 바랍니다. 그런 마음으로 적어냈습니다.

한편으로 이 책은 저희 저자들 그리고 저희와 함께한 브랜드들의 생존기이자 서로서로 잘했다고 칭찬하는 자축파티임을 부인할 수 없습니다. 한 철을 함께 지내온 우리의 결과물이자 이야기로 찍어낸 사진첩입니다. 그렇더라도 어떤 카테고리의 어떤 제품을 준비하시든, 저희의 이야기가 온라인 시장에 신제품을 내는 모든 과정에 분명히 길잡이가 되어줄 거라 믿으며 이야기를 시작합니다. 신제품에 울고 웃었던 다양한 이야기, 지금부터 함께해보실래요?

PART 1

브랜드 데뷔전,
상품기획

Product Planning

우리의 하루 안에는 몇 개의 상품이 놓여 있을까.
의식하고 쓰는 상품부터
사용했다는 인식조차 하지 못한 상품까지
우리가 선택한 상품에는 나름의 이유가 있을 것이다.

우리가 사는 제품은 누가 어떻게 기획해낸 걸까.
상품은 어디에서 시작될까.
세상 어디에도
상품이 열리는 나무 같은 게 있지는 않을 텐데 말이다.

상품기획의 시작,
내돈내산

사업을 하고 싶다. 아마 PD들 절반 이상은
자기 사업을 하고 싶어 할 것이다. 수천 개의 제품 프로젝트
를 정말 내 사업인 것처럼 운영해봤고 그 경험에서 얻은 인사
이트를 토대로 내 제품, 내 브랜드를 키워보고 싶다. 드디어
브랜드 사업을 슬슬 준비해야겠다 마음먹고 나면 가장 먼저
봉착하는 어려움은 '그래서 뭐 할 건데?'다. 스스로에게 묻는
다. 무슨 제품 할 건데? 어떤 카테고리 할 건데? 하면 과연 잘
될까?

이미 세상에는 수백만 개의 상품이 있다. 사업하겠다고 굳
게 마음먹고도 자꾸만 망설여지는 이유, 어지간한 제품은 이

미 세상에 다 있기 때문이다. 상품기획이 이렇게 어렵다. 세상에 존재하는 제품이 너무 많은데 세상에 없는 참신한 제품을 만들 수 있을까? 이런 고민 때문에 내 사업은 계속 마음속 깊은 곳으로 밀어 넣어두고 있었다. 그러던 내가 마음을 바꿔 먹은 계기가 있다. 얼마 전에 산 가방 덕분이다.

평소처럼 신난 내 엄지손가락이 인스타그램 피드를 쭉쭉 내리는데, 무척 강렬한 광고 소재를 만났다. 성수동에 살 것 같은 힙한 모델이 가방을 들고 있는 컷이었는데, 모델보다 가방이 더 크게 강조되어 있었다. '예쁜데?' 하며 광고 소재들을 넘기다 보니 노트북을 넣는 이미지컷이 있었다. 문득 내 걸레짝 같은 가방이 생각났다. 매일 헬스를 하느라 가방에 짐이 한가득이다. 샴푸, 바디워시, 트리트먼트, 씻고 나오면 바르는 각종 스킨케어, 갈아입을 옷들, 운동복 이 모든 걸 다 챙겨야 하는 맥시멀리스트라 가방이 고생이다. 게다가 우리는 업무 특성상 출근지가 매일 다르다. 이 많은 짐에 노트북까지 넣어서 미팅장소를 다니다 보니, 두 달 정도 지나면 내 가방은 항상 너덜너덜해진다. 안 그래도 가방 바꿀 타이밍인데 잘 됐다 싶어 제품을 더 유심히 봤다. 이름은 리자백이었다. 아직도 왜 이름이 리자인지는 모르겠다. 맥북도 들어가는 걸 보니 내 LG그램 노트북 정도는 가뿐하고 헬스 짐들도 충분히 들어갈 것 같았다. 직장인이라면 다 똑같지 않을까. 그냥 예쁘고 멋져 보이는 것보다는 노트북이 들어가느냐 아니냐가 가방을 고르는 정말 중요한 구매요소다. 또 재질은 소가죽이었다. 두 달 정도면 걸레짝이 되는 내 가방, 소가죽이라면 좀 더 견뎌주지 않을까 싶었다. 광고 소재의 상세 알아보기를 클릭해 홈페이지로 진입했다. 소비자의 기본 미덕답게 곧장 제품 후기를 훑어봤다.

"휘뚜루마뚜루 들고 다니기 편해요."

"노트북 들어가서 너무 좋아요."

"끈 설계 어떻게 하신 거예요? 짐을 엄청 많이 넣었는데 막상 들면 가벼워요."

결국 리자백은 내 10만 원을 가져갔다. 한 이틀 뒤인가, 남자친구 연락보다 더 설레는(물론 남자친구는 없다. 많은 홍보 부탁한다) 택배 도착 문자를 보고 얼른 언박싱을 시도했다. 깔끔한 포장지에 제품이 정성스럽게 담겨 왔고 어깨에 메보니 정말 노트북 무게가 거의 느껴지지 않을 정도로 가벼웠다. 두 달이 넘은 지금도 이 제품은 아직 너덜너덜해지지 않았다. 조금 가여워 보이는 정도? 그만큼 괜찮은 퀄리티다.

택배를 언박싱한 바로 그날, 나는 이 브랜드에 메일을 보냈다. 나와 같이 와디즈 프로젝트를 진행하자는 입점 제안 메일이었다.

타이밍도 좋지, 마침 대표님은 신제품 계획이 있었다. 내가 샀던 리자백은 소가죽 재질이라 날씨를 많이 탄다고 했다. 일반적으로 가죽은 물에 접촉해도 큰 문제가 되지 않지만, 너무 많이 접촉하면 손상될 수 있다. 세찬 비를 맞으면 가죽의 내구성이 떨어질 수 있으므로 비 오는 날에는 가죽제품을 들고 나가지 않는 게 좋다. 그리고 소재감 때문인지 가죽은 가을이나 겨울에 좀 더 잘 어울린다. 우리는 여름을 겨냥해 같은 디자인에 네오프렌 소재로 제품을 만들었다. 네오프렌 소재는 방수가 잘되고 세탁이 가능해 관리가 좀 더 쉽다. 이 네오프렌 소재의 'NEW리자백'으로 와디즈 프로젝트를 준비했다.

내가 직접 구매했고 실제 사용하는 제품이어서인지 디렉팅이 쉬웠다. 그냥 내가 느꼈던 제품의 매력을 상세페이지에 담백하게 녹여냈다. 모든 짐을 들고 다니는 나 같은 보부상 직장인들이 매력을 느낄 수 있도록 노트북부터 필라테스 옷까지 한 번에 담기는 수납력을 어필했다. 또한 오랜 출퇴근 시간을 버틸 수 있도록 어깨에 부담을 줄인 인체공학적 끈 설계를 보여줬다. 짐을 많이 욱여넣어도 망가지지 않는 가방의 외형 또한 큰 장점이기에, 다양한 GIF와 이미지들로 이 내용을 풀어냈다. 내가 광고 소재를 보고 혹해서 구매했듯이 사람들도 NEW리자백에 반응했다. 이 프로젝트는 와디즈에서 처음 선보인 제품임에도 단 한 번의 펀딩으로 매출 6000만 원을 달성했다.

이 프로젝트를 진행하면서 상품기획이 조금은 친근하게 느껴졌다. 순간이동 기계 같은 세상에 없던 엄청난 걸 만드는 게 아니라, 내가 사고 싶은 제품을 떠올리면 기획이 쉬워진다. 세상에 가방 제품은 널렸지만 많은 짐을 넣고 다닐 수 있는 '월등한 수납력'을 지닌 노트북 가방은 많지 않다. 큰 개념의 품목을 떠올리고 하나씩 좁혀보는 연습을 해보자. 예를 들어 내가 가방을 팔아보려 한다. 백팩, 토트백, 쇼퍼백, 종류는 다양하다. 이때 가방의 형태를 생각하는 게 아니라 소비자의 행태를 생각해보는 것이다. 더 쉽게는 스스로를 객관화해 바라보자. 나는 지금 어떤 제품을 사고 싶은가? 요즘 어떤 제품이 필요한가?

얼마 전 나와 네 번의 프로젝트를 진행하며 누적 거래액 10억 이상을 만들었던 '캠플'이라는 브랜드와 식사를 했다. 어지간한 브랜드는 몇십 번을 해야 달성하는 거래액을 단 네 번 만에 만든 브랜드니 디렉터로서 정말 자랑스럽고 대단하다고 생각한다. 이 브랜드는 주로 여행·레저 제품을 선보인다. 360도 사방이 통창처럼 뚫려 있어 파노라마 뷰를 만끽할 수 있는 원터치텐트가 대표작이다. 이 제품을 세 번 펀딩해서 약 7억 원의 거래액을 달성했고, 캐리어 제품은 첫 펀딩으로

2억 6000만 원의 매출을 올렸다. 식사 자리에서 정말 궁금해서 물어봤다.

"실장님, 이런 제품들은 어떻게 기획하시는 거예요?"

실장님이 엄청 뿌듯해하며 하신 말이 지금도 기억난다.

"그냥 제가 쓰고 싶은 제품을 만들어본 거예요. 원터치텐트 중에 이렇게 감성 살린 제품이 별로 없잖아요."

내가 사고 싶은 제품은 사람들도 사고 싶어 한다. 식사 자리가 끝나자마자 네이버페이 결제내역을 켜 생필품을 제외하고 내가 구매했던 목록을 쭉 훑었다. 시현하다 사진 촬영권, 잇메이트 닭가슴살, 립큐어밤, 톤업 베이스 데일리 쿠션, 양배추즙 진액, 크록스 슬리퍼, 서핑 모자… 각각의 상품이 어떤 니즈가 있었던 건지 생각해봤다. 사진 촬영을 할 수 있는 스튜디오는 정말 많다. 굳이 시현하다 스튜디오에서 프로필 촬영을 했던 이유는 내가 가진 분위기를 돌아볼 수 있게끔 하는 장치가 있었기 때문이다. 이곳은 촬영 전에 미리 단어표를 준다. '자유분방한, 핫한, 선한, 청량한, 싱그러운' 등 내가 원하는 분위기를 선택하면 촬영 작가님이 최대한 그에 맞게 디렉팅해 주신다. 잇메이트 닭가슴살은 다른 닭가슴살보다 맛있다. 단백질 함량은 똑같은데 더 맛있으니 사는 것이다.

내가 사놓았던 상품목록들에 상품기획의 해답이 있었다.

내가 혹해서 사는 상품들은 남들도 산다. 내가 매력 있다고 생각하는 상품은 남들도 매력 있다고 느낀다. 상품기획의 기초는 여기서부터다. 내가 뭘 사고 있는가, 그 상품을 왜 샀는가를 되돌아보면 남들도 사고 싶은 상품을 기획할 수 있다.

터질 관상과
묻힐 관상

"PD님, 이거 무조건 됩니다. 이 제품으로 프로젝트 오픈하면 1억은 그냥 찍어요."

제품을 보여주면서 배포 있게 꺼내는 대표님의 첫마디. 정말 죄송하지만 속으로 고개를 갸우뚱한다. 글쎄요, 전 잘 모르겠는데. 대표님들은 어떤 근거로 '1억'이라는 단어를 쉽게 꺼내는 걸까. 내 직감이 항상 맞아떨어지는 건 아니지만 그래도 하루에 제품 미팅을 3~4개씩은 꾸준히 하다 보니 얼추 '될 제품'과 '망할 제품'의 기운을 옅게나마 느낀다. 대박 날 제품의 관상은 따로 있는 걸까? 문득 영화 〈관상〉에서 배우 이정재가 던진 질문이 생각난다.

"내가 왕이 될 상인가?"

"내가 팔릴 관상인가?" 모두가 나에게 지겹도록 제품의 관상을 물어온다. PD들 눈에만 씌워진 '팔릴 제품 판별' 렌즈라도 있다고 생각하는 걸까? 한번쯤은 '될 제품'의 관상을 정리해보고 싶었는데 마음먹고 글을 쓰려다가도 멈칫한다. 지금도 자꾸만 머뭇거리게 되는 이 주제는 다루기가 조심스러워 매번 미뤄왔던 그런 내용이다. 2020년 이커머스 업계를 흔들었던 코로나 바이러스. 과연 누가 알았겠는가, 마스크가 대박 품목이 될 줄. 제품의 길흉화복은 이처럼 점치기 어렵고 생각보다 훨씬 많은 변수에 영향 받는다. 더욱이 업계에서 통용되던 법칙을 완전히 깨버려 대박을 터뜨린 실험적인 브랜드들은 또 얼마나 많은가. 반대로 누가 봐도 될 관상의 제품이 묻히는 경우도 적지 않다. 진짜 잘될 것 같았는데 상세페이지 기획과 컨셉기획을 놓쳐서 묻히는 제품도 많다. 한편으로는 결코 성공 못할 것 같은 제품이었는데 기가 막힌 상세페이지로 심폐소생하는 경우도 있다.

될 제품의 진릿값은 없다. 그러니 지금 내가 적어내는 터질 관상과 묻힐 관상은 3년간 수천 개의 제품을 만나면서 느꼈던 어떤 경향성 정도로만 읽히면 좋겠다. 여기서는 상세페이지의 기획 요소와 퀄리티, 광고 영역은 모두 빼고 오로지 제품 관점에서만 팔릴 관상과 묻힐 관상을 정리해보려 한다.

흔히 브랜드가 '무조건 대박'이라며 가져오는 제품들은 크게 3가지 유형으로 분류된다. 첫째는 동일 스펙에서 가격이 가장 싸다고 하는 제품, 둘째는 다른 플랫폼에서 대박 났다고 하는 제품, 셋째는 한 제품에 무척 많은 기능이 있어 이것도 되고 저것도 되는데 가장 큰 특장점을 뽑아보라 하면 급격히 침묵이 도는 제품군이다.

과연 싸기만 하면 잘 팔릴까?

대박 났던 제품을 또 팔면 잘 팔릴까?

이것저것 다 되는 올인원 제품이면 무조건 잘 팔릴까?

터질 관상 :
없어도 살 수는 있지만 없이는 못 살 것 같은

팔릴 제품이 갖춰야 하는 미덕은 무조건적인 저렴함, 대박 났던 히스토리, 듣도 보도 못한 올인원이 아니라 '니즈'다. 니즈 needs는 영단어 뜻 그대로 필요나 요구를 말한다. 이 제품을 '정말로' 대중이 필요로 하는가?

쇼핑에서의 필요성은 두 가지 개념으로 나뉜다. '생계형 필요'와 '욕망형 필요'다. 생계형 필요는 말 그대로 이 제품이 없으면 생계를 이어가지 못하는 필수불가결한 요구다. 예를 들어 나는 음식이 없으면 살 수 없다. 밥이든 반찬이든 빵이든 먹을거리가 있어야 삶을 유지할 수 있다. 물이 있어야 갈증을 해소할 수 있다. 옷도 마찬가지다. 속옷이 있어야 하고 속옷 위에 입을 티셔츠와 바지가 있어야 인간답게 살 수 있다. 생계형 필요는 목적이 분명하기에 사려는 제품도 비교적 확실하다.

욕망형 필요는 이 제품이 없어도 살 수는 있지만 그럼에도 욕망하게 되는 필요를 말한다. 아무 티셔츠나 입어도 최소한의 품위유지는 가능하다. 전철역 지하상가에서 파는 5000원짜리 티셔츠를 사도 되지만 굳이 나이키 티셔츠를 사고 싶은 이유는 나이키가 내게 주는 가치 때문이다. 나이키 티셔츠는 나의 취향과 가치를 건드려 나를 갈망하게 만들고, 이 티셔츠가 없어도 살아갈 수 있지만 존재를 알게 된 이상 이 제품이 없으면 못 살 것 같은 느낌을 준다.

될 제품은 이런 욕망형 필요를 아주 섬세하게 건드린다. 욕망형 필요를 건드려 생계형 필요로 만든다. 욕망형 필요를 생계형 필요로 탈바꿈시키는 제품, 이런 제품이 이른바 '터질 관상'이다.

뷰티 영역에는 욕망형 필요를 건드려 잘되는 브랜드들이 정말 많다. "품절이어서 죄송합니다"라는 문구로 소비자를 조급하게 만드는 '성분에디터'는 그린토마토 모공앰플로 브랜드 인지도를 높여 이제는 모공앰플 시장의 네임드가 되었다. 아직 와디즈 뷰티 카테고리의 규모가 미미할 때도 억 단위 매출이 가능하다는 것을 여실히 보여주며 모공앰플로만 누적 10억 원을 달성했던 브랜드다.

사실 화장품은 의료기기가 아니므로 드라마틱한 피부 변화를 가져오기가 어렵다. 화장품 효과가 아예 없다는 말이 아니라 한계가 있다는 뜻이다. 그리고 최근에는 제조사들의 능력이 상향 평준화되어 제품력의 차이가 엄청난 것 같지도 않다. 그런데도 성분에디터는 어떻게 한 제품으로 한 플랫폼에서 10억 매출을 달성할 수 있었을까. 나는 그들이 사람들의 욕망형 필요를 아주 섬세하게 건드렸기 때문이라고 생각한다. 그들의 상세페이지 첫 문장은 이렇게 시작한다.

> "모공의 크기가 동안의 기준입니다."

그리고 모공이 크고 늘어진 컷과 모공 하나 없이 매끈한 피부 결을 비교해놓는다. 나도 모공이 커봐서 잘 아는데 화장할 때 은근히 신경쓰인다. 메이크업으로도 가려지지 않는 모공을 그린토마토 성분이 확실히 쪼여준다는 스토리의 제품이다. 모공 없이 매끈한 피부 결을 갖고 싶은 소비자들의 마음을 제대로 건드린 카피다.

그러나 단순히 스토리텔링만으로 반응이 이처럼 대단하지는 않았을 것 같다. 아무런 효과가 없는데 주술 걸듯이 '모공을 쪼여줘요'라고 해서 이 제품이 그 정도로 잘될 수 있었을까? 고객들이 정말 반응했던 이유는 모공을 쪼여준다는 스토리텔링을 실제 사용하면서 체감했다는 것. 탱글한 제형 덕분에 이 제품을 써보면 피부가 타이트닝해지는 것 같은 느낌이 든다. 화장품은 워낙 개개인의 피부 상태에 따라 효과가 다르고 소비자가 느끼는 효용의 편차도 크기 때문에 모두를 만족시키기가 어렵다. 그럼에도 이 제품은 최대 다수의 욕망을 건드렸고, 실제로 쫀쫀해지는 느낌을 주도록 제품을 만들었다. 써본 사람들이 이제 이 제품 없이는 못 살 것 같다고 말하는 것, 이것이 성분에디터의 성공 비결이었다.

개인적으로 '욕망'이라는 단어를 쓸 때 비유하기 좋아하는 게 연애다. 연애와 사랑이야말로 욕망 그 자체다. 일전에 의류 브랜드 사업을 준비하는 언니가 이런 말을 한 적이 있다.

"나 이제 당분간 연애 안 하려고. 이번에 준비하는 브랜드 사업에만 집중할 거야."

하지만 나는 다른 말을 했다. 표정도 엄청 진지하게. "언니, 이번에 하는 옷 쇼핑몰 사업 잘하려면 연애를 잘해야 해. 연애 잘하는 사람이 사업도 잘해."

연애를 잘한다는 건 상대방의 욕망을 잘 알아채고 채워준다는 뜻이다. 팔릴 제품들도 소비자와 연애를 잘한다. 소비자가 어떤 욕망을 갖고 있는지 매 순간 귀를 기울이고 해결책을 내준다.

누군가에게 처음 빠지면 그 사람 없이도 잘 살아왔던 인생이 갑자기 마비되는 느낌을 받는다. 이 사람 없으면 안 될 것 같고, 이 사람 없으면 죽을 것 같고. 될 제품의 관상도 그렇다. 이 제품이 없으면 안 될 것 같고, 이 제품 없으면 죽을 것 같고. 이렇게 고객들을 사로잡으려면 그들의 욕망을 파헤쳐야 한다.

묻힐 관상 :
욕망하기 어렵고 특장점도 없는

자, 그러면 묻힐 관상의 조건은 무엇일까. 당신은 신입사원 공채를 담당하는 담당자다. 지금 100명의 예비신입사원이 눈앞에 있다. 이 100명 중에는 눈에 띌 구석이 하나도 없는 지원자 A도 있다. 당신이 A에게 묻는다.

"A님의 가장 큰 장점은 뭔가요?"

A는 머뭇거리며 대답을 못한다. 당신은 과연 이 지원자를

브랜드 데뷔전, 상품기획 ▶ Product Planning

뽑을 것인가? 설마. 묻힐 관상은 바로 이 같은 제품이다. 특이점이 단 하나도 없는 제품, 그래서 소개하고 싶어도 말할 게 별로 없는 제품.

브랜드들이 나에게 바디워시를 하자고 정말 많이 들고 온다. 바디워시는 고객들의 욕망을 건드리기 어려운 품목이다. 당신은 몸을 씻을 때 욕망하는가? 그냥 적당히 씻기고 적당히 좋은 향이 나면 그걸로 만족하지 않는가? 많은 브랜드가 바디워시를 하자고 가져와 놓고는, 이 제품이 기존의 바디워시와 뭐가 다른지 물으면 "비슷하죠, 뭐"라고 대답한다. 이런 제품은 잘되기 어렵다. 같은 바디워시라도 유명 향수 브랜드 조향사의 레시피로 만들어 향이 미친 듯이 좋다는 식의 제품 컨셉을 잡으면 모를까. 욕망하기 어려운 품목이고 제품의 특장점마저 없다면 어느 플랫폼에서도 환영받기 어렵다. 잘 안 되리라는 걸 모두가 알기 때문이다.

얼마 전 만났던 브랜드는 다기능 디바이스 제품을 가져왔다. 메인 디바이스에 헤드를 갈아끼워 여러 가지 기능을 할 수 있는 제품이었다. 칫솔 헤드를 끼우면 전동칫솔, 필링기 헤드를 끼우면 각질 필링기, 제모기 헤드를 끼우면 제모기, 클렌징 헤드를 끼우면 클렌징 디바이스, 두피 괄사 헤드를 끼우면 두피 마사지기가 되는 5in1 제품이었다. 제품을 보자마자 내 머릿속을 스친 고민.

'이 제품을 대체 온라인에서 어떤 단어로 소개하지?'

대부분의 고객은 이들 제품을 각각 가지고 있을 텐데 5in1 제품을 사야 하는 이유가 뭘까? 겨드랑이 제모하다가 헤드만 칫솔로 바꿔 끼우면 겨드랑이에 썼던 걸 입에 넣는 느낌이 나지 않을까. 심지어 고기능성을 강조한 터라 5가지 제품을 각각 따로 사는 것보다 딱히 저렴하지도 않았다. 세상에 없던, 세계 최초로 만들어낸 이 제품은 '세계 최초'라는 수식어에 몰입하느라 정작 대중의 니즈는 놓치고 만 것 아닐까. 5in1 디바이스는 획기적이었지만 대중에게 정말 필요할지 고려해 봤을 때는 갸우뚱했다. 앞서 말한 면접자에 비교한다면, 우리는 MD 직무를 뽑고 싶은데 지원자는 회계도 할 줄 알고 인사팀에서 일한 적도 있고 총무팀 경력도 있다고 자랑하는 식이었던 것이다.

결국 관상을 가르는 것은 욕망이다. 당신의 제품은 어떤 욕망을 건드릴 수 있는가? 그 욕망에 최대 다수가 공감하는가? 욕망을 잘 기획한 제품이 터지는 상품이 된다. 팔릴 관상과 묻힐 관상, 당신의 제품은 어떤 관상인가?

선명하고도
뚜렷한 컨셉

 "행복한 가정은 모두 비슷한 이유로 행복하지만 불행한 가정은 저마다의 이유로 불행하다." 많은 이들의 입에 오르내리는 소설 《안나 카레니나》의 첫 문장이다. 많은 프로젝트를 운영하다 보면 '톨스토이 당신은 대체 어디까지 내다본 것입니까' 하는 감탄이 절로 나온다.

 실패한 프로젝트를 복기하며 왜 실패했는지 물음을 던져본다. 가격 설정에 실패했나 보다, 콘텐츠로 충분히 제품력을 전달하지 못했나 보다, 광고 타이밍을 놓쳤나 보다, 실패한 프로젝트 수만큼의 대답이 나온다. 반면 성공한 프로젝트에는 비슷한 행복이 존재한다.

그곳엔 언제나 좋은 제품이 있었다. 좋은 제품은 무슨 제품인가? 이 물음에 나름의 답변을 해보자면 기획의도가 선명한 제품, 그래서 많은 제품 사이에서도 뚜렷하게 눈에 들어올 수 있는 제품이라고 생각한다.

반대 경우를 생각해보면 이해가 더 쉽다. 앞에서 말한 '올인원' 같은 제품이다. 언뜻 좋아 보인다. 브랜드도 제품 미팅에서 자신 있는 목소리로 말한다. "이 제품 하나면 이것도 할 수 있고 저것도 할 수 있습니다. 심지어 그것까지도 가능합니다." 얘기를 다 듣고 질문을 드린다. "그중 가장 명확하고 압도적인 강점은 무엇인가요?" 브랜드는 잠시 머뭇거리다 대답한다. "기능이 많다는 거요!" 백종원 선생님이 왜 그렇게 메뉴를 줄이라고 열을 내는지 나는 정말로 이해하고 또 동의한다.

시장엔 이미 너무 많은 제품이 있다. 그중에서도 뾰족하게 빛나는 우리만의 다른 점을 소개할 수 있는 제품, 우리 제품만의 새로운 영역을 만들어낼 수 있는 제품을 나는 좋은 제품이라고 생각한다. 한마디로 '컨셉'이 있어야 한다. 이런 제품을 만나면 하나의 컨셉으로도 자꾸자꾸 더 많은 이야기를 나눠보고 싶어진다. 먹는 일의 즐거움을 위한 새로운 개념의 도구, '집가락'이 바로 그랬다.

집가락은 이름에서 짐작할 수 있듯, 집게와 젓가락의 단점은 보완하고 장점을 살려낸 도구다. 제품을 기획한 H님은 먹방뿐 아니라 음식 먹을 때 나는 소리를 탁월하게 담아내는 것으로 유명한 유튜버다. 첫 전화 통화, 오가는 목소리만으로도 좋은 예감이 드는 미팅이 있다. 그와의 미팅이 그랬다. 가끔 규모가 큰 브랜드나 유명한 분과 미팅할 일이 있으면 내 특유의 잘 쪼그라드는 성격이 발동해 조금 주눅이 든다. H님과의 미팅을 앞두고도 유독 긴장했던 게 사실이다. 평소 먹방을 잘 챙겨보지는 않지만 H님은 나도 알고 있었다. 그만큼 유명한 이와의 미팅이라니. 그러나 긴장했던 게 무색하게 첫 미팅을 하면서 어느 순간 마음이 편해지고 통화 때 느낀 좋은 예감은 확신으로 변했다.

미팅이라기보다는 작은 프레젠테이션에 가까웠다. H님은 이 제품을 만든 이유와 만들기까지의 과정, 집가락이 왜 좋은 제품인지 상세히 담은 파워포인트 장표를 준비해서 알기 쉽게 제품을 소개했다. 유튜브 먹방을 즐기지 않는 분들을 위해 짧게 정보 전달을 해보자면, 먹방의 세계에서는 집게라는 도구의 중요도가 꽤 높다. 젓가락보다 더 야무지게 음식을 집을 수 있는 것은 물론 젓가락보다 월등히 많은 양을 집을 수 있으니까. 집게라는 도구를 사용해 한 번에 많은 양을 먹음직스럽게 먹는 연출에 시청자의 반응도 커진다.

문제는 집게가 본래 젓가락 용도로 만들어진 제품이 아니라는 것. 당연히 음식을 오랫동안 집고 먹는 데 불편이 따른다. 그간 집게를 사용했던 순간을 떠올려보자. 오늘 밥을 먹을 때 집에 있는 집게를 사용해봐도 좋을 것이다. 음식을 잠깐잠깐 집을 때는 괜찮지만 오래 집으려면 상당한 악력이 필요하다. 성인 남성도 손이 아프다. 그리고 끝부분으로 음식을 집는 용도이므로 집게가 완벽히 맞물리는 영역도 넓지 않다. 그래서 고기 같은 두툼한 음식을 집기는 어렵지 않지만 라면 같은 면이나 작은 음식을 제대로 집기는 까다롭다. 마감이 날카로운 경우도 많아 입에 넣을 때 위험이 따르기도 한다. 스테인리스도 다 같은 스테인리스가 아니라는데 시중에 파는 집게는 종류나 원산지조차 파악하기 쉽지 않다. 먹는 일에 누구보다 전문가인 먹방 유튜버로서 H님이 온갖 집게를 사용하며 느낀 아쉬움이었다.

그렇다면 집가락은 무엇이 달랐을까. 네 살 어린아이도 밥 먹는 내내 집가락을 사용하는 데 어려움이 없을 만큼 적은 힘으로 쓸 수 있도록 설계했다. 마감에 공을 들여 입에 들어가는 도구로서 위험하지 않도록 했고, 검증된 316L 스테인리스를 사용해 소재가 주는 불안함도 없앴다. 나아가 끝부분뿐 아니라 전체 면적이 맞물리기 쉽게 설계해 파스타 같은 면도 쉽게 집을 수 있다. 집가락에서 음식을 집을 수 있는 부분은 14cm다. 라면 한 봉지의 너비 14cm를 고려한 길이다. 라면 하나를 한 번에 그대로 먹는 즐거움을 나누기 위한, 먹는 행위에 진심인 사람만이 담을 수 있는 디테일이 아닐까 싶다. 제품에 새겨진 H님의 시그너처 로고를 어떤 방향에서 보더라도 바로 보일 수 있게 설계했다는 점도 빼놓지 않고 전하고 싶다.

제품 하나를 지면에 이렇게까지 시시콜콜 자랑하나 싶을지도 모르겠다. 그러고도 미처 설명하지 못한 장점들을 더 말하고 싶어 입이 근질거리는 제품이라니. 집게와 젓가락은 어디서든 쉽게 구할 수 있다. 그러나 식사에 편리한 집게나, 젓가락보다 쓰기 쉬운 집게는 흔히 보기 어렵다. 집가락을 제외한다면 말이다. 어떤 집게나 젓가락과 비교해도 소개하기 어렵지 않고, 비교할수록 오히려 더 선명해지는 제품.

소비자들의 눈에도 그렇게 비쳤나 보다. 처음 선보인 집가락은 받아들이기에 따라 비싸다고 생각할 수도 있는 제품이었다. 세상에는 1만 원은커녕 5000원도 하지 않는 스테인리스 집게가 이미 많으니 2만 원에 가까운 집가락의 가격을 보면 그럴 수도 있다고. 나 또한 제품의 장점은 자신 있으나 과연 소비자들이 이를 알아보고 가격도 납득해줄까 하는 걱정이 있었던 것이 사실이다.

그러나 소비자들의 눈은 정확했다. 한 번의 프로젝트를 통해 1억 5000만 원에 가까운 매출을 발생시켰고, 시장에는 이제 집가락이라는 이름을 빌려 쓰려는 집게들도 적지 않다. 그 사이에서도 여전히 선명한 존재감을 자랑하는 집가락에 대해 더 이야기하는 게 입이, 아니 손이 아플 지경이다.

제품력이라는
견고한 숲

이른바 '코로나 시국'을 기점으로 가장 수혜를 본 카테고리 중 하나가 바로 '캠핑'이다. 해외로 떠날 수 없다 보니 국내의 다양한 여행지를 찾는 캠핑족이 부지기수로 늘어난 시기가 바로 이때다. 처음 캠핑을 시작하는 이들이 가장 먼저 문을 두드리는 곳은 으레 '캠핑 카페'다. 캠핑 초보들은 이곳에 가입해 제품을 추천받고, 구매하기 전 고수들에게 의견을 구한다. 이 과정을 N차 반복하며 어느 정도 안목과 경험을 쌓으면 한층 전문적이고 마니악한 제품에 도전하기 시작한다. 와디즈에서 나와 함께 론칭 프로젝트를 진행한 '드베르그' 또한 캠핑 마니아들이 좋아하는 전문 브랜드다.

이 브랜드의 모든 활동은 철저히 마니아에 맞추어져 있다. 각종 부자재는 물론 폴대의 작은 부품까지 모두 국산만 고집한다. 제조공정에도 완벽을 기한다. 그러고는 자체 운영하는 캠핑 커뮤니티에서 시즌별 공동구매하는 방식으로 브랜딩을 전개해나간다. 정말 아는 사람들끼리만 소문내고 공유하는 세계다. 이쯤 되면 예상할 수 있겠지만 가격도 만만치 않다. 텐트는 평균 100만 원대 후반, 200만 원대도 적지 않다.

하필 이들이 와디즈 론칭을 준비할 당시는 이른바 '가성비 캠핑' 열풍이 몰아칠 때였다. 이 흐름에 비추어 드베르그에서 선보일 텐트와 타프는 다소 비싼 것이 사실이었다. 그러나 이들은 국산 원부자재에 대한 고집을 꺾을 생각이 조금도 없었고, 100년 A/S 정책으로 평생 쓸 수 있는 질 좋은 제품만을 만들겠다는 의지가 강력했다. 결국 제품은 100만 원대 후반의 가격으로 책정되었다.

"대표님, 이거 잘 안 될 수도 있다는 거 아시죠?"

이미 가격에 대해 수도 없이 부탁하고 설득하다 포기한 터라 펀딩이 열리기 전에 신신당부했다. 여전히 대표님의 입장은 확고했다.

"제품다운 제품을 만들어야죠. 안 사주시면 어쩔 수 없지만 제 이름까지 걸었는데 차라리 안 만들고 말지, 제품답지 않은 건 못 만듭니다."

이윤을 남기는 것이 사업가의 숙명이거늘. 그러나 정말 캠핑을 사랑하는 분이라는 걸 알기에, 그리고 그간 일궈온 브랜드에 대한 자부심이 흔들리는 것은 나도 원치 않았기에 대표님의 뜻을 존중할 수밖에 없었다.

어떤 결과가 나올지 전혀 예측할 수 없는 상태로 펀딩이 오픈되었다. 결과는? 제품을 기다렸던 카페 회원들이 펀딩에 참여해 순식간에 5000만 원 이상의 예약결제가 이루어졌고, 이후 상세페이지를 꼼꼼히 읽어보고 공감한 고객들이 꾸준히 유입돼 1억 원 이상의 매출을 올렸다. 시중 제품보다 훨씬 비싼 데다 와디즈에 첫 론칭하는 신규 브랜드임을 감안하면 가히 주목할 만한 성과였다.

펀딩 후 몇 주가 지났을까. 대표님께 연락이 왔다. 펀딩을 해보니 와디즈에도 캠핑 덕후가 많다는 생각이 들었단다. 제품에 대한 시시콜콜한 피드백도 오히려 좋았다며 웃으셨다. 그러면서 놀라운 일화를 들려주었다. 어느 펀딩 참여 고객이 텐트가 피칭되지 않는다는 문의글을 남겨서 방법을 상세히 설명하다가 결국 고객이 있는 캠핑장까지 직접 찾아가 텐트 피칭을 해줬다는 이야기였다.

"대표님, 어떻게 그게 가능하세요?"

"몇 번 가본 캠핑장이기도 하고, 우리 제품이 그럴 리가 없거든요. 피칭하면서 실수하신 거였더라고요."

저 정도 자부심이 있어야 내가 원하는 가격에 자신감 있게 브랜딩을 펼쳐갈 수 있겠구나. 그리고 저렇게 진심을 다한다면 어떤 고객이든 우리 브랜드를 좋아하지 않을까. 길지 않은 통화에 놀라움과 경이로움이 교차했다.

이 말이 시장상황이야 어떻든 내 브랜드의 기조만 고수하라는 뜻은 아니다. '최저가'의 위력이 대단한 온라인에서 브랜드 기조를 고수하다 자기 브랜드에 갇혀 결국 잠식당하는 결과를 훨씬 많이 봐왔다. 그래서 '내 브랜드'에 과한 애정과 집착을 보이는 대표님들에게는 다소 보수적인 입장에서 의견을 드리기도 한다. 그런 내가 드베르그에 경이로움을 느낀 이유는, 그들의 고집이 '본질'에서 비롯되었기 때문이다.

흔히 브랜드에 대한 고집을 조금 내려놓자고 제안하면 이런 반응이 돌아오곤 한다.

"저희 브랜드는 1950년대 미국의 패밀리 레스토랑 컨셉인데요."

"저희 타깃고객 페르소나는 29세, 커리어에 욕심 많고 필라테스를 즐기며, 자기 가치를 중시하는 여성이에요."

"저희 제품은 조선의 양반집 규수가 쓸 법한 제품인데요."

그러나 냉정히 말해 이것은 브랜드가 주장하고 싶은 이야기일 뿐 아닌가? 본질은 그게 아니다. 브랜드가 하고 싶은 이야기만 늘어놓는 것은 '껍질'이다. 브랜드를 살아 숨 쉬게 하는 가장 근원적인 힘은 제품력에서 나온다. 껍질에 집착하지 않고 제품력에 집요하게 매달리는 것, 그 강점을 고객들과 꾸준히 소통하며 세상에 내놓는 것. 그럴 때 껍질만 그럴듯한 브랜드가 아니라 생명력 있는 브랜드라 불릴 수 있음을 드베르그와 함께하며 새삼 실감했다.

숲은 곧 생명이다. 적절한 거리를 유지하며 견고한 관계를 이어가는 나무와 풀, 무성한 초록들. 이 요동치는 생명력에 이끌려 온갖 새와 다람쥐, 노루와 토끼가 모여든다.

흔히 우리는 나무를 보지 말고 숲을 봐야 한다고 강조한다. 하지만 모든 일이 말처럼 쉽지는 않아서, 숲을 보겠다고 하고서는 나뭇잎 하나하나에 집착하게 될 때가 종종 있다. 그렇더라도 브랜드를 전개해나가는 뚝심 그리고 고객을 대하는 자세만큼은 나무가 아닌 숲을 봐야 하지 않을까. 제멋대로 빼곡한 나무 100그루가 있다고 조화롭고 싱그럽게 어우러지는 숲이 되는 게 아니듯, 제품력이라는 탄탄한 뿌리가 없으면 브랜드의 컨셉과 기조가 아름답게 피어날 수 없다. 브랜드에 생명력을 불어넣는 원동력은 제품력이다. 든든한 제품력이 버텨주는 브랜드는 그 자체로 숲이 된다. 그들이 품은 에너지에 고객들은 이끌린다. 말 그대로 자연스럽게.

레드오션에서
틈새 찾기

　　　　　　　　몇 년 전 백종원 대표가 TV 프로그램에서
이스탄불 카이막을 소개한 영상이 유튜브 조회수 500만 회
이상 기록하며 선풍적인 인기를 끌었다. SNS에는 "터키에
오면 꼭 먹어야 하는 음식 중 하나입니다", "터키 여행 갔을
때 진짜 인생 디저트라고 생각했어요" 등 먹어본 사람들의
간증이 이어졌다. 국내에 카이막을 만드는 업체도 판매하는
매장도 없었던 때라 사람들의 호기심과 기대감만 하염없이
높아졌다. 그 후 2022년, 와디즈에 카이막을 펀딩한 B사는
손쉽게 7000만 원의 매출을 달성했다. 타 유통 플랫폼 MD들
의 수많은 러브콜을 받았음은 물론이고, 규모 있는 F&B 브

랜드도 들어가기 어려운 M플랫폼에도 입점했다. 별도의 광고를 하지도 않고 오로지 '국내 온라인 첫 출시'라는 사실만으로 이룬 성과였다. '처음'의 강력한 이점이다.

이 때문에 누군가는 신제품을 만들 때 경쟁자가 없는 유망한 시장을 찾기도 한다. 그러나 경쟁자 없는 시장이 어디 흔한가. 특히 F&B 카테고리는 '유레카'를 외칠 만한 신제품을 만들기가 어렵다. 카이막처럼 수요는 많은데 공급이 없는 제품을 처음으로 선보인다든지, 로제맛이나 마라맛처럼 새로운 맛을 소개한다든지, 중국당면처럼 국내에는 좀처럼 쓰이지 않던 식재료를 처음으로 활용한다든지 하는 경우를 제외하곤 말이다.

와디즈 단백질 셰이크 카테고리에서 독보적인 1위를 달리는 '플라이밀'이 있다. 1년에 두 번가량 제품을 론칭해 만나는 횟수는 적지만, 개인적으로 정말 좋아하는 곳이다. 와디즈에 첫 제품을 론칭할 때는 공동대표 두 분이서 회사를 운영했는데 두 번째 제품을 소개할 때는 3명, 네 번째 제품을 소개할 때는 7명까지 회사 규모가 커졌고, 덩달아 나도 성장의 기쁨을 함께 느끼곤 했다.

플라이밀의 첫 제품은 초모식초탄산수, 두 번째 제품은 애플사이다비니거였다. 두 제품 모두 제조가 어렵고 경쟁사가 별로 없었던지라 얼리먹답터 성향이 강한 와디즈 고객들의 호응도가 굉장히 높았다. 그 후 세 번째 제품을 준비 중이라고 미팅을 요청하셨을 때 한껏 기대되었다. 이번에도 특이하고 재미있는 제품이겠지? 그러나 내 기대는 이내 반전의 순간을 맞았다.

"PD님, 이번에 론칭할 신제품은 단백질 셰이크예요."

아… 단백질 셰이크…? 이미 가격경쟁이 심하고 와디즈에서도 잘된 프로젝트가 너무 많은데. 이번엔 좋은 결과를 기대하기 어렵겠구나 싶었다. 미팅하는 내내 속으로 제발 다른 제품을 가져왔으면 좋겠다고 생각했다.

그러나 플라이밀은 또다시 반전을 선사했다. 나의 우려가 무색하게도 '와디즈 단백질 셰이크 1등'이라는 타이틀을 거머쥔 것. 이후 이들을 벤치마킹한 다양한 카피 제품이 쏟아져 나올 만큼 단백질 셰이크 카테고리의 대표 상품이 되었다. 레드오션 시장에서 그들은 어떻게 1위의 왕관을 차지할 수 있었을까?

지극히 당연한 해법이지만, 레드오션에서도 살아나는 방법은 바로 차별화다. 공급자가 매우 많은 시장을 우리는 레드오션이라 부른다. 그러나 이 말을 다시 해석하면, 공급뿐 아니라 수요도 많다는 것을 의미한다. 즉 사람들은 이미 이 아이템을 충분히 알고 있으니, 특정 부분의 차별화를 강조한다면 경쟁력을 높일 수 있다는 것이다. 아무도 모르는 블루오션에서는 자칫 눈길조차 받지 못한 채 사라질 수 있는데, 레드오션은 오히려 기회의 장이 될 수 있다.

플라이밀의 단백질 셰이크는 시중에 있는 제품들과 비교해서 어떤 차별점을 가지고 있을까? 먼저 우리 제품의 스펙을 나열해본다.

- 단백질 함량 : 이미 단백질 함량이 좋은 제품은 많다.
- 식물성 : 성분 좋은 제품도 많다.
- 가성비 : 더이상 내릴 가격도 없다.

기본적인 정리가 끝났다면, 이외에 우리가 소구해야 할 '플러스알파'의 차별점은 무엇이 있는지 고민해봐야 한다.

단백질 셰이크의 차별점을 고민하면서, 처음으로 돌아가 이 제품을 선택하는 사람들은 누구인지 되짚어보았다. 바로 식단관리하는 사람들이다. 이들의 가장 근원적인 욕구는? 단백질 함량이나 가격이 아니다. 포만감과 맛이다.

다른 단백질 셰이크가 예쁜 패키지와 할인율에 집중할 때 우리는 기존 제품들이 두루뭉술 상상하게 했던 포만감과 맛에 대한 구체적인 표현을 추가했다. 그랬더니 다음과 같은 차별점이 완성되었다.

> "저희 제품을 먹으면 포만감이 5시간은 지속됩니다."
> "물만 부어도 별다방의 녹차라떼와
> 동일한 맛이 구현됩니다."
> "맛있어서 평생 하는 식단관리가 가능합니다."

'누구나 할 수 있는 말이지만 누구도 해결하지 못한 문제는 무엇일까?'

'이 제품이 소비자들의 어떤 문제를 풀어줄 수 있을까?'

신제품을 출시할 때 유사한 제품이 이미 시장에 다수 존재한다면, 그리고 우리 제품이나 다른 제품의 스펙 차이가 크지 않다면, 경쟁자들이 아직 해결하지 못한 이 시장의 문제가 무엇인지 찾아야 한다. 그 문제를 내 제품의 차별점으로 발전시킬 수 있다면 레드오션은 블루오션보다 더 분명한 기회가 있다. 레드오션 시장에서의 강자가 당신이 될 수도 있다. 1위는 탈환하라고 만든 자리다.

기획자의 치트키 : 고객에게 묻는 상품기획

생산자가 생각하는 좋은 제품과 소비자가 생각하는 좋은 제품. 두 제품 사이에는 얼마나 넓은 간극이 존재할까? 모름지기 훌륭한 상품기획자는 두 생각 사이에 놓인 그 간극을 좁힐 줄 아는 사람이라는 생각이 든다.

그런 의미에서 출중한 기획자는 '선물'을 잘하는 사람이기도 하지 않을까. 뜬금없이 무슨 소리냐고? 언젠가 선물 잘 고르는 사람에 관한 이야기를 읽은 적 있다. 내 기억이 맞다면 선물을 잘 고르는 사람은 자신을 완전하게 지울 줄 아는 사람이라는 내용이었다. 즉 선물하는 이의 취향이나 기호는 뒤로 미루어둔 채, 온전히 받을 사람의 시각에서 무엇이 좋은 선물이 될지 잘 골라내는 사람이라는 의미다.

고백하건대 나는 선물을 썩 잘하는 사람이 못 된다. 최근에도 생일을 꼭 챙겨주고 싶었던 동료에게 줄 선물을 고르는 데 두어 달이 걸렸다. 이쯤 되면 기간부터 탈락이다. 그 긴 시간을 동료가 무얼 받으면 좋아할지 고민하고 또 고민하다 결국 내가 주고 싶은 선물로 귀결됐다. 선물을 사면서도 '결국 사버렸네'라는 생각이 들었으니 말 다했다. 아무래도 난 뛰어난 기획자의 재능은 없나 보다. 내 주관을 지우기가 생각 이상으로 어렵다는 걸 매번 절감한다.

나는 실패했지만 누군가는 그러지 않기를 바라는 마음에, 손쉽게 선물을 잘 고르는 사람이 되는 아주 간단하고도 명확한 방법을 알려드리겠다. 질문을 건네는 거다. "혹시 받고 싶은 거 있어?" (이 쉬운 걸 나는 왜 못했을까?)

모든 이를 능력 있는 상품기획자로 만들어주는 마법도 크게 다르지 않을 것이다. 소비자들에게 질문하는 거다. "어떤 제품을 원하세요? 이런 기능을 바라시나요? 색깔은요?"

'구름수건'이라는 애칭으로 큰 사랑을 받은 수건이 있다. 이 수건이 얼마나 폭신하고 흡수력이 뛰어난지 설명하는 게 당장은 중요하지 않다. 지금은 구름수건을 만들어낸 이가 박수 받을 만한 상품기획자라는 이야기를 하고 싶다. 소비자에게 기꺼이 물어보는 용기는 물론이요, 이를 듣고 실행할 준비가 되었다는 점에서 말이다.

구름수건은 베이지색으로 소비자에게 인사를 건넸다. 뛰어난 제품력과 이를 쉽게 전달한 탁월한 컨셉 덕분인지 첫 프로젝트부터 큰 사랑을 받더니 두 번의 프로젝트로 매출 1억 원을 달성했다. 수건이라는 아이템의 가격을 고려하면 결코 쉽지 않은 놀라운 성과다. 그런데 구름수건은 여기서 멈추지 않았다.

많은 고객이 더 다양한 색상의 수건을 출시해달라는 요청을 보냈다. 이에 부응해 제조사는 두 번째 색상으로 그레이를 점찍었다. 그런데 여기서 의외의 고민이 생겨났다. 그레이라고 해서 다 같은 그레이가 아닌데, 어떤 그레이 색상의 수건을 만들지? 팬톤 컬러칩을 펼쳐놓고 답 없는 고민을 이어갔을 기획자들의 모습이 눈에 선하다.

이 순간 능력 있는 상품기획자라면 선택의 기준이 명확할 것이다. 소비자가 얼마나 만족할지다. 해결 방법은? 역시 명쾌하다. 물어보면 될 일이다.

제조사는 4종의 '후보 그레이'를 추렸다. 그러고는 두 차례의 프로젝트에 펀딩한, 이미 구름수건을 사랑하는 1400여 명의 고객에게 물었다. 그중 200여 명이 의견을 주었는데, 대체로 어두운 그레이로 기울었다. 회색을 머금은 구름수건,

'먹구름수건'은 그렇게 소비자들의 선택으로 만들어졌다.

　먹구름수건에 대한 반응은 더욱 뜨거웠다. 수요가 반영된 덕이라고 생각하면 설명이 될까? 한 번의 프로젝트로 1억 6000만 원의 매출을 만들어내며 와디즈 1등 수건에 당당히 자리매김했다. "어떤 그레이가 마음에 들어요?" 소비자와 기획자, 둘 사이에 다리를 놓아준 이 질문 하나가 만들어낸 결과물이라 해도 과언이 아닐 것이다.

제조사여서
할 수 있는 상품기획

이렇게 말해보면 어떨까? '여기 가장 신선한 음식물 처리기가 있습니다'라고. 음식물 처리기가 신선하다니, 내가 먹은 음식물 쓰레기를 자연친화적으로 해결해준다는 의미인가?

경유지가 많은 여행은 피곤하다. 한 번에 목적지에 닿는 직항편 가격이 더 비싼 데에는 다 이유가 있다. 거쳐가는 과정마다 나름의 에너지가 쓰이고 피로가 쌓일 수밖에 없다. 인간이 그러하다면, 제품의 세상에도 비슷한 이치가 적용되지 않을까? 우리 눈앞에 있는 제품은 갑작스레 어디에선가 뿅 하고 나타나지 않는다. 내게 오기까지 필연적으로 여러 손을 타며 지난한 과정을 거친다. 누군가의 기획과 설계에서부터 시작해 제조업체의 생산라인을 지나 제품이 만들어진다. 그러고도 소비자에게 도달하기까지의 과정은 각양각색이다. 과연 이 제품이 우리에게 오기까지 몇 번의 유통과정을 거쳤는가, 이는 마치 미국에 가기까지 몇 번의 경유지를 거치는가와 비슷한 맥락에서 해석해볼 수 있다.

무기물인 프라이팬이나 가전제품에는 신선함을 논하는 게 이상할 수 있겠지만, 식품은 유통과정이 무척 중요하다. 최근 미식의 세계에서는 '팜 투 테이블farm to table'이라는 용어도 심심치 않게 쓰인다고 한다. 글자 그대로 농장 생산물이 식탁에 오른다는 뜻으로, 가까운 농장의 식재료를 직거래해서 먹는다는 말이다. 유럽의 고급 레스토랑 중에는 인근 100km 이내에서 자란 식재료만 사용하는 곳이 있다는 이야기도 들었다. 중간 유통과정을 거치지 않고 산지에서 직송한 식재료이니 얼마나 신선하고 맛이 좋을까. 직항을 타고 곧바로 도착한 여행지에서 우리가 덜 피곤한 얼굴로 여행을 시작할 수 있는 것처럼 말이다.

최근 'D2C'가 부쩍 각광받는 것도 그래서인가 보다. 'Direct To Consumer', 즉 중간 유통단계를 줄이고 제조업체가 소비자에게 직접 물건을 판매하는 방식이다. '신선한 제품'이라 부르기에 손색없지 않은가. 나는 이런 제품에 '신선하다'

는 형용사를 붙여보고 싶다.

이렇게 생각하면 '신선한 음식물 처리기'가 무슨 의미인지 짐작될 것이다. 맞다, 제조사가 직접 시장에 판매하는 음식물 처리기다. 여기서 말하는 제조사란 제품 생산설비를 보유하여 R&D는 물론이고 직접 생산까지 가능한 곳을 말한다. 과거에는 대부분의 제조사가 대기업의 요청으로 OEM이나 ODM 생산을 하는 데 그쳤다. 자기 브랜드를 키우기보다는 다른 브랜드의 제품을 만드는 데 집중했다는 뜻이다. 그랬던 제조사들 상당수가 이제 생산역량과 기술력을 바탕으로 자체 브랜드를 만들어 시장에 직접 선보이기 시작했다. '지엘플러스' 역시 그러했다.

미생물 음식물 처리기를 소개해보고 싶었다. 당시만 해도 음식물 처리기라 하면 음식물 쓰레기의 수분을 날려 부피를 줄이는 건조 방식, 또는 여기에 분쇄 과정을 더한 건조 분쇄 방식이 대부분이었다. 이후 미생물을 활용해 음식물 쓰레기를 분해하는 방식이 조금씩 소개되긴 했으나 상대적으로 비싼 가격 때문인지 장점이 충분히 전해지지 않아서인지 시장이 크는 속도가 더뎠다. 음식물 처리기에 관해 공부를 조금 해보니 미생물을 활용한 방식의 장점이 뚜렷했다. 건조를 하든 분쇄를 하든, 음식물 쓰레기를 버려야 하는 수고까지 사라지지는 않는다. 반면 미생물은 음식물을 남김없이 먹어치운다. 음식물 쓰레기를 버리러 귀찮게 나갈 필요가 없다.

제품의 장점은 명확한데 가격이 걸림돌이라면 해결방법은 하나뿐이다. 가격을 소비자의 저항선 아래로 끌어내리는 것. 이건 제조사만이 할 수 있다. 소비자가격에서 많은 부분을 차지하는 영역이 바로 '유통마진'이기 때문이다. 제품을 만들어 곧바로 소비자에게 판매한다면 생략되는 중간 과정만큼 가격도 빼낼 수 있다.

상품기획을 하다 보면 지엘플러스처럼 제품을 만들 수 있는 기술과 생산력을 겸비한 제조사가 적지 않다는 사실을 알게 된다. 그럼에도 소비자에게 효과적으로 파는 방법을 모르는 제조사를 볼 때면 안타까운 마음이 든다. 인력난과 인건비 등의 이유로 점점 더 열악해지는 제조환경에도 우직하게 한 우물을 파는 제조사를 만날 때면 작은 경외심이 들기도 한다. 이들의 제품을 더 잘 전하고 싶다는 마음이 샘을 이룬다. 이름 없는 제품이 아니라 가장 '신선한' 제품으로 시장에 선보일 수 있도록, 제조사의 제품을 소개할 때는 항상 두 가지에 집중한다.

첫 번째는 낯선 브랜드임에도 소비자들이 매력을 느낄 수 있을 정도의 가격을 만드는 것이다. 다른 브랜드의 제품을 납품하는 것도 아니고 유통사에 제품 판매를 위탁하는 것도 아니라면 그 과정에서 발생하는 마진을 덜어낼 수 있다. 더 많은 소비자들에게 브랜드를 알리고 싶다는 지엘플러스의 목표가 뚜렷한 덕분에 생경한 브랜드임에도 소비자들이 관심을 보이고 구매 문턱을 낮출 만한 가격을 만들 수 있었다.

두 번째는 그저 가격만 저렴한 제품이 아니라는 점, 즉 제품을 정말 잘 만드는 제조사의 강점을 전달하는 것이다. 제조사가 시장에서 오래 살아남기 위해 반드시 잘해내야 하는 일이다. 쉽게 말해 자기 역량을 마음껏 뽐내면 된다. 제조사의 생산 역량이 곧 신뢰가, 신뢰가 곧 브랜딩이 되어줄 테니까. 제품을 직접 만들기 때문에 할 수 있는 이야기를 담는 것이야말로 수많은 제품들 사이에서 신선한 브랜드로 거듭나는 힘이 된다. 지엘플러스는 미생물 음식물 처리기 성능의 핵심이라 할 수 있는 미생물까지 직접 연구한다. 한국 밥상의 특징인 염분 많은 음식물 쓰레기를 더 잘 분해하는 미생물을 배양해 특허까지 받았다. 누구나 알 만한 브랜드 제품을 제조하는 만큼 기술력도 생산 역량도 자신 있다.

이 두 가지 강점이 잘 버무려질 때 비로소 제조사의 제품은 가장 신선한 제품으로 소비자에게 전해질 수 있다. 지엘플러스의 제품을 소개하며 상세페이지에는 18년 동안 미생물 음식물 처리기를 연구 개발한 전문 제조사라는 점, 그래서 특허받은 미생물을 사용할 뿐 아니라 다시 만나기 어려운 가격 혜택을 준비했다는 점을 강조했다. 더 많은 소비자에게 지엘플러스를 알리기 위해 준비한 특별한 가격이라는 당위성도 더했다. 개발과 생산에 그치는 것이 아니라 음식물 처리 과정에서 생기는 퇴비를 활용해 친환경 농장도 운영하는 기업이라는 내용까지 꾹꾹 눌러 담았다.

지엘플러스의 신선함에 소비자들도 반응했다. 첫 펀딩에 곧바로 2억 원 넘는 매출이 일어났고, 6회의 펀딩을 통해 10억 원 가까운 매출을 만들어낼 수 있었다. 숫자만으로도 긍정적이고 의미 있는 성과다. 그러나 이들에게 더욱 값진 것은 '미생물 음식물 처리기' 하면 곧바로 지엘플러스의 이야기를 떠올릴 소비자들이 생겼다는 것이다. 이에 힘입어 더 많은 소비자를 만날 준비가 되었다는 것 또한.

무형의 지식을
상품화하는 방법 :
김보통 씨의 누구나 수익법

워런 버핏과의 식사권이 47억 원에 경매에서 낙찰되었다고 한다. 워런 버핏과의 식사, 먹는 것이라는 유형의 무언가가 있기는 하지만 식사 한 끼만을 위해 그 금액을 지불하지는 않았을 것이다. 아무리 호화로운 식사라도 1억을 넘지는 않을 것 같다. 차액은 모두 워런 버핏이라는 인물이 지닌 통찰, 그 무형의 가치에 지불한다고 볼 수 있지 않을까? 새삼 놀랍다, 보이지 않는 것들의 가치가. 그리고 궁금해진다, 과연 내게도 그렇게 팔 만한 것이 있을까? 얼마나 팔릴까? 어떻게 팔수 있을까?

자신의 가치를 돈으로 만드는 방법은 물론 있다. 와디즈에는 놀라운 제품으로 매출을 만들어내는 사람뿐 아니라 자신만의 가치를 활용해 매출을, 그것도 꽤나 큰 매출을 거두는 사람도 허다하다.

최근 핫하게 떠오른 부업에 대한 노하우를 필두로 다이어트에 대한 노하우나 본인만이 가진 연애에 대한 노하우, 디자인 작업을 좀 더 쉽게 해주는 프리셋에 PPT 템플릿까지, 눈에 보이지 않는 무형의 상품들도 전통적인 '유형의 제품' 못지않게 잘 팔린다.

이들이 파는 제품의 공통점은 제조원가가 없다는 점이다. 지금 마시고 있는 커피를 한번 볼까? 일단 원두가 필요하고, 원두를 볶아야 하고, 이를 갈아서 따뜻한 물에 내려야 한다. 내린 커피를 담을 잔도 필요하다. 이렇듯 우리가 만지는 모든 제품에는 제작원가라는 개념이 존재한다. 그러나 디지털 파일처럼 내 역량과 노력만 있으면 되는 상품이라면? 내 인건비 외에 별도의 원가가 필요하지 않다.

이제 무형상품 및 노하우 시장도 성숙기에 접어들었다는 생각이 들긴 하지만, 여전히 타 시장에 비해 접근이 어려운 것도 사실이다. 이해를 돕기 위해 청소기를 구매한다고 가정해보자. 청소기는 어느 정도의 시장가가 존재한다. 구매까지 이어지는 의사결정에서 보게 되는 요소는 스펙 그리고 가격 정도다. 다시 말해 수치화할 수 있는 것들이다. 직접 만져볼 수도 있고, 흡입력이 정말 좋은지 테스트해볼 수도 있으니 의사결정과정이 비교적 심플하다. 반면 테스트는커녕 만지지도 못하고 오로지 상세페이지에 적힌 정보만으로 10만 원이 훌쩍 넘는 상품을(게다가 손에 잡히지도 않는 디지털 파일을) 구매한다는 것은 어떤가. 그 콘텐츠의 가치를 이해하는 것은 물론이고 돈을 투자할 여력도 있어야 가능하다. 어느 유튜버가 '무형상품의 가치를 이해하는 사람은 지능이 뛰어나다'고까지 말한 적이 있는데, 이 일을 하다 보니 무슨 뜻인지 조금은 이해가 된다.

2023년, 새해 다짐 3대장 중 하나인 영어 공부 시즌에 맞춰 등장한 피터캣 대표님은 9년 차 영어번역가다. 그 경력을 살려 자신의 영어공부 노하우와 원어민처럼 소통하는 방법을 '뉘앙스 백과사전'이라는 PDF 파일로 판매해 누적 5억 원이 훌쩍 넘는 매출을 기록했다.

'5억? 며칠 고생해서 PDF 파일 만들고 5억 벌 수 있다면 그걸 왜 안 해?'라고 생각할 수도 있지만, 수없이 쏟아지는 고급진 무료 정보들을 이겨내고 '팔리는 상품'을 만들어내는 건 아무나 할 수 있는 일이라 생각하지 않는다. 예컨대 지식창업의 선두주자 유튜버 신사임당 님은 유료로 판매했던 강의를 본인의 유튜브 채널에 무료로 공개하기까지 한다. 이러한 정보의 홍수 속에서 자신의 재능을 상품화하여 판매까지 한다는 건 생각보다 긴 과정을 거쳐야 한다.

일단 팔릴 만한 상품인지 스스로 체크해보아야 한다. 예를 들어 나는 라면을 정말 잘 끓인다. 친구들이 내가 끓인 라면을 먹고 다들 감탄을 금치 못한다. 그래서 내가 라면 잘 끓이는 법 36가지를 PDF 문서로 만들어 판매한다면 구매할 것인가? 나라도, 사랑하는 우리 부모님이라도 사지 않을 것 같다.

그렇다면 내 재능과 노하우가 팔릴 만한 상품인지 어떻게 판단할 수 있을까? 다양한 기획 경험을 돌이켜보건대 기준은 더도 덜도 말고 딱 3가지다.

- 시장 수요가 어느 정도인지
- 그 수요자층의 결핍이 어느 정도인지
- 나의 노하우가 그 결핍을 얼마나 잘 메워줄 수 있는지

기왕 먹는 라면이라면 누구나 맛있게 먹고 싶겠지만, 라면을 잘 끓여서 맛있게 먹고 싶다는 생각까지 하는 사람으로 한정하면 타깃이 확 좁아진다. 그 결핍조차 그렇게 크지 않고, 나만의 노하우가 그 결핍을 잘 채워줄 것 같지도 않다. 유튜브만 보더라도 더 좋은 정보가 넘쳐나니까.

영어도 마찬가지다. 당장 검색만 해보면 사방에 방법론이 있고 꿀팁이 있다. 그런데 피터캣 대표님은 어떻게 해서 이 주제로 5억 원이 넘는 매출을 올릴 수 있었을까? 자신만의 재능을 가장 잘 살려, 수요가 확실한 시장의 가장 확실한 결핍을 검증된 방법으로 채워주었기 때문이다. 너무 두루뭉술한 말이겠지만, 다음의 설명을 듣는다면 이해가 될 것이다.

영어 시장의 수요는 검증된 상태다. 영어에 대한 결핍, 영어 잘하고 싶은 욕망은 대한민국 사람이라면 대부분 있을 것이다. 그중에서도 고급영어는 초급영어보다 결핍의 정도가 더 크다. 수능을 예로 들자면 7등급을 2등급으로 올리는 것보다 2등급을 1등급으로 올리는 게 훨씬 어렵고, 공부 양도 더 많다. 다시 말해 기초적인 단어나 회화를 익히는 것보다, 실제로 원어민과 거리낌 없이 대화할 정도의 영어 실력을 갖추는 게 결핍의 강도가 더 크다는 것이다.

피터캣 대표님의 강점은 이를 잘 해결해줄 수 있었다. 피터캣 대표님이 외국에서 10년 살다 온 한국인보다 영어를 잘하지 못할 수는 있다. 그러나 9년간 번역가로 활동하며 갈고닦은 원어민처럼 말하는 능력만큼은 대한민국에서 한 손에 꼽을 정도로 실력자다. 뉘앙스, 쉽게 말해 특정 단어가 실생활에서 어떤 맥락으로 쓰이는지를 정확하게 알아야 자연스러운 번역이 가능하기 때문이다.

자, 정리해보자. 피터캣 대표님의 재능? 영어를 잘한다. 특히 9년간 번역가로 일한 다소 특별한 경력이 있다.

시장의 수요? 영어에 대한 수요는 과장을 조금 보태면 대한민국 전 국민이다.

수요층의 결핍? 기초 영어회화보다는 고급스러운 영어를 기대하는 사람의 결핍이 더 크다. 원어민처럼 말하고 싶어 하는 사람들은 ABC부터 가르쳐야 하는 수준은 아닌, 그래도 영어를 어느 정도 하는 사람들이다. 그들이 가려워하는 포인트는 명확하다.

검증된 노하우? 수업 후기나 상세페이지에 언급된 몇 가지 예시가 이를 입증한다. 수능 영어를 공부할 때 실생활에서는 거의 쓰이지도 않는 의학, 법률 용어 등의 단어를 본 적이 한 번쯤 있을 것이다. 다시 말해 어휘량보다 중요한 건 어휘력이라는 것. 그리고 피터캣 대표님은 9년간의 번역가 생활로 어휘력에 대해서는 누구보다 자신 있었고, 그 어휘력을 다른 키워드로 풀어낸 것이 곧 뉘앙스였다. 가령 '라면 먹을래요?'는 영화 〈봄날은 간다〉가 낳은 명대사로, 사전적 의미대로 썼다가는 큰일 날 전혀 다른 맥락을 지닌다. 모두가 공감하는 실사례와 함께 자신의 노하우가 검증된 노하우라는 점을 보여준다.

아무리 초등학생이라도, 그보다 더 어린아이라도 배울 점이 적어도 한 가지는 있다고 생각한다. 그 배울 점, 달리 말해 무형의 역량을 발전시켜 본다면 '콘텐츠로 재생산하여 판매를 해볼까?'라는 자신감을 가지라고 수많은 사람들이 말하곤 한다. 그러나 모든 재능이 팔리는 상품이 되는 건 아니다. 오히려 들인 시간 대비 아웃풋이 나오지 않는다면, 안 하느니만 못한 일이 될 수도 있다. 정말로 도움 되는 콘텐츠를 생산하고 그 지식을 기꺼이 나누는 크리에이터들을 보며, 참 좋은 시대에 살고 있구나 하고 느끼기도 한다. 한편으로는 수많은 과장광고나 돈에 눈이 멀어 사기를 치는 부도덕한 이들을 보면서 무형상품에 대한 깊은 회의감이 든 적도 있다.

그래서 더욱 강조하고 싶다. 수요가 어느 정도인지, 그리고 그들의 결핍은 어느 정도인지, 그리고 내 재능이 그 결핍을 충분히 채워줄 수 있는지 냉정히 판단해보자. 열심히 공들여 만든 상품이 누군가에게는 인생을 바꿀 만한 키가 될 수도 있고, 누군가에게는 소음에 불과한 돈낭비가 될 수도 있다. 인생을 바꿀 키가 될 수 있는지는, 계속 강조한 3박자가 딱 맞아떨어지는지를 통해 체크해보자. 맞아떨어진다면, 당신도 억대의 매출을 찍어볼 수 있지 않을까?

소싱,
운을 만들어가는 일

     PD로 일하며 매일매일 느끼는 것이 있다. '오늘 일과를 다 끝냈다!'라는 말은 반은 맞고 반은 틀리다는 것. 매달 새로운 프로젝트를 운영하며 제품을 끝없이 소개하는 게 우리의 일이다. 소개하고 싶은 제품과 브랜드사를 찾는 '소싱 sourcing'은 그래서 끝이 없다. 늘 새로운 제품을 찾고 또 찾는 일이 때로는 끝없이 돌을 밀어 올리는 시시포스의 굴레처럼 느껴지기도 한다. 업무에 치여 조금이라도 소싱에 소홀하면 몇 달 뒤 내가 소개할 프로젝트가 여지없이 줄어 마음을 졸여야 한다.

     업무 시간에는 프로젝트 운영에 시간을 쏟느라 소싱은 대개 야심한 시각에 이루어진다. 모니터를 들여다보며 사금이라도 찾듯 온라인 시장을 샅샅이 뒤진다. 그러나 찾는다고 금세 찾아지나. 어릴 때 플라나리아를 보고 싶다고 계곡의 온 바위를 들춰볼 때처럼 온갖 사이트를 들여다본 것 같은데도 영 느낌이 오지 않는다. 이제는 정말 새로운 브랜드나 제품을 발견할 구석이 없는 것 아닐까 하는 건방진 생각을 품어보기도 한다. 이런 내 생각을 비웃기라도 하듯 미처 몰랐던 새로운 스타 제품과 브랜드가 누군가의 손에서 어김없이 태어난다. 마치 나만 몰랐던 비밀의 소싱 샘물이 어딘가에 있는 것처럼 성공적인 프로젝트를 이끌어간다.

잘된 프로젝트엔 그래서 언제나 꼬리표 같은 질문이 따라오나 보다. 동료들로부터 "이거 소싱 어디서 했어요? 어떻게 데려온 거예요?" 하는 질문을 받으면 어깨가 0.5cm 정도 솟는 듯한 기분도 든다. 제품을 찾고 또 찾아야 하는 게 PD의 숙명인지라 동료들이 던지는 질문 아래 깔린 마음이 100% 공감된다. 내 눈에는 보이지 않던 그 좋은 물건이 도대체 어디서 튀어나온 걸까, 너무 궁금하다.

PD들에게는 자신의 명함이 되어주는 프로젝트가 있기 마련이다. 그 사람 하면 후광처럼 떠오르는 대표 프로젝트가 있는데, 나에게는 뚜껑까지 스테인리스로 된 올스텐 반찬통 '데펜소'가 그렇다. 데펜소는 첫 프로젝트에서 3억 원 가까운 매출을 만들었고, 다섯 차례의 프로젝트로 총 11억 원이 넘는 금액을 모았다.

아니나 다를까, 처음 데펜소를 소개하자 많은 동료들이 물었다. "이런 반찬통은 어디서 찾은 거예요?"

내가 생각하는 모범답안은 이런 것이다. "보자마자 느낌이 딱 왔어요. 제조사 사이트를 찾다가 발견했는데 무조건 저랑 같이 소개해보자고 연락드렸죠."

이렇게 말할 수 있었다면 좋으련만, 애석하게도 성공 프로젝트의 이면을 살펴보면 십중팔구는 그런 말이 안 나온다. 그렇다고 '우연히'나 '어쩌다'라고 표현하기에는 너무 무책임하고, 결국 "운이 좋았죠, 하핫" 정도로 얼버무리게 된다.

운이 좋았다고 해서 '그냥 얻어걸렸다는 건가? 일하기 참 쉽네'라고 생각하지는 않는다. 운 좋게 발견했다 해도 찾고 난 이후의 과정에 정말 많은 힘을 쏟기 때문이다. 나는 성공 프로젝트를 운영하는 과정이 씨앗을 틔우는 일과 닮았다고 생각한다. 소싱은 그 씨앗을 만나는 과정이다. 그 과정에서 내가 찾던 것과는 다른 품종의 씨앗을 만날 때도 있다. 그 이후에 싹을 틔워내기까지 브랜드사와의 긴밀하고도 질긴 협업이 필요하다.

데펜소도 그랬다. 처음부터 반찬통을 찾아다닌 건 아니었다. 내가 소개한 커피 그라인더 프로젝트가 무척 성공적으로 끝난 직후, 또 다른 커피용품을 소개해봐야겠다 생각하고 검색하다 어느 제조사를 발견했다. 집에서도 콜드브루 커피를 내릴 수 있는 콜드브루 메이커를 만드는 업체였다. 바로 연락을 드렸다.

미팅에서 만난 팀장님은 예의 그 콜드브루 메이커를 들고 왔다. 이메일에 내가 적었던 '제대로 된 콜드브루 메이커를 소개해보고 싶다'는 문장 때문이었을 거다. 하지만 그날의 미팅에서 콜드브루 메이커는 상자에서 꺼내보지도 못했다. 팀장님은 말했다. "사실은 이거 말고 정말 소개해보고 싶은 제품이 있어서요." 말을 마친 팀장님이 가방에서 주섬주섬 무언가를 꺼냈다. 네모난 금속성 물체. "이게 뭔가요?" 내가 물었다. "그게… 반찬통입니다."

처음엔 당황했다. 반찬통이라니. 일단 팀장님의 설명을 더 들어보기로 했다. 그런 다음 나도 수험생의 마음으로 반찬통과 주방용품의 세계를 공부했다. 공부하면 할수록 '이건 잘 만들어볼 수 있겠다'는 확신이 생겼다. 오히려 처음 제안했던 콜드브루 메이커보다 가능성이 훨씬 크다는 생각까지 들었다. 주방용품은 소재가 주는 선호도가 무척 중요한데, 스테인리스는 안전성과 견고함으로 이미 확실한 소비자층이 형성돼 있다. 그에 걸맞게 시중에 스테인리스 반찬통도 많지만,

뚜껑까지 스테인리스인 제품은 정말 찾기 어렵고 그나마 실생활에서 쓰기 어려운 과거의 디자인이 태반이었다. 데펜소는 이런 문제점을 모두 해결할 수 있는, 반찬통 시장에 새로움을 제안할 수 있는 제품이었다.

"요즘 재밌는 프로젝트 준비하는 거 있어요?" 하는 동료들의 물음에 "반찬통 준비하고 있어요!"라고 대답하면 으레 의구심의 눈초리가 돌아오곤 했다. 나도 첫 미팅에서 그랬으니 섭섭하지는 않았다. 그저 새벽까지 팀장님과 함께 상세페이지 문구와 이미지 순서를 재배치하는 데 골몰할 뿐. 출시일 즈음에는 밤을 꼬박 새우다시피 했다. 우여곡절 끝에 소개한 반찬통은 고생이 잊혀질 만큼 좋은 반응을 얻었고, 내 명함이 된 고마운 프로젝트로 남았다.

콜드브루 메이커로 연락드렸던 브랜드와 반찬통 신화를 쓰게 될 줄 누가 알았을까. 그 후 나는 브랜드사를 만나기 전에 섣불리 재단하지 않으려 조심한다. 우리는 브랜드사의 상황을 알 수 없다. 만나서 씨앗을 내 눈으로 보기 전까지는 어떤 종자인지, 무엇이 피어날지 알 수 없다. 그럴수록 더욱 소싱에 힘을 쏟는다. 더 많은 제품과 브랜드사를 찾고 끊임없이 만난다. 어떻게 이 프로젝트를 소개할 수 있었냐는 물음에 '운이 좋았다'는 말을 해도 부끄럽지 않은 이유다.

PART 2.

콘텐츠로 상품은
두 번 태어난다

Contents

상품은 두 번 태어난다.
만들어졌을 때 한 번,
사람들에게 전해질 때 또 한 번.

벌거벗고 태어난 제품에 새 옷을 입혀주는 일.
상품에 걸맞은 상세페이지를 만드는 건 그런 일이다.
옷이 날개라는 말도 있지 않은가.
제대로 된 옷을 입혀주자.
새로운 가능성을 불어넣을 수 있도록.

제품이 특별해지는
3가지 비법 처방

간혹 혼자 제품을 판매하다가 매출이 지지
부진하여 컨설팅을 요청하는 분들을 만난다. 그 자리에서 흔
히 듣는 질문이 있다.

"PD님, 이 제품은 저희랑 스펙도 비슷하고 제품 단가는 저
희보다 더 높은데(저희가 할인율이 더 큰데) 왜 매출이 더 높죠?
광고비를 엄청 쓴 건가요? 광고 효과가 좋았던 건가요?"

물론 SNS 광고나 플랫폼 내부광고는 너무나 중요하다. 그
러나 단언컨대 저렴한 가격과 높은 광고비가 매출을 보장하
는 전부는 아니다. 소소한 예로 지난주 내가 소비한 3가지 패
턴만 봐도 그렇다.

하나, 자기 전 침대에 누워 SNS를 보다가 "유럽 왕실에서 먹던 초콜릿"이라는 광고에 노출되어 직전까지 먹고 싶지도 않았던 초콜릿을 5만 원어치나 구매했다.

둘, 집에 생수가 떨어져서 쇼핑 앱에 들어가 항상 마시는 생수 브랜드를 검색하고 구매했다.

셋, 습관처럼 쇼핑 앱에 들어갔다가 실시간랭킹 탭을 눌렀더니 4위에 검은색 숄더백이 내 눈에 보였고, 마침 노트북을 넣고도 어깨 아프지 않은 가방이 있으면 좋겠다 싶었는데 이거 꽤 예쁘게 생겼네? 그래서 15만 원짜리 가방을 구매했다.

첫 번째 소비는 광고에 현혹돼 충동구매한 경우다. 유럽 왕실에서 먹었다니 괜히 더 특별해 보였고, 패키지도 고급스러워서 조금 더 사서 선물하기도 좋겠다고 생각했다.

두 번째 소비는 목적성이 뚜렷한 구매였다. 다만 평소 마시던 생수가 정해져 있어서 별다른 가격비교를 하지 않고 브랜드 검색 후 언제까지 배송되는지만 확인하고 결제했다.

세 번째 소비는 애초에 뭔가 사려고 했던 게 아니다. 나는 그냥 습관처럼 앱을 눌렀을 뿐이고 들어가서 슥 둘러보기만 했을 뿐인데, 어느새 '이 가방 나도 있으면 좋을 것 같아!' 하고 구매하게 된 사례다.

이 글에서 내가 말하고 싶은 건 세 번째와 같은 구매의사

결정을 하는 고객들이다. 단순한 정보탐색 혹은 습관적인 앱 서핑을 하다가 구매하는 사람들이 굉장히 많다. 그렇다면 이들이 우리 제품을 사도록 유도하는 방법은 뭘까? 광고에 노출돼 유입된 사람들도 아니고, 목적성이 뚜렷한 사람도 아닌데?

먼저 우리는 온라인에서 제품을 팔고 있다는 사실을 인지해야 한다.

온라인에서 제품을 소개할 때 반드시 기억해야 할 것이 있다. 온라인에서의 경험은 '모니터 속 이미지'에 국한되어 있다는 사실이다. 온라인에서 우리의 소비자는 오감을 사용하지 않는다. 가령 수박을 산다고 해보자. 마트에서 수박을 살 때는 괜히 두드려도 보고 만져도 보고 속이 얼마나 튼실한지 들어보기도 한다. 그러나 온라인에서는 휴대폰을 통통 두드려보거나 만져보거나 들어보아도 화면 속 수박이 얼마나 튼실한지 알 길이 없다.

또 하나 인정해야 할 것은, 독보적으로 탁월하지 않으면 기능으로만 차별화하기는 쉽지 않다는 사실이다. 다른 제품과의 차별점을 찾는 과정에서 흔히 마주하는 난관은 바로 '특별할 것 없는 기능'이다. 사실 그렇다. 예를 들어 푸드 카테고리에서는 기본 기능이 단연 '맛'에서 온다. 그런데 요즘은 대부분 어느 정도는 맛있지 않나? 여기에 세상에 본 적 없는 차별성을 더한다고 해서 고객들이 반응할까? 황치즈맛 빵이 인기라고 해서, 황치즈에 고추장을 더한 고추황치즈가 차별화된 맛으로 고객의 마음을 얻을 수 있을까? 기능은 기본이지, 거기에서 특별함을 찾겠다는 생각은 안이할 수 있다.

이처럼 기능으로 승부하기 어렵고 그마저 경험이 제한된 상황에서는 그 제한된 경험으로 마치 실제 체험한 듯한 생동감을 전달하는 것이 무척 중요하다. 이 제품이 맛있다고 글로 백날 적어봐야 아무런 소용이 없다. 누구나 할 수 있는 말, 보여줄 수 있는 장면으로는 누구나 낼 수 있는 매출만 만들 뿐이다. 다른 접근이 필요하다.

대부분의 플랫폼이나 온라인 커머스는 카테고리가 구분되어 있다. 테크·가전, 패션·잡화, 식품, 뷰티 등등. 그리고 또 카테고리를 나누어 유사제품군끼리 묶는 경우가 대다수다. 과연 비슷한 제품들 사이에서 우리 제품을 클릭하게 하려면 어떤 부분을 준비해야 할까? 다음 3가지를 기억하자.

1. 썸네일 꾸미기

썸네일은 우리 제품을 소개하는 간판이자 대문이다.

온라인은 노출되는 지면이 한정돼 있다. 그 안에서 하루에도 몇십 건 혹은 몇백 건이 노출된다. 그사이에서 사람들의 시선을 사로잡는 방법? 생각보다 간단하다. 옷가게에서도 예쁘게 디스플레이된 옷에 먼저 손이 가듯, 서점에서도 표지가 예쁜 책을 먼저 들춰보듯, 썸네일로 고객의 시선을 사로잡기만 한다면 절반은 성공한 것이다. 반대로 이 썸네일에서 돋보이지 못하면 '여기 저희도 있어요~'라고 노출시키는 비싼 광고를 쓰지 않는 이상 우리 제품은 고객들의 눈길을 끌지 못한 채 스크롤을 10번은 내려야 하는 하단부로 사라질 것이다.

특히 푸드 카테고리가 그렇다. 푸드는 직관의 영역이다. 제품의 질감, 크기, 효능, 맛이 가장 잘 드러나는 이미지를 정해진 프레임에 꽉 차게 보여주어야 한다. 어떤 제품인지 잘 보이면서도 가장 맛있어 보이는 지면을 세팅하자. 단, 맛이 중요한 가공식품이 아니라면 함량과 효용, 기능이 강조된 장면으로 채우는 것이 좋다.

만약 이렇게 하기가 여의치 않다면 적어도 다음 3가지 경우는 피해보자.

- 제품 사진이 작아 무엇인지 잘 안 보인다.
- 제품을 돋보이게 하는 아이템들이 함께 디스플레이되어 있어 무엇을 파는 건지 명료하지 않다.
- 제품 패키지만 보이고 제품 특징이나 성분이 보이지 않는다.

2. 애칭 붙이기

목적성 없는 소비자에게 제품을 노출시켰다면 다음 단계는 특별한 제품임을 '인지'시키는 것이다. 한국인이라면 누구나 아는 "이름을 불러주었을 때 나에게로 와서 꽃이 되었다"는 시의 한 구절처럼, 평범한 제품에도 특별함을 부여할 수 있는 쉬운 방법을 적용해보자. 바로 이름을 붙이는 것이다. 좋은 품질과 좋은 스펙을 나열하는 것은 누구나 할 수 있다. 그러나 우리 제품만 불릴 수 있는 이름을 가진다는 것은 전혀 다른 이야기다.

여기서 말하는 제품의 이름은 '○○○의 매운맛 떡볶이' 식으로 단순히 브랜드명에 제품명을 합친 것이 아니다. 고객이 상세페이지를 읽지 않고도 어떤 제품인지 직관적으로 파악할 수 있는 이름이어야 한다. 좋아 보이는 단어만 나열하면 안 되고 반드시 제품과 어울려야 하는 것은 물론이다. 동시에 우리 브랜드와 라포를 형성할 수 있는 이름이면 더욱 좋다.

다음 예시를 보고 어느 쪽이 기억하기 쉬운지 비교해보자.

- 칼집을 내서 까기 쉬운 실속 있는 밤 vs. 홀라당 깐 밤
- 식단관리할 때 먹어도 되는 가벼운 칼로리 빵 vs. PT쌤이 괜찮대요, 산소빵
- 크고 아름다운 대왕 보리굴비 vs. 세젤예 보리굴비

자, 어떤 제품이 기억에 남는가?

예를 들어 '산소빵'을 보자. 산소빵이라는 단어에서 어떤 제품이 연상되는가? 무언가 가벼운 느낌이고, 다른 빵보다 열량이 낮을 것 같지 않은가? 얼리먹답터나 빵덕후라면 '산소빵이 뭐지? 내가 모르는 빵이 있다니!' 하며 궁금해서라도 클릭할 것 같다. 심지어 PT쌤도 이 빵은 허락했다니! 헬스 트레이너들이 먹어도 된다고 하는 식단이면 다이어트 중에도 괜찮겠다는 생각을 제품영양성분 분석표를 보지 않고도 할 수 있다.

3. 콘텐츠 입히기
마지막으로 제품에 '콘텐츠'를 입혀야 한다는 점을 강조하고 싶다.

간혹 '이런 옷은 누가 입는 거야? 괴상하게도 생겼네'라고 생각했던 옷을 연예인이나 모델이 찰떡같이 소화한 모습에 새삼 감탄한 적이 있지 않은가? 세상의 모든 색을 다 섭렵한 듯한 개성 있는 옷차림의 모델, 비닐봉지를 연상케 하는 전신 슈트에 목이 보이지 않도록 액세서리를 휘감은 뮤지션들… 과하다 싶은 패션을 조화롭게 살려내는 이들을 보며 우리는 매력 있는, 자신만의 스타일이 뚜렷한, 혹은 패션 센스가 좋은 사람들이라 기억한다.

그러나 누구나 패션 센스가 뛰어난 것은 아니다. 나처럼 평범한 사람들이 저렇게 입었다가는 여기저기 과하게 튀어나온 포인트에 눌리고 만다. 대개는 적절한 포인트 한두 개만 살리는 패션이 훨씬 조화롭다. 제품도 그렇다. 내가 말하고 싶은 것, 내가 보여주고 싶은 스펙을 적절한 포인트로 살려서 돋보이게 해야 사람들에게 매력 있는 제품으로 기억될 수 있다.

실제 사례를 보자. 여기 두유 3종이 있다. 국내산 서리태 90% 이상의 함량에 첨가물을 사용하지 않았다는 스펙도 같다. 그러나 각자 만들어낸 콘텐츠는 상당히 다르다. 다음은 상세페이지 도입부의 내용이다.

A 제품은 두유 패키지 주변에 알이 큰 검은콩들을 디스플레이하여 두유 함량이 높아 보이도록 세팅하고, 패키지에 제품의 특장점USP를 큰 글씨로 강조했다.

"검은콩 99%를 전통 맷돌방식으로 갈았습니다.
100% 국산콩만을 사용했습니다.
단 60kcal에 첨가물은 제로."

B 제품은 짧은 시간에 장황한 말로 소비자를 설득하는 대신, 단호한 어투로 '이게 진짜 좋은 스펙의 두유'라는 콘텐츠

를 만들어냈다.

"무엇을 넣지 않았는지를 보셔야 합니다"라는 짧은 한 문장과 함께, 제품 뒷면의 성분표를 홱 돌려 GIF로 보여줬다. 성분표에는 단 3가지만 쓰여 있었다. "두유 원액 99%, 해조칼슘, 천일염."

원재료명을 직접 보게 함으로써 더이상 말하지 않아도 제품에 대한 신뢰도를 높였다.

반면 C 제품은 스펙을 먼저 소개하지 않고 소비자에게 우리 제품이어서 가능한 이야기를 함으로써 프리미엄 제품이라는 인식을 만들어냈다.

"두유를 끓이면 정말 두부가 될까요?"라는 질문과 함께 C 제품으로 두부 만드는 장면을 GIF로 보여주었다. (두유를 떠어서 끓이고, 알갱이들이 뭉쳐지고, 그리고 마침내 두부가 만들어지는 장면) 소비자들은 껍질까지 착즙된 콩 알갱이들을 직접 보면서 '두부가 될 정도로 서리태 함량이 높은 거야?'라는 임팩트를 받았다.

그다음으로 '우리는 청자 5호 품종만을 사용하였고, 칼로리가 40kcal밖에 되지 않는다, 더불어 우리는 콩 알갱이가 씹혀 포만감이 가득하다'는 세부 USP를 덧붙였다.

대부분의 상세페이지가 A처럼 제품 스펙을 나열한다. 그러나 조금만 포인트를 추가하면 B, C와 같은 특별한 상세페이지가 나온다. 매출도 그만큼 오른다. 실제로 광고 유입을 제외한 오가닉 유저의 매출은 C>B>A 제품 순이었다.

이것이 비단 푸드 카테고리에만 국한된 것일까? 그렇지 않다. '누구나 할 수 있는 말'이 아닌 우리 제품만이 보여줄 수 있는 전달법을 만들자. 같은 제품이어도 더 특별한 제품을 선택했다는 느낌을 주었는지, 제품 가격에 고객이 합리적이라고 수긍할 만큼 특별한 플러스알파를 주었는지 생각해보자.

컨셉의 탄생,
제품의 우주를
들여다보라

       브랜드와 제품을 다루고 있다면 신제품 소개를 할 때 '이 제품은 좀 더 좋아요'라는 표현은 경계했으면 좋겠다. 실제로 다수 브랜드가 신제품 출시를 앞두고 있다며 "이건 전 것보다 좀 더 편해요", "경쟁사보다 좀 더 맛있어요"라고 한다. 이들로부터 "1억 넘겨볼 수 있을까요?", "왜 안 팔리는지 모르겠어요"라는 말도 자주 듣는다. 하지만 이렇게 준비한 브랜드치고 목표만큼 매출을 내는 경우는 많지 않다. '좀 더 좋다'는 말은 사실 별반 차이가 없다는 말과 다르지 않다. 그러니 소비자에게 새로움이나 차별성이 전달되지 못해 구매할 마음과 행동을 일으키지 못하는 것 아닌가 싶다. 조금 다르다고 말하는 제품에는 소비자들이 매력을 느끼지 않는다는 것이다.

제품을 만드는 기술과 기능, 디자인이 전반적으로 상향 평준화돼 차별화가 어려울수록 브랜드 팬덤이 중요해진다. 팬덤을 보유한 브랜드는 설령 제품이나 가격 경쟁력이 다소 떨어져도 유리한 입지를 차지할 수 있다. 브랜드 세계관을 반영한 굿즈를 판매하거나 신사업에 진출해 신규 수익을 창출할 수도 있다. 일례로 강력한 팬덤을 보유한 스타벅스는 굿즈 매출이 전체의 약 10%에 달하는 것으로 알려졌다.

이러한 팬덤을 만드는 것이 흔히 말하는 '세계관'이다. 오늘날에는 브랜드에도 세계관이 있다. 브랜드 마케팅의 대표 주자라 하면 애플과 무인양품이 생각난다. 애플은 혁신적이고 절제된 디자인을 보여주고, 무인양품은 불필요한 요소를 제거한 미니멀리즘을 추구한다.

한동안 무인양품에 매료되어 '무인양품스러운' 인테리어와 패션에 빠졌다. 무인양품의 컨셉은 '이것이 좋다'가 아닌 '이것으로 충분하다', 즉 기본에 충실함을 이야기한다. 품질과 간결한 디자인으로 승부하는 무인양품의 컨셉은 생활용품에서 식품, 호텔과 서점 등의 공간까지 다양한 카테고리로 확장되고 있다. 이 같은 브랜드 세계관은 이들이 선보이는 제품에 일관되게 투영돼, '무인양품스러운'이라는 수식어가 따라다닌다.

브랜드가 세계관을 펼치는 이유가 무엇일까? 그 브랜드가 표방하는 '○○스러운'이라는 정서에 동의하거나 관심 있는 소비자들의 팬덤을 형성해 충성고객으로 '록인Lock-in'하는 효과를 노리는 것이다. 단적인 예로 애플은 '앱등이'라는 멸칭도 기꺼이 받아들이며 모든 애플 기기를 섭렵하는 강력한 팬덤이 있다.

그러나 우리 브랜드는 애플이나 무인양품처럼 크지 않은데, 어떻게 독자적인 세계관을 만들고 펼칠 수 있을까? 이런 고민을 하고 있다면 '컨셉'에 집중하라고 말하고 싶다. 브랜드 세계관이 넘쳐나는 세상에서 브랜드를 다루고 신제품을 만드는 일을 한다면 반드시 알아야 할 것이 바로 컨셉이다. 제품 컨셉이 사람들에게 매력적으로 다가가면 판매로 이어지고, 브랜드도 자연스레 자리잡을 수 있다.

여기서는 2개의 작은 브랜드를 사례로 소개하고 싶다. '컬러'와 '이집트'라는, 흔하다면 흔한 단어를 자신의 컨셉으로 만든 작은 브랜드들이다.

단순할수록 강렬하다

'리빙크리에이터'는 뚜렷한 색깔이 없던 생활용품에 컬러풀함을 더해 사람들에게 더 재미있고 지속 가능한 살림의 메시지를 전한다. 와디즈에서 실리콘 밀폐백 프로젝트를 2회 진행해 약 1억 원의 매출액을 달성했다. 그다음 목표는 단일 프로젝트로 1억 원을 넘기는 것. 그러나 환경에 도움이 되는 실리콘 용기라는 메시지만으로는 제로웨이스트를 지향하는 이들이 공감할 뿐, 더 많은 사람들에게 브랜드를 알리기에 한계가 있었다.

어떻게 하면 한 단계 도약할 수 있을지 대표님과 상의를 거듭하던 중, 이 브랜드가 가장 잘하는 것이 컬러플레이라는 사실을 잊고 있었음을 문득 깨달았다. 다시 초심을 다잡는 마음으로 기존 밀폐용기에서 볼 수 없는 감도 높은 15가지 컬러를 구현해 파스텔, 비비드, 뉴트럴 계열로 5종씩 묶어서 선보였다.

고객의 반응은 열광적이었다. 3주 동안 1억 원의 펀딩 실적을 올렸다. 그리고는 곧이어 그들만이 구현할 수 있는 컬러플레이로 15색 만능 실리콘 보관용기 라인업을 선보여 성공적으로 펀딩을 종료했을 뿐 아니라, 와디즈 상시 판매 서비스인 스토어에도 납품하게 되었다. 그 뒤로도 스테인리스 밀폐

용기에 컬러풀함을 더한 제품을 준비하는 등, 이들의 도전은 계속 이어지고 있다.

SNS 광고 반응을 보면 그들만의 컬러풀함에 사람들이 매력을 크게 느낀다는 걸 알 수 있는데, '그냥 예뻐서 그런 거 아냐?'라고 치부할 수준이 아니다. 주방용기가 연출하는 광고 화면은 대개 비슷하다. 스테인리스 용기를 전자레인지에 돌리는 장면, 스테인리스 용기인데 연마제가 묻어나지 않는 모습, 밀폐력을 강조한 실험 연출 등 기능을 강조한 이미지나 영상 소재의 성과가 좋다. 그런데 유독 리빙크리에이터는 오로지 컬러와 사이즈만 표기한 이미지 광고의 성과가 가장 좋았다. 컬러풀이란 컨셉에 이렇게까지 확실하게 반응하다니, 놀라울 뿐이었다.

얼마 전에 리빙크리에이터 대표님과 이야기를 나누던 중 대한민국에서 '주방용품계의 이케아'가 되고 싶다고 한 말이 기억난다. 그 꿈을 머지않아 이룰 수 있도록 나도 계속 힘을 보태고 싶다는 생각이 깊이 들었다. 브랜드가 꿈꾸는 미래의 초석을 다지는 과정이 쉬울 리 없지만 그 과정에서 느끼는 보람은 무엇보다 강렬할뿐더러, 바쁘고 좌충우돌하는 순간에 잠시 멈춰 숨통을 트여주는 존재가 되어주기 때문이다.

컨셉을 만들었으면 독하게 씌워라

컨셉이 매혹적인 또 하나의 브랜드로 '맨디사네츄럴스'가 있다. 이집트 문화가 담긴 천연 제품을 통해 건강한 생활방식을 느끼길 바라는 마음으로 시작된 브랜드다. 사실 설명을 듣기 전까지는 전혀 짐작되지 않는 제품에 이집트 컨셉을 독하게 씌워 데뷔한 사례이기도 하다.

　루파를 아시는지? 수세미처럼 생긴 이집트 식물이다. 이것으로 만든 루파패드는 100% 천연소재로 미세 플라스틱 걱정 없이 안심하고 사용할 수 있는 샤워타월이다. 문제는 샤워타월이 이미 너무 흔하다는 것. 네이버에 샤워타월을 검색하면 1만 5000개 이상이 뜨는데, 아무리 자연친화 제품이라도 미리 주문하고 몇 주나 기다려서 받아야 한다면 어떤 이유로 살 마음이 생길까? 당장 떠오르지는 않지만 어쨌든 자연친화적이라는 말 이상의 매력적인 어필이 불가피해 보였다. 이런 고민을 담당 매니저에게 털어놓으며 참고할 만한 기존 성공 프로젝트 사례를 함께 전했다.

- 몽골산 캐시미어 제품의 합리적인 가격을 잘 설명한 프로젝트
- 자연유래, 환경친화적 제품이 특징인 프로젝트

- 선조들이 사용하던 성분을 넣어 만든 고체비누로 모공 관리 문화를 만든 프로젝트

기존 성공사례들은 모두 자연에서 얻은 천연소재 또는 성분으로 만든 제품인데 객관적인 사실에 옷을 입혀 특별해 보이도록 노력한 흔적이 느껴졌다. "안녕하세요. 뭉흐바트입니다. 몽골에서 10만 원에 판매하는 캐시미어가 한국에서는 적게는 3배, 많게는 10배 이상으로 판매되고 있어서 많이 놀랐습니다. 따라서 저는 100% 몽골 캐시미어를 합리적인 가격으로 한국에 소개하기로 결심했습니다"라는 인사말과 함께 현지에서 일하는 모습을 사진으로 보여줘 더 좋은 품질을 제공하는 제품이라는 사실을 표현하고 있었다.

이러한 성공사례를 참조하여 다음과 같은 카피들이 완성되었다.

> "바디 스크럽의 시작이
> 이집트라는 사실을 아시나요?"
> "하늘이 내려준 비단수로 불리며
> 파라오도 즐기던 식물 루파"
> "클레오파트라의 피부 비결, 각질 관리도 개운하게"

온라인 상세페이지에는 전하고자 하는 메시지를 시각적으로 최대한 자세히 표현했다. 고대 이집트 벽화 이미지와 함께 역사가 깊은 루파의 스토리를 넣고 대표님 사진으로 이집트인이 운영하는 브랜드라는, 누구도 따라 할 수 없는 특성을 어필했다. 여기서 끝나면 아쉬울 수 있으니 고객들의 기억에 남을 이집트어 퀴즈 이벤트를 열었다.

> 이집트어로 '감사합니다'는 무엇일까요?
> 댓글로 정답을 맞히신 분들 중
> 추첨을 통해 선물을 드립니다!
>
>
> "A 고객 : 슈크란~~
> 클레오파트라의 피부를 기대해봅니다^^
> 천연제품이라 더 궁금해지네요~
> 파이팅"
> "B 고객 : 슈크란!!
> 클레오파트라가 될 거예요!"

고객들의 댓글 반응에 제품에 대한 호기심과 호감이 느껴지지 않는가? 이렇듯 작은 브랜드도 저마다 뚜렷한 색깔을 드러내기 위해 최선을 다하고 있다. 컨셉이라는 보물을 찾기 위해 말이다. 어릴 적 했던 보물찾기를 기억할 것이다. 해봐서 알겠지만 사실 보물은 그리 멀리 있지 않다. 컨셉도 그렇다. 내가 가장 잘하는 것, 나의 가장 독특한 점, 나만 갖고 있는 것이 무엇인지 찬찬히 되새겨보자. 그 고유성 안에 컨셉이 있을 것이다.

상세페이지의
중요성,
그 당연함에 대하여

구태여 설명하지 않더라도 상세페이지가 중
요하다는 사실은 온라인 판매자라면 모두가 안다. 그간 많은
브랜드를 만났고 더 많은 사람들을 만났다. 모두가 입을 모아
말했다. "상세페이지요? 당연히 중요하죠."

맞다, 상세페이지는 중요하다. 제품을 온라인에 소개하기
위해 없어서는 안 될 영역이기도 하다. 그래서 모두가 상세페
이지를 만든다. 모두가 만든다면 우리는 다르게 만들어야 한
다. '잘' 만든 상세페이지가 필요하다. 이제 자연스러운 물음
이 뒤따를 차례다. '그래서, 잘 만든 상세페이지가 뭔데?'

'잘'이라는 무한한 가능성의 단어를 쓴 나 자신을 책망하

고 시작해야겠다. 각자 정의하기 나름인 것도 사실이다. 조심스럽게 나의 정의를 전해보자면 잘 만든 상세페이지란 '우리만의 이야기'를 '배려 넘치게' 담아낸 상세페이지다.

상세페이지의 관건은 결국 '무엇'을 '어떻게' 전하느냐. 무엇을? 우리 제품이 말할 수 있는 '우리만의 이야기'를. 어떻게? '배려'를 한가득 담아서.

고객이 듣고 싶은 우리만의 이야기

세상에 제품이 너무나 많다. 굳이 이런 말을 써야 할까 싶을 정도로 많다. 나는 지금 머그잔에 커피를 내려 마시고 있다. 문득 궁금해서 네이버쇼핑에 머그잔을 검색해보니 140만 개 이상의 항목이 나온다. 머그잔을 만들어 팔아보겠다는 상상을 펼치자마자 바로 접는다.

'우리만이 전할 수 있는 이야기가 무엇일까?'라는 고민이 반드시 필요한 이유다. 모든 제품이 아닌 바로 우리 제품의 이야기. '우리 제품엔 그런 게 없습니다'라고 답할 분은 없을 거라 믿는다. 없는 걸 만들어내라는 게 아니다. 하다못해 제품을 만드는 사람들이 다른 제품과는 다르지 않은가. 우리만의 이야기라는 건 반드시 있다.

그래도 고민이라면 우리만의 이야기를 더 효과적으로 고민할 수 있는 팁이 있다. 제품의 성격에 따라 고객이 듣고 싶은 이야기가 무엇일지 생각해보자는 거다.

우리 제품의 성격이 어떻지? 이 물음이 어렵다면 '사람들은 이 제품을 어떤 시선으로 바라볼까'라는 질문으로 바꿔볼 수 있다.

이미 갖고 있는 제품이지만 더 나은 점을 기대하며 바라볼 제품일지, 갖고 있지 않고 딱히 필요를 느끼지 못했던 제품일지. 전자라면 그럼에도 이 제품을 또 구매해야 할 명확한 이야기를 들려주어야 할 테고, 후자라면 몰랐던 필요성을 깨닫게 해주는 이야기가 필요할 것이다.

시장에 대체 가능한 제품이 많거나 이미 대부분 사용하는 생활필수품에 해당하는 제품이라면? 우리가 전할 수 있는 이야기의 중심은 기존 제품의 문제점을 해결할 수 있다는 것, 다시 말해 기존 제품과의 차별화일 것이다.

앞서 소개한 뚜껑까지 스테인리스로 된 반찬통을 위한 상세페이지를 꾸린다고 해보자. 이 제품이 전할 수 있는 이야기는 올스테인리스 반찬통이라는 점일 테고, 사람들이 이미 많이 사용하는 (뚜껑이 스테인리스가 아닌) 반찬통의 문제점을 짚어주며 올스텐 반찬통을 사용해야 할 당위성을 전달하는 흐름이 적합하다.

이처럼 실용성이 분명한 제품이 아니라 가치 소비를 위한 제품, 예컨대 인센스나 커피 드리퍼 같은 제품이라면 어떨까. 사실 그동안 미처 깨닫지 못했을 뿐 우리 일상에 이런 제품이 필요하다는 사실을 넌지시 일깨워주는 이야기를 건넬 수 있을 것이다. 가령 인센스를 소개하며 '하루 15분, 인센스와 함께 머리를 비우는 시간을 가져보는 건 어떨까요?'라고 제안해볼 수 있지 않을까?

우리 제품의 장점이 그만큼 뾰족하지는 않거나 온라인에서 직관적으로 소개하기 어렵다면? 그럴 때는 제품을 만든 이의 이야기를 조명하거나 이야기 전달방식을 달리하는 식으로 변주하는 것도 도움이 될 것이다.

배려, 고객의 입장에서 전하는 이야기

배려야말로 좋은 콘텐츠가 가져야 할 덕목이라 믿는다. 또한 대상이 존재하는 모든 이야기에 빠져서는 안 될 가치라고도 생각한다.

상세페이지에서 배려란 무엇일까. 고객이 듣고 싶은 이야기를 생각하는 것이다. 더불어 고객은 제품 전문가가 아님을 항상 마음에 새기는 것이다.

선풍기를 판매한다고 해보자. '12엽 날개로 특허받은 선풍기'와 '부드러운 바람이 더 멀리 가는 선풍기' 중 고객이 듣고 싶어 하는 이야기는 무얼까?

힘들게 받은 특허를 자랑하고 싶은 마음, 백번 이해한다. 하지만 고객은 선풍기 전문가가 아니다. 12엽 날개가 구체적으로 어떤 효과가 있는지 잘 알지 못한다. 특허받았다는 사실에도 관심이 크지 않을 확률이 높다. 그게 얼마나 대단하거나 중요한지 구태여 알고 싶지 않다. 고객이 듣고 싶은 이야기는 명확하다. 그래서 그 제품이 나에게 어떤 효익을 주느냐다. 이 단순하고도 명쾌한 사실을 늘 머리와 가슴에 새겨두어야 한다.

다시 말해 브랜드의 입장에서 물러나 고객의 자리에서 이야기를 전달하는 것이 곧 배려다.

한 가지 더, 브랜드는 언제든 제품 이야기를 들려줄 준비가 되어 있지만 소비자는 그렇지 않다. 이야기를 듣기 전 숨고르기가 필요하다. 이렇듯 고객의 호흡에 맞추어 이야기를 전달하는 것 또한 콘텐츠에서의 배려다.

브랜드가 하고 싶은 이야기를 쏟아내기 전에 한 번 간단하게 요약해주는 것, 본문을 아우르고 응축하는 단락 제목 짓기에 시간을 들이는 것 역시 배려다.

넓게 보아 상세페이지뿐 아니라 모든 콘텐츠도 결국 배려의 작업이다. 상대방을 생각하는 만큼 콘텐츠는 더 좋아진다. 그런 점에서 콘텐츠는 기술이라기보다는 태도가 중요하다. 이 한 가지만 명심한다면 분명 더 나은 상세페이지를 만들 수 있을 것이다.

내 얼굴이라도
팔 테니

　　내가 와디즈에 입사해서 첫 번째로 마주한 제품은 메이크업 쿠션이었다. 여성이라면 대부분 하나씩 갖고 다닐 것 같은데, 일반적으로 케이스 안에 파운데이션이 들어 있어 손쉽게 화장할 수 있는 쿠션 형태다. 뷰티 카테고리를 전문으로 하는 디렉터가 이런 말을 하는 게 웃기지만, 나는 생각보다 화장품을 더 몰랐다. 스킨케어라곤 앰플 하나로 끝, 화장도 잘 못해서 섀도우 하나만 갖고 있던 시절이었다. 엄마가 던져주는 쿠션을 대충 툭툭 바르고 돌아다녔던 나더러 쿠션을 팔라니. 사본 적 없는 물건을 팔아야 한다니 미칠 노릇이었다.

그런 터라 임무를 맡고 가장 먼저 한 행동은 '메이크업 쿠션 구매해보기'였다. 내가 직접 사봐야 사람들에게 팔 수 있을 것 같았다. 네이버에 쿠션을 검색하니 1400만 개의 제품이 떴다. 아, 정말 어쩌란 말인가. 아는 브랜드도 별로 없고 내 눈엔 다 똑같아 보이는데. 별수 없이 우선은 리뷰가 많은 상품페이지부터 들어가 봤다. 그러고는 실제 구매한 고객들의 리뷰를 하나씩 읽어보기 시작했다.

"일단 저는 파워 지성입니다. 그리고 전 촉촉한 파데를 별로 좋아하지 않아요. 휴지로 찍어서 기름기를 제거해봤자 번들거리는 게 잡히지 않는 피부요. 그래서 이 쿠션을 5년 동안 너무너무 잘 썼어요."

나는 피부가 건조한 편이다. 유분과 수분이 모두 부족한 내 피부에 이 리뷰의 제품은 절대 안 맞을 것 같았다. 탕수육의 세계에 '찍먹파'와 '부먹파'가 있듯 쿠션계에도 촉촉파와 뽀송파가 있다는 깨달음을 얻었다. 이번에는 촉촉파가 좋아하는 걸로 유명한 쿠션의 상품페이지를 봤다. 이 제품에는 이런 후기가 달려 있었다.

"<장점>
— 촉촉한 타입이지만 바르고 조금만 있으면 픽싱이 잘돼서 생각보다 마스크에 덜 묻어나요.
— 약간의 회기가 돌아서 붉은기 커버가 잘돼요.

— 시간이 지나면 유분으로 인해 떡지는 게 아니라 제품과
　　　어우러져 더 자연스러워요. 예쁘게 무너지는 편이에요.
　　<단점>
　　— 모공 끼임이 심해요.
　　— 23호치고 많이 밝아요. 좀 더 어두운 색상 개발해주시면
　　　좋을 듯합니다.”

리뷰들을 꼼꼼히 읽고 촉촉파 쿠션 가운데 ‘예쁘게 무너진
다’는 쿠션을 한번 사봤다. 예쁘게 무너진다니, 대체 무엇이
무너진다는 것인가 혼란스러웠는데 알고 보니 이런 뜻이었
다. 쿠션을 바르고 시간이 지나면 땀이나 얼굴의 기름기 때문
에 화장이 흐물거리나 지워질 수밖에 없는데 이게 뭉치는 게
아니라 내 얼굴의 기름기와 섞여 윤광처럼 자연스러워 보이
면 그게 예쁘게 무너지는 것이란다.

리뷰들을 살피고 실제로 구매도 해보니 쿠션에서 주로 따
지게 되는 조건은 다음 6가지였다.

하나, 촉촉파인가, 뽀송파인가?

둘, 커버력이 좋은가?

셋, 지속력이 좋은가?

넷, 무너짐이 괜찮은가? (시간이 지나며 화장이 망가져도 예쁘
게 피부 표현이 가능한가?)

다섯, 색상이 본인 피부톤과 잘 어우러지는가?

여섯, 마스크에 많이 묻어나지 않는가? (코로나가 한창일 때라 이 점을 더 꼼꼼히 따졌던 것 같다.)

이 기준을 가지고 내가 맡은 쿠션의 상세페이지 기획안을 쭉 읽어봤다. 스크롤을 내릴수록 표정이 굳어지면서 나도 모르게 읊조렸다. 너무 불친절한데.

말 그대로 상세페이지가 불친절했다. 최소한 내가 소비자로서 따져봤던 저 6가지 조건은 들어가줘야 하는데 그런 게 뚜렷하지 않았다. 이 쿠션은 커버력이 좋은지, 한 번 바르면 얼마나 지속되는지 정도는 파악되어야 고객들이 지갑을 열지 않을까? 입소문이 나서 브랜드 이름만 대도 "너도 그 쿠션 써?" 하고 알 만큼의 인지도가 아니라면 상세페이지는 친절해야 한다고 생각했다.

내 첫 프로젝트인 만큼 잘 소개하고 싶은 욕심도 있던 터라 엄청난 양의 피드백을 브랜드 담당자에게 전달했다. 담당자 분은 내 피드백을 쭉 확인하더니 한숨을 쉬며 대답했다. 추가 촬영은 어렵다고 말이다. 3년이 지난 지금의 내게 추가 촬영이 어렵다고 하면 아마 나는 화를 낼 것 같다. 전문적인 촬영을 원하는 게 아니다. 일반인이 실제로 제품을 썼을 때의 이미지나 영상이 더 필요하다고 요청했는데, 이런 콘텐츠는 일반 스마트폰으로도 충분히 촬영할 수 있다. 실무자가 흰색 배경에 촬영해도 되는데, 그걸 못하겠다는 건 의지가 없다는 뜻 아닐까.

하지만 어쩌겠는가. 내가 맡은 첫 프로젝트고 나는 이걸 꼭 해내야겠는걸. 그때는 브랜드 담당자보다 내가 더 간절했던 것 같다. 결국 나는 이 프로젝트의 메인 모델이 되기로 했다. 아직도 기억난다. 자는 동생을 깨워 휴대폰을 들이밀었다. 깔끔한 촬영을 위해 거실 소파 위로 올라가 흰 벽면을 배경으로 아이폰으로 3시간 동안 촬영했다. 쿠션을 바른 직후의 윤광 표현이 어떻게 되는지 피부 전면을 촬영했다. 나는 피부톤이 어두운 편이라 피부톤이 밝은 동생 얼굴에도 쿠션을 찍어 바르고 같이 촬영했다. 이 갑작스러운 모델들의 활약으로 매출이 얼마나 나왔는지 궁금하다면, 한 600만 원 정도였던 것 같다. (내가 예뻤으면 더 나왔을까?)

이 에피소드를 통해 말하고 싶은 건, 고객들에게 친절하자는 것이다. 직원이나 대표 본인이어도 괜찮으니 고객들이 원하는 정보가 있다면 어떻게든 상세페이지 안에 담아내자. 우리가 경쟁하는 제품이 이렇게 많은데 그럼에도 고객의 지갑을 열게 하려면 최소한의 정보는 제공해야 하지 않을까. 나보다 잘나가는 브랜드들도 친절하게 내용을 담아내는데 우리는 정보를 통째로 생략해버리면 고객이 우리 제품을 사야 할 이유가 없다.

　물론 감성과 감도로 승부하는 브랜드들도 많다. 논픽션, 템버린즈, 이솝처럼 많은 이야기를 담아내지 않고도 브랜딩만으로 압도하는 브랜드들을 개인적으로 존경하고 진짜 대단하다고 생각한다. 하지만 첫발부터 그 길을 걷는 것은 무모하지 않을까. 정보의 디테일이 쌓인 다음에야 분위기로 말하는 브랜드를 내놓을 수 있지 않을까. 그전까지는 우리 모두 좀 더 친절했으면 좋겠다. 낯선 제품이어도 고객들이 충분히 인지하고 지갑을 열 수 있도록. 내 얼굴이 팔려도 좋으니 이 제품이 팔렸으면 하는 간절함처럼, 상세페이지 하나하나가 더 간절해지면 좋겠다.

메리트와 베네핏의
차이를 아시나요?

　　　　　좋은 습관인지는 모르겠지만, 직관적으로 일을 하곤 한다. 어떤 제품 하나가 잘될 것 같다 싶으면 무섭도록 그 제품에 집착하고 기어코 성공시킨다. 위험한 습관이기도 하다. 기껏 직관을 믿고 오랜 기간 매달렸는데 만약 그 직관이 틀렸다면? 놓치는 게 한두 가지가 아닐 것이다. 내 직관이 틀렸음을 인정하는 것만큼 좌절스러운 것도 없고, 직관이 맞았음을 입증할 때만큼 도파민이 가득한 순간도 없다. 그래서 더욱더 직관에 집착한다. 직관이 맞았음을 증명하기 위해, 제품 보는 안목이 있다는 걸 입증하기 위해 야근을 불사한다. 총 6번의 미팅과 두 차례의 상세페이지 대공사를 거쳐

8000만 원의 성과를 낸 AI 폰트 펀딩도 그런 경우다.

　TTF, OTF라는 꽤나 생소한 확장자명의 폰트 파일은 내 직관이 꾸준히 찾고 있던 아이템이었다. 이유를 말하자면 여러 가지겠지만, 우선 폰트 디자인은 전문 디자이너가 오랜 시간 공들여야 하는 고난도의 작업인 걸로 알고 있으며, 그러므로 유료로 구매하여 사용하는 폰트들은 가격이 꽤나 비싸다. 그마저도 상업적 이용이 불가한 경우가 적지 않아 정말 좋은 폰트를 찾기란 생각보다 어렵다. 사정이 이러하니 대부분은 무료 폰트 중 가장 무난하고 깔끔한 폰트를 사용할 것이다.

　2022년에 개최된 서울 일러스트페어에서 우연히 알게 된 '온글잎'은 이 문제점을 정확히 해결해줄 수 있는 브랜드였다. 덕후들의 성지라 불리는 일러스트페어에서, 웹툰도 잘 보지 않는 나는 그들의 세계관에 공감하지 못한 채 외딴섬처럼 떠돌았다. 그러던 중 사람들이 줄지어 선 부스를 발견했다. 사람들이 줄지어 있다는 건 그만큼 대단한 게 있다는 방증이기도 하다. 이미 기가 많이 빨린 터라 줄을 서지는 않고 브랜드를 검색해보니, 국내에서 손꼽히는 인공지능 스타트업의 폰트 서비스라 했다. 조금만 설명을 덧붙이자면, 손글씨를 쓰고 사진을 찍어 올리면 AI 서비스가 이를 인식해 폰트 파일로 변환해주는 서비스였다. 폰트 제품을 찾아다니던 와중에

AI가 손글씨를 폰트로 만들어준다니, 직관이 내게 속삭였다. '이건 된다!'

손글씨가 주는 힘은 강력하다. 카톡으로 쓴 '사랑해'와 손으로 꾹꾹 눌러 쓴 '사랑해' 간에는 표현하기 어려울 만큼의 간극이 존재한다. 배달음식을 시켰을 때 서비스로 온 캔음료보다 사장님이 직접 쓴 감사 포스트잇에 더 감동받은 경험을 나만 한 것은 아닐 것이다.

"서현 프로님, 손글씨를 폰트로 만들어준다면 살 건가요?"

"아, 저는 악필이라…."

"희정 프로님, 손글씨를 폰트로 만든다면 어떨 것 같아요?"

"있으면 좋을 것 같긴 한데, 돈 주고 살 것 같진 않아요."

그러나 동료들에게 물어봐도 확신할 만한 답변이 돌아오진 않았다. 내 직관이 틀린 건가? 불안한 마음이 아예 없었다면 거짓이겠지만 그럼에도 '내가 틀렸을 리 없어'라 고집하며 제법 오랜 기간 프로젝트를 준비했다. 첫 미팅부터 론칭까지 4개월이 소요됐으니 평소보다 2배는 걸린 셈이다.

오래 준비해야 했던 이유는 세상에 없던 서비스이기 때문이다. 신상품을 대한민국에서 가장 많이 만나는 일을 하는 만큼 세상에 없던 제품을 소개할 때가 가장 재미있지만, 가장 어려운 것도 사실이다. 시장에 유사한 제품이 많다면 이를 참고하여 제품을 개발하기도 하고 상세페이지를 적어보기도 하는데, 처음 등장하는 제품·서비스는 레퍼런스 없이 개발하고 상세페이지를 작성해야 한다.

그중에서도 온글잎과 함께 가장 고민했던 부분은 이것이었다. '온글잎의 AI 기술력을 어떻게 잘 알릴 수 있을까?'

기술력에서 인정받은 브랜드이니 기술력을 내세우는 건 자연스러워 보였다. 온글잎이 처음에 작성한 상세페이지도 이러한 흐름이었다. "내 손글씨를 폰트로 만들 수 있다는 걸 알고 있었나요?" "지금은 AI 시대, 인공지능으로 손글씨를 만든다면 얼마나 좋을까요?"

그러나 여기서 헷갈리면 안 된다. 메리트merit와 베네핏benefit의 차이를 말이다. 언뜻 보면 비슷한 말이지만, 이 차이를 이해하는 것은 꽤나 중요하다. 그리고 많은 분들이 실수하는 부분이기도 하다.

다음 중 어떤 문장에 더 눈길이 가는지 스스로 체크해보자.

- 이 방범창은 특허받은 6중 무쇠 공법으로 만들었습니다.
- 이 방범창은 6인의 강도단이 전기톱으로 작업해도 안전합니다.

전자는 방범창의 특별한 점 즉 '메리트'를 언급했고, 후자는 방범창이 특별해서 얻을 수 있는 안전함 즉 '베네핏'을 언급했다. 99%의 사람들이 후자에 반응하지 않을까? 그러나 제품 상세페이지를 처음부터 이렇게 작성하는 경우는 많지 않다. 물론 이해는 된다. 특허받는 게 얼마나 어려운지 잘 알고 있고, 이를 어필하고 싶은 마음도 충분히 공감한다. 무엇보다 다른 업체들이 따라오지 못할 중요한 진입장벽임이 분명하다. 하지만 고객들이 실감하지 못한다면 진입장벽이 만리장성 급이라 해도 큰 의미가 없다.

동일한 맥락에서, 다음 중 더 눈길이 가는 카피는 무엇인가?

- 인공지능 스타트업에서 손글씨를 폰트로 만들어주는 혁신적인 서비스 개발!
- 12글자만 쓰면 손글씨로 만든 폰트 완성!

이 또한 전자는 메리트, 후자는 베네핏에 해당한다. 메리트로 도배된 상세페이지는 제품 자랑만 하다가 끝나는 느낌을 주기 쉽다. 자랑으로 끝나는 게 아니라 '이렇게 좋으니 나를 사지 않을래?'라고 고객에게 제안할 수 있어야 한다. 이 프로젝트에도 베네핏을 강조했음은 물론이다.

쉽고 간편하게 나만의 폰트를 만들 수 있다는 베네핏에 고객들도 호응해주었다. 처음 내놓는 서비스라 딱히 참고할 것이 없어 걱정과 불안도 있었지만, 한 달 만에 8000만 원의 매출을 기록하며 성공리에 프로젝트를 마무리했다. 내 직관이 틀리지 않았음을 증명하기 위해 노력을 쏟아부은 보람이 있었다. '성공하는 방법은 성공할 때까지 하는 것'이라 하지 않는가. 좋은 건지 나쁜 건지는 모르겠지만, 이 집착과도 같은 습관 덕에 성과를 얻을 수 있지 않았을까?

카피와 이미지,
바늘과 실

카피는 가장 가성비 좋은 홍보 도구다. 카피 하나를 만드는 데 비싼 비용을 지불할 필요도 없고, 카피 한 줄을 쓰기 위해 수개월의 시간이 들어가는 것도 아니니까. 하지만 카피만으로 사람들의 지갑을 열기는 너무 어렵다. 신선하면서도, 흔하지 않으면서도, 독특하면서도, 우리 제품과 잘 어울리는 이름표를 찾는 건 조금 과장하면 소중한 내 아이의 이름을 짓는 것만큼이나 어려운 일일지도 모른다.

이때 힘을 발휘하는 것이 바로 이미지다. 카피와 어우러지는 사진과 GIF(움짤) 등이 그것. 카피와 어울리는 이미지는 생각보다 훨씬 중요하다. 때로는 한 장의 이미지가 열 줄의 설명을 대신하기도 한다.

여름철, 짧아지고 얇아지는 옷에 가장 먼저 신경쓰이는 건 바로 핏이다. 지긋하게 나이 드신 어느 제조업체 대표님이 가져온 아이템에 나는 눈이 휘둥그레졌다. 대표님과는 어떤 접점도 없어 보이는 그 제품은 낯설고도 새로웠다. 바로 '가슴크림'이었다.

"대표님, 웬 가슴크림이에요?"

설명을 들어보니 교수인 친구가 개발한 것이라 했다. 가슴크림은 말 그대로 가슴의 확대를 기대하며 바르는 화장품인데, 일반적으로 널리 쓰이는 보르피린이라는 성분 특유의 미끄덩한 발림성 때문에 호불호가 참 많이 갈린다. 그런데 이 제품은 보르피린이 아닌 자체 특허물질이 볼륨감 개선에 도움을 줄 수 있어 차별점이 명확했다. 효과를 보증하는 특허증도 가지고 오셨다. 게다가 이 성분을 미세분자로 잘게 쪼개 마치 수분크림처럼 피부에 빠르게 흡수되고 끈적이지 않는다고 하니 특장점은 확실했다.

문제는 광고. 가슴크림은 메타Meta의 광고제약이 심한 카테고리군이다. 특히나 가슴 부위에 바르는 이미지·영상 광고 소재는 검수단계에서 반려되기 일쑤여서 접근이 훨씬 까다롭다. 이 제약을 극복하려면 소비자의 뇌리에 선명하게 꽂힐

'카피'가 필요했다.

이 가슴크림에 내가 붙여준 카피는 "내 가슴을 위한 마지막 치트키", "올여름, 기다려지게 해줄게요"였다. 다가올 여름을 위해 이것저것 다 시도해봤다면 정말 마지막으로 이 치트키를 사용해보라는 메시지. 그리고 체감효과가 느껴지기까지 3개월가량의 꾸준한 사용이 필요한 제품이므로 '여름이 기다려지게 만들어주겠다'는 메시지로 메인 카피를 잡았다.

카피 자체의 클릭률은 매우 좋았다. 그러나 여전히 아쉬운 점이 하나 있었다. 이 제품은 기본 성능도 탁월하지만 더 매력적인 부분은 바로 끈적이지 않은 흡수감인데, 이 특장점을 보여줄 수 있는 건 역시나 시각적인 소재이기 때문이다. 그래서 빠르게 흡수되는 제품의 제형을 보여주는 GIF를 만들어보기로 했다. 이때 선정적인 광고 소재로 보이지 않도록 '푸드'의 공식으로 접근했다. 버터칼로 표면에 얇게 펴바르는 영상을 시작으로, 손등에 제품을 바르면 빠르게 흡수되는 영상, 제품의 부드러운 질감을 보여주는 클로즈업 영상 등 철저하게 제품에만 초점을 맞춘 영상 소재를 다양하게 제시했다. 가슴크림을 사용해본 적 있는 이들에게 '가슴크림이 묵직하지 않고 어떻게 저렇게 가벼운 제형일 수 있지?'라는 궁금증을 자아냄과 동시에 우리 제품만의 강점을 극대화하여 안전하게 보여줄 수 있는 방법이었다.

여기에 더해 이 제품이 세상에 나올 수 있게 된 10년의 이야기를 소비자에게 전달하면 진정성이 더 극적으로 와닿겠다는 생각이 들었다. 광고에 담기에는 내용이 방대했지만, 진정성을 높이려면 스토리 흐름이 끊기면 곤란했다. 방법을 고민한 끝에 찾아낸 해결책은 '캐릭터.' 개발자 캐릭터를 그려 단 2페이지로 제품 출시 이야기를 상세페이지에 녹여냈다.

저는 생명과학을 연구하는 연구원 출신입니다.

새로운 성분을 연구하던 도중 가슴과 관련된 특허물질을 개발하게 되었고, 이를 주변에 나누어주며 후기를 부탁했죠.

그리고 얼마 시간이 지난 후, 까맣게 잊고 있었던 제게 사람들이 말했습니다.

"그 크림 도대체 언제 나와요? 정말 대박이에요! 따로 만들어주심 안 돼요?"

이렇게, 무려 10년 만에 B 가슴크림이 세상에 탄생하게 되었습니다.

써보신 분들의 이야기가 없었더라면, 세상에 나오지도 못했을 겁니다.

제품을 만든 이에 대한 확실한 신뢰는 물론 제품의 효능·효과에 대한 강력한 믿음까지 줄 수 있는 이야기를 녹여냈고, 이를 설득할 수 있는 특허증 내용을 첨부해 믿을 수 있는 제품력을 더욱 강조했다.

그 결과 첫 펀딩에 8000만 원이라는 괄목할 만한 성과를 만들어낼 수 있었다. 그 후 이 제품은 앵콜 프로젝트로 누적 2억에 가까운 매출을 올렸으며, 지금까지도 오직 와디즈에서만 시즌마다 제품을 선보이고 있다.

카피만으로는 2% 부족한 경우, 카피가 제품의 특장점을 모두 담아낼 수 없는 경우, 심지어 카피와 제품이 따로 노는 경우라도 포기하지 말고 제품의 특징을 한눈에 보여줄 수 있는 한 장면을 고민해보자. 우리 제품을 단박에 보여줄 수 있는 가장 핵심적인 부분 말이다. 한 장면에 담기가 정 어렵다면 가슴크림처럼 제품이 가진 여러 특장점을 각각 쪼개어 단편의 장면을 만들어내는 것도 방법이다.

- 장면 A : 스르르 녹듯이 흡수되는 놀라운 흡수력
- 장면 B : 마지막 치트키, 올여름이 기다려질 효과
- 장면 C : 생명공학 연구원이 무려 10년 만에 출시

그리고 각각의 장면에 어우러지는 카피와 이미지 자료로 소비자의 기억에 각인되는 순간들을 만들어내는 것이다.

카피는 중요하다. 카피라는 건 단순히 내 제품의 특장점을 한 줄로 요약한 문장이 아니다. 어쩌면 제품을 살아 움직이게 하는 가장 큰 차별점이 카피 아닐까. 좋은 카피가 그저 멋진 문구로만 남지 않으려면 카피에도 생명력을 불어넣는 존재가 필요하다. 카피가 영화의 한 장면처럼 오래 기억될 순간을 만드는 것, 카피에 날개를 달아주는 이미지와의 결합이 중요한 이유다.

스토리텔링이 다르면
도구도 선물이 된다

하루가 멀다 하고 문 앞에 놓이는 선물 아닌 선물, 택배. 무엇이 들어 있을지 뻔히 알면서도 택배 상자를 개봉할 때면 설레는 마음이 앞선다. 그러나 개봉과정 자체는 그리 산뜻하지 못하다. 택배 상자를 개봉할 때 무엇을 사용하고 있는가? 손으로 뜯기엔 테이프의 힘이 만만치 않으니 대개 커터칼이나 가위를 사용할 것이다. 만약 상자 개봉에 최적화된 택배 커터가 있다면 어떨까? '굳이?'라는 단어가 떠오른다고? 그것도 물론 이해한다.

택배 커터를 소개하면서 나의 고민은 이것이었다. '굳이?'라고 반응하는 사람들의 지갑을 어떻게 열 것인가? 없어도 충분하다는 생각에 균열을 내기란 결코 쉽지 않다. 사람들은 꽤 보수적이다. 지갑을 여는 일에서는 더욱 그렇다. 택배 커터가 없어도 된다는 생각에 균열을 내려면 어떻게 해야 할까?

'물건의 성격에 따라 반응하는 뇌의 영역이 다른 건 아닐까?' 하고 상상해본 적 있다. 예컨대 예쁜 신발이나 옷은 있어도 또 갖고 싶다. 삼각김밥으로도 배를 채울 수 있지만 가끔은 분위기 좋은 식당에서 기분을 내고 싶다. 반면 휴지나 옷걸이는 좀 다르다. 더 예쁜 걸 따지려면 따질 수 있겠지만 그보다는 아무래도 실용성에 초점을 맞추게 된다. 구분하자면 기호품과 생필품의 차이라 할까. 제품 성격에 따라 반응하는 뇌가 다르다면, 제품을 전달하는 이야기의 성격에 따라서도 반응하는 뇌가 다를 수 있지 않을까? '다른 이야기'에 반응하는 사람은 분명히 있을 것이다. 여기까지 생각이 미쳤다면 새로운 시도를 하지 않을 이유가 없다.

와디즈를 포함한 온라인 커머스 시장을 살펴보면 직관적인 이야기가 더 먹힌다는 인상을 받곤 한다. 사람들은 이미 생각할 게 너무 많으므로 간결하고 명쾌한 이야기에 더 끌리는 것 같다. 수많은 카피라이팅이나 글쓰기 책에도 간결하게 쓰라는 내용이 비법처럼 적혀 있는 걸 볼 때마다 내 추론은 더욱 굳어진다.

택배 커터도 '커터칼이나 가위보다 더 안전하고 편리합니다'라는 메시지를 전달하는 것으로 충분하긴 하다. 보통의 상세페이지는 이런 직관적인 메시지를 전달하는 데 초점을 맞춘다. 택배 커터를 소개하며 준비한 상세페이지 역시 직관적인 카피와 제품의 기능이 한눈에 보이도록 눈길을 끄는 GIF 위주로 구성했다. 제품의 장점을 극적으로 표현하는 데 힘을 쏟았다.

우선 '우리는 택배의 민족'이라는 메인카피를 중심으로 잡았다. 택배를 많이 여는 한국인에게 이 택배 커터가 얼마나 잘 잘리는지, 얼마나 안전한지, 얼마나 편리한지 강조했다. 이 정도로도 충분히 좋은 반응을 끌어내 택배 커터 프로젝트는 순항하고 있었다. 그러나 커터칼이나 가위로는 충분치 않다고 의식을 환기해 지갑을 열게끔 만들기 위해서는 특별한 무언가가 필요해 보였다. 그래서 여기에 그치지 않고 다른 방식의 이야기를 더해보기로 했다.

'도구의 선물'이라는 제목으로 택배 커터라는 도구가 언박싱 순간에 어떻게 즐거움을 더할 수 있는지, 그 선물 같은 시간을 에세이 형태로 담았다. 약 1000자 분량, 누군가에게는 짧고 누군가에게는 길게 느껴질 수 있는 텍스트. 머그잔으로 와인을 마실 때와 와인잔이라는 제대로 된 도구를 구비해 와인을 마실 때 우리는 분명히 달라진다는 이야기를 담은 다음,

커터칼이나 가위가 아닌 택배 커터라는 버젓한 도구를 쥐었을 때 우리의 언박싱이 얼마나 더 즐거워질 수 있는지를 편지처럼 눌러 담았다.

에세이 형태로 제품을 소개하는 건 PD로서도 첫 시도였고 와디즈 플랫폼에서도 본 적이 없었기에 반응이 궁금했다. 다행히 많은 고객들이 댓글로 공감해줬고, 프로젝트 중에 발행되는 콘텐츠 중 이벤트 글을 제치고 가장 높은 조회수를 기록했다. 유례없는 데이터라는 동료의 말에 힘을 얻었다. 결과적으로 별도의 광고를 하지 않았음에도 콘텐츠를 발행한 날, 그 전까지의 평균 매출보다 200만 원 이상 매출액이 올랐다. 이야기의 힘이 수치로 입증되는 순간이었다.

첫 시도였던 만큼 이 콘텐츠에 대한 소비자들의 반응이 어땠는지 좀 더 면밀하게 분석하고 직접적인 피드백을 듣고 싶었는데 그러지 못한 점은 못내 아쉽다. 그럼에도 몇 가지 지표를 통해 유추해보건대, 제품을 전달하는 스토리텔링 방식이 달라지니 기존의 이야기에는 반응하지 않던 사람들의 마음을 자극해 구매 전환까지 이끌어낸 것으로 보인다. 실제로 택배 커터까지 사야 하는지 망설이던 주변 지인들 몇 명이 이 콘텐츠를 보고 구매했다는 후기를 들려주기도 했다.

어떤 도구는 선물이 될 수 있다. 마찬가지로 정보도 다른 방식으로 전달하면 누군가에겐 선물이 될 수 있다고 믿는다.

카피 줍는 소녀

                카피, 카피, 카피. 그놈의 카피. 브랜드 기획자나 상품기획자라면 "카피를 잘 써야 한다"는 말을 지겹도록 들었을 것이다. PD들의 하루를 보면 제품을 고객에게 매력적으로 포장하는 데 할애하는 시간이 반이다. 즉 일과의 절반은 제품 카피를 만드는 데 쓴다. 3년이 지난 지금도 이 일은 어렵다. 한 문장 간신히 적어내고 좀 마음에 드는가 싶다가도 다시 보면 별로고, 공감을 끌어내려 쓴 문장도 다시 보면 억지 같고. 그럴듯한 문장들만 적어놔서 멋진 척하는 것 같기도 하고.

    대체 좋은 카피란 뭘까. 카피 심사위원회라도 있어서 내가 적는 문장마다 "삐- 이건 좋은 카피입니다", "삐- 이 카피는 틀렸습니다"라고 OX를 말해주면 좋으련만 이 영역은 정답과 오답이 없어서 그런지 더 가혹하다. 그래도 3년간 약 400여 제품의 핵심 카피를 쓴 (아마추어) 카피 기획자로서 내가 생각하는 좋은 카피란 무엇인지, 이 영역에 처음 도전하는 사람들이 꼭 가졌으면 하는 기획습관과 카피 스킬을 소개해보려 한다. 내 브랜드나 제품을 사람들에게 각인시키고픈 욕망이 가득한 기획자라면 내가 시도했던 방법들을 한번 적용해보길 바란다.

많이 쓰는 단어라 무슨 뜻인지는 다 알고 있겠지만, 그럼에도 사전적 정의를 한 번 짚고 넘어가자면 카피는 다음의 두 가지 뜻으로 쓰인다.

- 문서나 그림, 사진 따위를 복사기를 이용하여 같은 크기로 또는 확대·축소하여 복제함.
- 광고의 문안.

브랜드 기획자들 사이에서 쓰는 카피는 당연히 후자, 광고의 문안을 뜻한다. 일전에 유행한 드라마 〈대행사〉에는 6명의 광고대행사 직원들이 단 한 줄의 카피를 쓰기 위해 일주일 밤을 지새우는 장면이 나온다. 책상에는 커피잔이 쌓여 있고,

초점 잃은 동공과 추레한 용모를 하고는 간신히 한 문장을 써 낸다. 그 6명이 꼬박 일주일을 지지고 볶았던 이유는 6명 모두를 만족시키는 카피를 쓰기 위함이 아니었을지. 카피에 옳고 그름은 없지만 좋고 나쁨은 있는 것 같다. 좋은 카피는 많은 이들이 공감하고 기억한다. "그 광고 봤어?", "나도 봤어"라고 말한다는 건 제품명은 까먹을지라도 광고만큼은 인상 깊었다는 뜻이다. 사람들은 그 카피에 매료된 거다.

다음은 내가 정말 좋아하는 브랜드의 카피다. 어떤 브랜드인지 맞힐 수 있겠는가? 단언컨대 우리 모두 아는 브랜드다.

"싸구려 브랜드인가? NO. 그럼 너무 비싼가? NO.

그럼 부자는 안 신나? NO. 아무나 다 신나? YES.

그럼 패피는 꺼리나? NO. 그런데도 선수가 신나? YES.

전통이 있나? YES. 그럼 올드한가? NO. 예쁜가? YES.

그럼 기능이 별로인가? NO. 평범한가? YES.

비범한가? YES. 어른용인가? YES. 아이용인가? YES.

남자용인가? YES. 여자용인가? YES.

아니 그런 브랜드가 세상에 어딨나?"

그렇다, 나이키다. 러닝화를 사러 강남사거리에서 이 가게 저 가게 돌아다니다 결국 내 지갑을 열게 만들었던 건 나이키의 한 문장.

"장거리 러닝도 에너지 넘치게."

어쩜 이렇게 내가 듣고 싶은 말을 해주지? 러닝은 오래 뛸수록 힘들다. 그건 신발의 문제가 아니라 그냥 오래 뛰면 힘들다. 나이키의 단어들은 담백하지만 그들이 타기팅한 고객의 욕구를 완벽히 파악해 짚어준다. 뉴발란스, 퓨마, 데상트, 아디다스 등 비슷한 러닝화 매장이 강남사거리에 즐비하지만 '장거리 러닝을 에너지 넘치게 뛰고 싶은' 나의 욕구를 채워줬던 건 나이키였다. 좋은 카피는 사람들의 욕구를 채워준다. 아니면 몰랐던 욕구를 자극하거나.

이제 좋은 카피가 뭔지는 알았는데 쓴다는 건 또 다른 차원의 일이었다. 처음 PD 일을 시작해 메이크업 쿠션을 론칭할 때는 진짜 한 단어조차 써지지 않아서 하루 종일 쿠션 생각만 했다. '커버력이 좋은 쿠션'이라고 타이핑하고는 한참을 속상해했다. 고등학생인 내 동생도 이것보단 잘 쓰겠는데? 와디즈가 신입들의 허접한 카피 실력을 고려해 프로젝트를 좀 적게 운영하게 해주었으면 좋았을지 모르겠지만 PD팀의 업무 강도는 생각보다 셌다. 못마땅한 내 실력에 비해 처음부터 너무 많은 브랜드의 제품을 다뤄야 했다.

한참을 아등바등하다 이래서는 안 되겠다 싶어 시작한 게 카피 베끼기였다. 아 모르겠고, 한 단어도 못 쓰겠으니까 일단 다른 상품들을 베껴보자. 모방은 창조의 어머니라는 말도 있지 않은가.

　카피를 카피하기로 마음먹고 눈을 떠보니 웬걸, 세상은 온통 카피투성이였다. 모든 브랜드가, 모든 제품이 온갖 곳에서 소비자에게 말을 걸고 있었다. 나는 특히나 뷰티 프로젝트를 많이 진행하다 보니 자연스레 발걸음이 올리브영으로 향했다. 남들은 제품을 테스트하고 가격표를 보느라 바쁜 그곳에서 나는 가격표 옆에 끼워진 POP를 훑었다. 사고 싶게끔 쓴 카피가 눈에 띄면 아이폰을 꺼내 전부 찍기 시작했다. 이걸 나는 '카피 줍는다'고 표현한다. 나는 세상에 떨어진 좋은 카피들을 줍기 시작했다. 찰칵찰칵 시끄럽게 사진 찍어대는 날 산업스파이로 보진 않을까 두려운 마음도 있었지만, 누군가의 혼을 갈아 넣은 카피를 훔쳐보는 재미는 생각보다 더 짜릿했다.

　"차은우 Pick 맨즈쿠션, 촉촉물광 수분크림, 흔적진정세럼, 장원영크림, 10년간 1등 한 잡티세럼, 비현실적인 부드러움을 주는 헤어팩."

　괜히 맘에 드는 단어들은 입에 한 번 더 머금어봤다. 촉촉물광, 사람들이 갖고 싶어 하는 피부를 저렇게도 표현할 수 있구나. 흔적진정, 여드름이나 피부에 흔적이 있는 고객 입장에서는 이 단어가 정말 와닿을 것 같았다. 화장품 카피들은 하나같이 어찌나 유려하고 화려한지, 이 화장품들을 다 쓰면 나도 블랙핑크 제니가 되어 있을 것만 같다. 그만큼 공감되고 소비자가 원하는 욕구를 잘 풀어냈다는 뜻이겠지.

지하철에 타서도 내 아이폰은 바빴다.

"합격자 수가 선택의 기준, 에듀윌

6년간 아무도 깨지 못한 기록, 공인중개사 합격자 수 1위"

그치그치, 공인중개사는 에듀윌이지. 고개가 절로 끄덕여진다. 서비스를 골라야 하는데 어느 게 좋은지, 뭘 따져봐야 할지 막막할 때 기준점을 제시하는 카피도 좋은 것 같다. 얼른 찍어둔다. 또 카피를 주웠다.

친구들과 술을 마시는데 롯데에서 신제품이 나왔단다. '제로슈거로 산뜻하고 부드러운 신제품, 새로소주'라고 메뉴판에 적혀 있다. 세상에, 소주인데 당이 제로고 산뜻하고 목 넘김이 부드럽다고? 멘트 좋다. 취하기 전에 카메라에 저장. 또 카피를 주웠다.

출근하면서도, 쇼핑할 때도, 술 마시면서도 카피에 항상 촉각을 곤두세우다 보니 어느새 내 휴대폰 사진첩은 일상에서 주워온 카피로 가득찼다. 꽉 찬 카피들을 넘겨보면서 내가 생각하는 좋은 카피의 기준점을 세우고, 다른 상품들이 써 내려간 카피들의 특징을 뽑았다.

좋은 카피는 한마디로 '욕구 소화제'다. 이를 위해 좋은 카피는 다음과 같은 스킬을 구사한다.

하나, 사람들의 욕구를 정의하고, 욕구를 해소하는 과정이 문장에 담겨 있다.

둘, 직관적이다. 혹은 비유를 활용한다.

셋, 숫자를 활용한다. (몇 년간 1등이다, 좋은 성분이 N% 함유돼 있다, N억짜리 고가 원료를 사용했다 등.)

넷, 기능이나 스펙을 강조한다.

다섯, 사람을 활용한다. (인플루언서 추천, 여배우 크림)

여섯, 희소성을 강조한다.

카피 줍기 습관은 내 허접한 카피 실력을 늘리는 데 크게 기여했다. 좋은 카피를 줍고 나만의 규칙을 만들다 보니 이제는 감이란 게 생긴 것 같다. 카피 쓰는 감각, 한 제품을 표현하는 수식어 주머니들이 콩팥만 한 크기로 내 몸속 어딘가에 장기로 자리잡힌 느낌이다.

이 장기를 어떻게 활용했는지 더 구체적으로 소개하자면, 6000원짜리 바디워시로 1억 원 매출을 달성했던 '펠체아주라' 프로젝트를 사례로 보여주고 싶다. 아니, 자랑하고 싶다. 바다 건너온 이탈리아 바디워시였는데, 특이했던 건 바디워시의 향을 145년 전통의 향수 가문이 조향한다는 브랜드 스

토리였다. 내가 이 제품으로 풀어줘야 하는 사람들의 욕구는
뭘까. 특이한 브랜드 스토리, 바디워시의 기능을 생각해봤을
때 이 제품이 풀어줄 욕구는 '향기'가 아닐까? 하지만 향을
사람들에게 맡게 할 수 없는걸. 편의점에서 이 제품을 판다면
향을 맡아보게 할 수 있겠지만 모니터상에서 향기가 좋다는
걸 어떻게 풀어내면 좋을까. 진짜 좋은 향을 어떻게 표현하
지?

　나는 카피 스킬 두 번째, 비유를 활용하기로 했다.

　진짜 좋은 향기를 사람에게서 맡았을 때, 내가 본능적으로
하게 되는 말.

　"너 향수 뭐 뿌렸어?"

　"뭐 뿌렸는데 이렇게 냄새가 좋아? 무슨 향수인지 알려
줘."

　아, 이거다. 이 상황을 비유처럼 표현했고, 145년이라는
숫자를 활용했다. 그렇게 나온 이 바디워시의 핵심 카피는
"145년 향수 가문의 바디워시", "샤워만 했는데 향수 뭐 뿌
렸냐고 자꾸 물어봐요"였다. 이 프로젝트를 자랑하고 싶었던
건 나 스스로 처음으로 좋은 카피를 썼다고 생각했기 때문이
다. 3902명이 이 제품을 구매한 것도 뿌듯했지만, 제품 리뷰
를 남긴 365명 중 향을 언급하지 않은 고객이 없었다는 게 더
신기했다. 내가 몇천 명이나 되는 사람들의 욕구를 찾아냈고,

이 제품이 그 욕구를 해소해줄 수 있다고 확신하게끔 카피를 잘 썼구나. 내 카피 장기가 생각보다 쓸 만하구나. 뿌듯했다.

좀 웃긴 건 그 이후로 '물어봐요' 시리즈의 유사 카피가 속출했다는 것이다.

"방금 씻고 나왔냐고 물어봐요" (비누향 섬유향수)

"옆집에서 자꾸 물어봐요" (미친 발향력 디퓨저)

"주변에서 자꾸 물어봐요" (고체 향수)

그들도 내 카피를 주워본 거겠지. 괜찮다. 좋은 카피를 쓰고 싶은 그들의 열망을 나도 잘 아니까. 외려 나와 같은 습관을 가졌구나 하는 동질감이 훨씬 크다. 남들이 내 카피를 더 많이 주워줬으면 좋겠다. 탐험할 게 여전히 많은 카피의 세계, 어렵게 느껴지는 분들은 나처럼 카피를 주워보고, 본인이 생각하는 좋은 카피를 정의해보고, 좋았던 카피들을 아우르는 '쓰기 스킬'들을 한번 정리해보았으면 한다. 크리에이티브의 영역이 연습한다고 다 될까 싶겠지만 아무것도 모르던 허접 신입 PD도 연습하니 써지더라. 몇천 명, 몇만 명의 욕구를 풀어주는 일을 당신이 꼭 해냈으면 좋겠다.

춥고 냉혹한
콜드메일

새로운 브랜드와 제품을 발굴하는 건 MD의
숙명이다. 마치 전 세계를 활보하는 여행가의 아침 루틴처럼,
MD라는 직무를 업으로 삼으며 하루도 빼놓지 않고 습관처
럼 하는 행동이 있다. 바로 '아침 점검'이다.

졸린 눈을 힘껏 뜨고 내가 일하는 와디즈 앱부터 켠다. 어
제 오픈한 내 프로젝트의 반응이 간밤에 어땠는지, 저녁에 올
렸던 이벤트에 대한 고객 반응은 어떤지, 실시간 랭킹에 어떤
제품이 올라와 있는지 이리저리 둘러보노라면 몸속 전원 버
튼에 번쩍 불이 켜진다.

여기서 끝이냐고? 그렇지 않다. 요즘 온라인에서는 어떤

제품이 사람들의 구미를 당기는지 매일 아침 각 오픈마켓 앱을 열어 판매순위를 살펴본다. 흔히 '특가 딜'이라 불리는 행사에 어떤 브랜드의 제품이 올라와 있는지, 얼마나 팔렸는지도 체크한다. 최근 들어 인플루언서의 영향력이 커지면서 이 루틴에 '인스타그램'도 추가되었다. 인플루언서들의 공동구매, 팝업 행사, 신제품 론칭 소식이 있는지 눈여겨 살펴본다. 주말에도 루틴은 중단되지 않는다. 오히려 한 가지가 더 추가된다. 느지막이 눈을 뜨면 TV부터 켠다. 1번을 누르고 하나씩 계단을 밟아 위로 올라가며 홈쇼핑 채널을 훑는다.

눈만 뜨면 반복하는, 기획자의 조건반사 같은 거다. 혹자는 피곤하지 않냐고 묻겠지만, 피곤하다기에는 이미 습관이 돼버렸다. 마치 아침에 일어나서 누군가는 물을 마시고 누군가는 기지개를 켜는 것처럼 이제는 자연스레 몸에 익은 것이다. 좋은 브랜드를 발견하면 바로 캡처하거나 사진을 찍고, 메모장으로 (혹은 나에게 보내기 메시지로) 눈여겨볼 브랜드의 이름을 기록해둔다.

그렇게 해서 눈에 띄는 브랜드를 찾았다면 이제 철옹성을 두드릴 차례다. 흔히 '콜드콜', '콜드메일'이라 불리는 이 단계는 말 그대로 춥고 냉혹하다.

신입 후배들이 흔히 하는 질문이 있다. "도대체 이곳은 어떻게 소싱하신 거예요?" 도저히 입점할 것 같지 않은 콧대 높은 대기업이나 빅브랜드가 어떻게 프로젝트를 진행하게 된 건지. 표면적으로 보면 어려울 것 같지만 그 과정을 살펴보면 나름의 전략이 있다.

콜드메일을 쓸 때 범하는 가장 큰 실수는 '내 관점'에서만 메일을 작성하는 것이다. 우리가 어떤 플랫폼이고, 얼마나 대단한 곳이며, 여기에 입점하면 어떤 기대효과가 있는지 등을 가득 담아 보여주기 위해 애를 쓴다. 하지만 중요한 점은 이 메일을 읽는 독자(브랜드)의 관점은 나와 같지 않다는 것이다.

같은 직장인의 입장에서 생각해보라. 매일 아침 출근하면 쌓이는 무수한 메일들, 그중 모르는 사람이 보낸 콜드메일을 꼼꼼히 다 읽는가? 그렇지 않다. 그러나 기획자는 생면부지의 담당자에게 콜드메일을 써야 한다. 과연 어떻게 해야 휴지통에 직행하지 않는 메일, 고민하게 되는 메일, 미팅을 성사시키는 메일을 쓸 수 있을까? 숱한 시도와 거절, 가끔의 화답을 거치며 체득한 나름의 노하우를 공유해본다.

1. 제목부터 신경쓰기

무수한 메일 속에서 내 메일을 눈에 띄게 하고자 나는 실명을 제목에 넣곤 한다. 흔히 'ctrl+c+v'해서 만든 단순 복사 메일이 아니라, 실제 존재하는 '나'라는 담당자가 꼭 전하고 싶은 말이 있다는 의지를 조금이라도 담기 위해서다.

　반대로 플랫폼의 이름을 의도적으로 노출하지 않거나, "입점 제안드립니다"처럼 거두절미하고 들이대듯이 제목을 바꿔보는 시도도 마다하지 않는다. 어떻게든 호기심을 불러일으키고, 마치 그들이 기다려왔던 메일처럼 보이도록 메일 제목에 다양한 공을 들인다.

2. 경쟁심 자극하기

메일을 열어보게 했다면 절반은 두드린 셈이다. 이제부터는 담당자의 시선을 묶어두는 것이 중요하다. 보통 메일 서두에 가장 많은 이탈이 발생하는데, 이를 방지하는 좋은 전략 중 하나는 '그들의 경쟁사'가 우리 플랫폼에서 성공적으로 프로젝트를 진행한 레퍼런스를 맨 먼저 보여주는 것이다.

　실제로 홈쇼핑에서 연 500억 이상의 매출을 발생시키는 한 중견기업에 콜드메일을 쓰면서 나는 경쟁 브랜드의 레퍼런스부터 보여준 다음 해당 브랜드가 속한 제품군의 최상위 레퍼런스를 다양하게 제시했다. 그 결과 두드려도 열리지 않을 것 같은 문이 열렸는데, 담당자의 첫마디는 "아니, B브랜드는 도대체 어떻게 한 거예요?"였다.

3. 발송 빈도 체크하기

물론 이렇게 전략을 구사한다고 모든 메일이 먹히지는 않는다. 10건의 메일을 면밀히 분석하고 준비해서 보내도 회신은 한 건이나 될까. 이럴 땐 메일의 주기를 계산하여 보내는 방법을 사용하곤 한다.

정말 컨택하고 싶은 브랜드라면, 한 달에 한 번 해당 카테고리의 경향성을 정리한 월간 리포트를 발송한다든가, 해당 브랜드가 특정 몰에서 진행한 행사를 분석해서 보낸다든가, 해당 브랜드의 장점과 아쉬운 점을 개인적으로 분석해서 전하곤 한다. 말 그대로 장기전을 각오하고 펼치는 작전이다.

실제로 이렇게 접근한 끝에 오래도록 공들여온 어느 가전 브랜드로부터 "저희가 지금 당장 진행할 여력은 없는데, 여러 곳에서 제안이 왔지만 하도 집요하게 보내셔서 궁금해서 연락드렸다"라는 피드백을 받기도 했다. 이때의 연결고리를 잘 엮어 장장 1년의 두드림 끝에 펀딩을 진행했고, 1억 원 이상의 매출을 발생시키며 성공적으로 종료했다.

매일 무수히 쏟아지는 수많은 플랫폼과 채널 사이에서 통통 튀는 잠재력 있는 브랜드와 상품을 발굴하기란 여간 어려운 일이 아니다. 한창 열정 가득했던 신입 MD 시절엔 내가 점쟁이였으면 좋겠다고 바란 적도 있다. 제품을 보자마자 된다, 안 된다를 바로바로 가늠해내는 선배들이 신기하기도 했다.

수년간 수백 가지 신제품을 론칭하며 체득한 데이터를 기반으로 이제는 제품과 금액대, 시즌을 보며 제품의 성패를 예측하는 정확도가 늘었다. 그럼에도 모든 예상이 항상 적중하는 건 아니다. 너무나 많은 변수가 존재한다. 유명 브랜드의 여름 쿨매트를 가져왔는데 론칭 당일 비가 쏟아지더니 날씨가 쌀쌀해져 매출이 극도로 나오지 않았던 적도 있고, 소생이 어려워 보인 빵이 어느 날 갑자기 인터넷에 바이럴되며 매출이 급상승한 적도 있다. 이 모든 경험이 머릿속 한 켠에 잊을 수 없는 기억으로 남아 있다. 내가 컨트롤할 수 없는 외부 요소들이 너무 많다. 연차가 쌓일수록 겸손해질 수밖에 없는 이유다.

그렇기에 나는 영업의 90%는 운이라고 생각한다. 항상 꾸준하게 씨앗을 뿌리고, 당장의 결과를 기대하기보다는 장기적 관점에서 파이프라인을 구축해가는 것. 회신이 왔다고 기뻐하지도, 답이 없다고 낙담하지도 않는 것. 내가 컨트롤할 수 있는 요소에 집중하고, 컨트롤할 수 없는 외부 요소에 연연하지 않는 것. 흔들림 없이 묵묵하게 두드리는 것. 이것이 프로젝트 기획자로서 오래도록 잠재력 있는 브랜드를 발굴하는 힘이라 믿는다. 그런 마음으로 오늘도 메일을 쓴다.

PART 3.

돈이 되는 광고,
돈만 쓰는 광고

Advertising

상품에도 사회성이 필요하다.
아무리 잘 만든 상품도 가만히 있으면
사람들이 찾아와주지 않는다.

먼저 찾아가고 문을 두드릴 줄 알아야 한다.
온라인 생태계에서 상품을 위한 광고는
선택이 아닌 필수가 되었다.

광고에 대해 막연한 두려움과 불신은
성공의 최대 적이다.

돈 벌 생각이
없으신 건가요?

　　갓 PD가 된 신입 시절, 온갖 업무 중 가장 싫었고 미루고 싶은 일이 있었다. 진짜 하기 싫은 일은 지구 끝까지 미루는 버릇, 늘 고쳐야지 하는데 여전히 그대로다. 대학생 때도 싫어하는 교수님이 내준 과제는 꼭 미루고 미루다 마감일 코앞에서야 간신히 해냈는데, 내겐 이 일이 마치 그런 과제 같았다. 퇴근 직전까지 남겨놨다가 도살장 끌려가듯 5시 30분쯤에야 간신히 처리했던 업무, 그건 바로 브랜드들과 광고비를 협의하는 일이었다.

　　기껏 상세페이지 잘 써놓고 홍보를 안 하면 되겠는가. 당연히 프로젝트가 공개되면 SNS 광고를 집행하는 게 루틴이었다. 하지만 누구에게 돈을 쓰라고 권유해본 적이 살면서 단 한 번도 없던 신입 PD, 광고 효율이 좋을지 나쁠지 모르는 데 무작정 돈 쓰라고 말하는 게 내겐 그렇게 고역이었다. 뭐랄까, 속된 말로 삥을 뜯는 기분이랄까. 그만큼의 매출을 내가 벌어주지 못하면 큰일이 날 것 같은, 엄청난 빚을 지는 느낌이었다. 쓴 만큼 벌어줘야 한다는 책임감에 더해 나 자신도 왜 광고를 해야 하는지 납득이 안 되어 브랜드를 설득하기가 더 힘들었다.

광고비를 안 쓰니 매출이 안 나오는 건 당연한 귀결. 물론 그때는 몰랐다, 광고비가 매출에 이렇게 중요한 영역일 줄은. 다른 PD들은 매달 5억~6억씩은 꼬박꼬박 매출을 달성하는데 나 혼자 월 매출 2억의 벽을 넘지 못했다. 매출 정체기가 두 달이 넘어가니 회사 나가기가 싫었다. 반에 한 명씩은 꼭 있는 문제아, 회사에서 가장 큰 골칫덩이가 된 것 같았다.

그러던 어느 날, 동료 한 분이 정말 진지하게 내게 이렇게 말했다.

"내가 프로님만큼 열심히 했다면 5억은 그냥 찍을 텐데."

그분이 날 조롱하려고 한 말이 아니라, 그 시절 나는 매일 밤을 새울 정도로 정말 열심히 일했다. 그럼에도 칼퇴근하는 다른 PD들의 매출을 절반도 따라잡지 못하니 슬슬 자괴감이 들었다. '아, 나는 PD라는 직무와 안 맞는구나.' 한번 이런 생각이 들기 시작하자 유능감이 급격히 떨어졌고, 출근해서도 일에 집중하지 못한 채 헤매다 결국 퇴사를 고민하는 지경에 이르렀다. 답답한 마음에 같은 팀의 선배를 찾아가 물었다.

"프로님, 저는 왜 이렇게 매출이 안 나올까요? 저는 PD라는 일에 맞지 않는 것 같아요."

그 선배는 날 가만히 바라보다가 이렇게 말했다.

"제 생각엔 프로님이 광고비를 너무 안 쓰는 것 같아요."

그 시절 내가 간신히 용기 내 제안한 광고비는 하루에 3만원, 딱 3만 원씩만 태워보자는 것이었다. 어느 날은 그 3만 원조차 부담스럽게 느껴져 하루 1만 원씩 돌리는 게 어떻겠냐고 권유하기도 했다. 온라인 광고 생태계를 잘 아는 브랜드가 그때 나와 일했다면 화를 냈을지도 모른다. 'PD님, 온라인 광고 안 해보셨죠?' 하면서 말이다. 하지만 당시 나와 함께했던 브랜드들도 갓 사업을 시작한 초기 사업자들이었기에 군말없이 내가 제안한 대로 움직였다. 온라인 시장을 모르는 초보 대표와 소심한 신입 PD의 대환장콜라보였던 거다. 선배는 내가 진행하는 프로젝트 하나를 집어 물었다.

"이 프로젝트 지금 광고비 얼마 태우고 있어요?"

나는 잔뜩 주눅 든 목소리로 대답했다.

"일주일에 10만 원이요…."

선배가 정색하고 내게 말했던 내용이 지금도 기억난다. 그렇게 광고비를 태우면 안 돌리는 것만 못하다고. 그럼 진즉 좀 말해주든가! 아무도 내게 얼마만큼의 광고비가 적당한지 알려주지 않았다. 광고비가 매출에 직결된다는 사실도 몰랐다. 돈도 써본 사람이 쓴다고. 이커머스에 오래 몸담은 선배 PD들은 어느 정도의 광고비가 적당한지, 광고비로 얼마만큼의 매출을 만들어낼 수 있는지 감이 있으니 나와 출발선부터 달랐던 것이다.

온라인 시장에 처음 도전하는 대표님들도 내게 종종 묻는다. "광고비를 대체 얼마나 써야 하나요?" 이제야 이 질문에 대한 답을 할 수 있을 것 같은데, 광고비의 영역에서 '적당한'이라는 수식어는 붙이기 어렵다. 쓰고 싶은 만큼 쓰면 된다. 제품 판매가에서 원가를 빼고 남은 마진에서 내가 쓰고 싶은 만큼 광고비를 잡으면 되는 것이다. 어떤 브랜드는 마진의 절반 이상을 투자하는가 하면 10% 미만으로 쓰는 브랜드도 있다. 단, 광고비에 '적당한'이라는 개념이 없는 대신 '최소한'이라는 개념은 있는 것 같다. 일주일에 10만 원, 하루에 1만 원씩 돌렸던 나는 '광고비는 최소한 이만큼은 써야 한다'는 감이 아예 없었던 것이다.

흔히 SNS 광고라 하면 메타 광고, 즉 페이스북과 인스타그램에 뜨는 스폰서드 광고를 가리킨다. 인스타그램을 하다

보면 내가 팔로우하지 않았는데 뜨는 광고 게시물이 있다. 그런 광고물을 메타 광고라고 생각하면 된다. 머신러닝에 대해 들어봤을 것이다. 컴퓨터 시스템이 데이터로부터 자동으로 학습하고 패턴을 식별하며, 이러한 학습을 통해 예측과 결정이 가능한 알고리즘을 개발하는 분야다. 메타 광고는 바로 이 머신러닝 기술을 활용해 사용자의 행동, 관심사, 선호도 등을 분석하고 예측해 맞춤형 광고를 제공한다. 나는 여름에 발리 휴가를 계획하고 있다. (예시가 아니라 진짜 떠날 예정이다. 너무 신난다.) 인스타그램에 예쁜 수영복을 해시태그로 검색했는데 메타가 또 어떻게 알아챘는지 며칠째 이 세상의 모든 수영복 광고를 내게 띄우고 있다. 이게 바로 메타의 머신러닝이다. 사용자들의 검색 기록, 클릭 이력, 구매 이력 등 다양한 데이터를 수집하고 이를 기반으로 광고를 띄울 만한 타깃 집단을 만든다. 이들에게 효과적인 광고 메시지를 제공함으로써 광고 성과를 최적화하는 방식이다. 쉽게 말해 이 제품을 살 것 같은 사람들을 뽑아내 해당 제품의 광고를 보여주는 것이다. 수영복을 살 것 같은 사람에게 수영복 광고를 보여주는 방식 말이다.

그런데 메타 광고가 노출되는 기준이 바로 예산이다. 앞서 말한 머신러닝이 학습하기에 너무 작은 노출 범위가 설정되면 반응을 보일 만한 유저에게 도달할 확률이 낮아질뿐더러 가치 있는 유저를 찾기도 어렵다. 1만 원씩 돌렸던 나의 광고 캠페인은 아무짝에도 쓸모없었던 것이다. 내 머신러닝은 찔끔거린 내 용기만큼이나 적은 예산으로 적은 유저들에게 노출되었을 테고, 어떤 타깃이 이 제품 광고에 적합한지 전혀 학습하지 못했을 것이다. 그냥 돈을 바닥에 버린 꼴이었던 것이다.

머신러닝이 최소한의 학습을 하도록 페이스북이 공식적으로 안내한 기간은 '6일'이다. 광고 운영은 최소 6일 이상, 일 예산 10만 원 정도는 꼭 태워보는 걸 추천한다. 물론 이건 최소한의 가이드라인일 뿐, 실제 온라인에서 두드러진 매출을 올리는 브랜드들은 최소 1000만 원에서 억 단위까지 광고비를 투입하고 있다.

그럼에도 광고를 집행하지 않겠다고 하는 브랜드들이 여전히 많다. 좋은 제품으로 열심히 상세페이지 잘 써놓고 광고를 집행하지 않겠다니 정말 미칠 노릇이다. 최선을 다해 설득해도 끝까지 광고비를 안 쓰겠다는 브랜드를 만나면 나는 망연자실한 표정으로 이렇게 말한다.

"대표님, 저 지금 사형선고받은 느낌이에요."

진심이다. 광고비를 안 쓰겠다는 건 제품에 사형선고를 내리는 것이다. 온라인 광고는 오프라인에 비유하자면 전단지다. 내가 끝내주는 제품을 만들었으면 그 제품을 좋아할 만한 고객, 즉 타깃을 긁어 제품 전단지를 뿌려야 하지 않겠는가. 제품의 매력도가 높다면 전단지를 보고 고객들이 그 제품을 사러 간다. 그게 광고비가 매출에 직결되는 이유다. 동네에 헬스장을 차린다고 해보자. 프로헬스러들이 좋아할 만한 최신 기구, 깔끔한 시설, 깨끗한 샤워실 모두 구비해두었다. 그런데 간판을 걸지 않으면 사람들이 올까? 당연히 그냥 지나친다. 광고를 하지 않겠다는 건 비유하자면 좋은 헬스장을 차리고 간판을 걸지 않는 일이다. 광고를 하지 않겠다? 나에겐 매출을 내지 않겠다는 뜻으로 들린다. 제품이 아무리 좋아도 노출시키지 않으면 고객들은 이 제품이 세상에 존재하는지조차 모른다. (아, 물론 유명 유튜버가 정말 우연히 이 제품을 알게 되어 영상에 소개해 대박이 터지는 경우도 있다. 이런 기적 같은 상황은 정말 예외적으로 발생하는 사례라 제쳐둔다.) 그러니 대표님들이여, 제발 광고비 집행하는 것을 아까워하지 마시라.

광고비를 집행해야 하는 또 하나의 이유는 광고가 주는 인사이트에 있다. 나는 이 인사이트가 수치로 매길 수 없는 절대적 가치가 있다고 생각한다. 브랜드 운영에 반드시 필요한 교훈을 주기 때문이다. 예를 들면 특정 타깃에만 잘 먹히는 광고 소재가 있다. 헬스장을 차리고 개업 전단지를 동네에 뿌린다고 해보자. 2시간 동안 땀을 뻘뻘 흘리며 전단지를 나눠

주다 보니 특이한 패턴이 보인다. 2030 젊은 세대들은 전단지를 받자마자 주머니에 구겨 넣는데 유독 5060 세대는 전단지를 유심히 들여다보는 것 같다. 질문도 많다. 아, 이 동네에서는 5060을 겨냥해야 하는구나. 기성세대의 운동 루틴을 잘 알려주는 PT 선생님이 있다고 현수막을 하나 더 걸어봐야지. 광고는 바로 이런 인사이트를 준다. 내 제품과 브랜드가 목표하는 고객의 특성을 더 구체화하는 것이다. 나이, 성별 등 인구통계적 특성은 물론 어떤 광고 소재에 반응했는지에 따라 어떤 필요와 욕구를 가지고 있는지도 이해할 수 있다. 내 브랜드와 제품에 반응할 만한 고객이 누군지 정확히 알고 있으면 내 브랜드 방향성이 뚜렷해진다.

그러니 다시 한 번 대표님들이여, 광고비 쓰는 걸 아까워하지 말자. 광고비를 투자한다는 건 내 제품의 전단지를 돌리는 일과 같다. 제품 잘 만들어놓고 꽁꽁 숨겨 혼자만 애지중지 들여다본다면 뭐하러 온라인 사업을 하는가.

좀 웃기지만 광고는 이제 내게 출근의 이유와도 같다. 퇴근 직전까지 미뤘던 일이 출근하자마자 하고 싶은 일이 되었다. 브랜드와 내가 열심히 준비한 제품, 사람들의 반응은 어떤지 얼른 보고 싶다. 내가 개업한 헬스장에 사람들이 와줄까? 이 제품을 과연 사람들이 좋아해줄까? 이걸 좋아해주는 사람들은 어떤 사람들일까? 궁금해 죽겠다.

메타 광고의
기본기

간혹 광고 효율이 너무 좋아서 광고비를 더 집행해보자고 제안했을 때 잔뜩 의심하는 눈초리로 날 쳐다보는 대표님들이 있다. 물론 나는 쫄지 않는다. 신입 PD가 아닌 지금도 여전히 광고비 집행에 보수적이긴 해서 10번은 셀프 시뮬레이션을 돌려본 다음에야 집행을 제안하니까. 이런 나를 좀 믿어줬으면 좋겠다만. 한편으로는 광고비를 많이 쓴다고 무조건 매출이 잘 나오는 것은 아니기에 대표님들의 심정도 이해가 된다.

나는 광고는 베팅의 영역이라 생각한다. 일반적인 베팅은 도박성이 강해 운에 좌우되지만 광고 베팅은 그래도 확률이 존재하는 게임이다. 이 정도면 매출을 낼 수 있겠다는 경향성이라는 게 있다. 이 광고 소재를 사람들이 얼마나 클릭했는지, 한 명 구매하게 하는 데 광고비가 얼마나 드는지, 광고 효율이 다른 제품에 비해 좋은 편인지 아닌지 데이터를 직접 수집할 수 있다. 말하자면 운빨로 하는 도박이 아닌 데이터 빨로 하는 도박이다. 데이터 빨로 하는데 왜 도박이냐고? 광고에도 여러 변수가 있어서 광고 효율이 좋음에도 구매전환까지 이어지지 않는 경우가 더러 있기 때문이다. 그래도 꽤 정확한 데이터가 주어지고, 이 데이터들로 갈지go 말지stop 외쳐야 하는 게임이다. 이 데이터는 계속 가라는 걸까, 스톱하라는 걸까? 온라인 광고를 막 시작한 초보 대표님들은 이 신호를 알아차리기가 어렵다. 이 확률을 읽을 줄 알면 내가 베팅하는 만큼 벌 수 있는 게임인데, 그러지 못하니 광고하자고 하면 무작정 '돈 쓰게 하는 사람'이라 의심하는 것이다.

물론 나도 광고 전문가는 아니다. 특히나 메타 광고는 캠페인 목표에 따라 봐야 하는 지표가 다르다. 브랜드 인지도를 높이는 광고인지, 잠재고객을 확보하는 광고인지, 앱 다운로드를 유도하는 광고인지, 판매하는 광고인지 등에 따라 수집하는 지표들이 달라지는데 나는 여기서 '판매 광고'만 집행해보았다. 그런 만큼 광고에 빠삭하다고 할 수는 없지만 온라인 광고에 도전한 초보 대표들과 마찬가지로 광고비에 호되

게 깨져본 사람이라, 약간의 도움이라도 되고자 혼자 쌓아온 얄팍한 지식을 정리해보았다. 다음의 내용은 아주 기본적인 광고지표들을 가장 쉽게 알려주기 위해 썼다.

페이스북 광고의 기본 구조

페이스북 광고의 가장 큰 구조는 '캠페인'과 '세트'다.

광고를 집행하고자 페이스북 비즈니스 계정을 만들었다면 이제 캠페인을 만들 차례다. 캠페인은 하나의 광고 목표가 설정된 단위다. (앗, 여기까지 읽고 벌써 머리가 지끈거리기 시작했다 해도 포기하지 말자. 전단지 예시로 더 쉽게 설명해볼 테니.) 캠페인은 전단지를 나눠줄 때의 목표라고 생각하면 된다. 예를 들면 우리 제품을 진짜 사게 만드는 게 목표일 수도 있고 단순히 제품 인지도를 높이는 데 의미를 둘 수도 있다. 당신이 알바 A그룹과 알바 B그룹을 모집해 A그룹에는 이 전단지를 통해 반드시 제품을 사러 오게 만들라고 하고 B그룹에는 겹치는 사람 없이 무조건 많이 뿌리는 데 집중하라고 지시했다. 이처럼 목표에 따라 광고를 구분한 것이 '캠페인'이다.

캠페인 하위에는 '광고 세트'가 있다. 광고 세트는 좀 더 세부적으로 '어떤 사람들'에게 '어느 기간' 동안 광고를 노출할 것인지에 대한 개념이다.

- 캠페인 : 하나의 광고목표가 세팅된 단위
- 광고 세트 : 캠페인 하위에 존재하는 단위

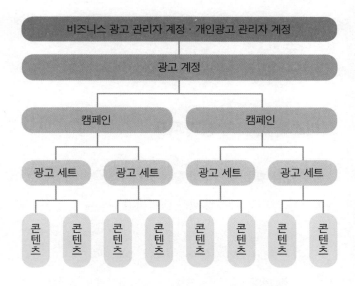

만약 노트북을 판다고 해보자. 이 캠페인의 목표를 나는 실제 사러 오는 '구매전환'으로 세웠다. 이제 광고 세트를 정할 차례다. 나는 한 세트는 직장인 그룹에 팔 거고, 한 세트는 학생에게 팔 거다. 이렇게 광고 세트를 정하는 것이다.

그 아래 콘텐츠는 무엇일까? 당연히 광고 소재다. '직장인

타깃 광고 세트'에는 멋진 비즈니스맨이 이 노트북을 들고 있는 사진을 광고 소재로 쓸 거고, '학생 타깃 광고 세트'의 광고 소재로는 학생이 노트북을 가방에 넣고 있는 모습을 찍은 사진에 "엄마 아빠 고마워요" 등의 카피를 담아낼 거다.

목표를 세팅한 캠페인, 그 안에 타깃을 구분한 광고 세트, 광고 세트에 맞춰진 광고 콘텐츠. 이게 SNS 광고의 가장 기본적인 구조다.

페이스북 광고의 성과지표

이 노트북 광고를 일주일 동안 100만 원어치 돌렸다고 가정해보자. 그러면 다음과 같은 데이터가 나온다.

- 노출 : 100만 원을 돌렸을 때 노출된 인원
  (몇 명에게 전단지를 뿌렸는가, 한 사람에게 두 번 뿌린 것도 노출로 인정된다.)
- 빈도 : 한 사람에게 이 광고가 노출된 빈도
  (전단지가 한 사람에게 몇 번 갔는지 빈도)
- CPM(1000회 노출당 비용) : 1000번 노출시키는

데 쓴 광고비

- CTR(클릭률) : 광고에 노출된 사람 중 광고를 클릭한 사람의 비율

  (전단지를 뿌린 사람들 중 실제로 제품을 보러 온 사람들의 비율)

- CPA(결과당 비용) : 내가 목표한 액션(ex. 구매)을 달성하는 데 쓰인 비용

  (전단지를 보고 제품을 보러 와서 실제 구매까지 하게 만드는 데 들어간 비용)

- CVR(전환율) : 광고를 보고 내가 목표한 액션(ex. 구매)을 한 사람들의 비율

  (전단지를 보고 제품을 보러 와서 실제 구매까지 한 사람들의 비율)

난 문과다. 개인적으로 숫자 보는 걸 썩 좋아하지는 않지만 이 광고 데이터는 알면 알수록 재미있다. 사람들의 반응을 볼 수 있는 숫자니 어렵고 복잡해 보여도 조금만 더 집중해주길 바란다.

CPA부터 본다

페이스북 관리자 메뉴를 켜면 가장 먼저 내 눈이 가는 게 CPA다. 'Cost Per Action', 내가 원하는 액션을 하게 만드는 데 드는 비용이다. 내가 목표를 구매전환으로 두었다면 CPA 는 이런 뜻이 된다. '한 명이 내 제품을 사게 만드는 데 들어간 비용.'

광고를 세팅하고 하루가 지났다. 너무 궁금해서 광고 데이터를 보니 CPA가 3000원이 나왔다. 이 데이터는 신뢰해도 될까? 앞에서 말했든 메타 광고는 머신러닝을 사용해 성과를 최적화한다. 머신러닝 단계는 광고 세트에 대해 아직 배울 것이 많은 시기다. 이 단계가 완료되지 않았다면 성과도 아직 안정화되지 않은 것이다. 따라서 광고 데이터를 켜면 CPA부터 볼 게 아니라 머신러닝이 학습을 끝냈는지를 먼저 봐야 한다. 일반적으로 광고 성과는 7일 동안 50개 이상의 전환값을 받으면 안정화된다. 50건 이상 액션(ex. 구매)이 완료되면 그때부터 CPA를 보라는 것이다.

CPA 값이 높아야 좋은 걸까, 낮아야 좋은 걸까? 당연히 낮은 게 좋다. 똑같은 100만 원을 들였는데 CPA가 5000원인 광고 캠페인으로는 200명이 구매하지만 CPA가 1만 원인 광고 캠페인으로는 100명밖에 구매하지 못한다. 예를 들어 40만 원짜리 노트북을 팔고 있는데 CPA가 1만 원이 나온다고 해보자. 한 명이 구매하게 만드는 데 1만 원이 드는데 그 한 명이 40만 원을 쓴다? 광고비를 더 쏟아도 무조건 이득인 베팅이다. 방금 말한 예시는 물론 꿈같이 이상적인 수치긴 하지만, 아무튼 내가 팔려는 제품 가격과 비교해 CPA가 적정 수준으로 나와준다면 그 광고 캠페인을 유지하면서 광고비를 더 쓰면 된다.

이처럼 CPA 값으로 의사결정이 가능하다면 누구나 광고 전문가겠지만 CPA만 단독으로 보면 안 된다. 페이스북 관리자 메뉴를 켜고 CPA 값만 확인하는 걸 넘어 데이터들을 좀 더 깊이 들여다보자. 여러 광고 소재를 세팅했다면 아마 금액이 골고루 쓰이는 캠페인이 있고, 특정 소재에 몰리는 캠페인이 있을 것이다. 골고루 쓰이고 있다면 내가 세팅한 광고 소재들이 전반적으로 매력적이라는 뜻이고, 특정 소재에 몰린다면 그 소재가 어떤 점을 소구했고 어떤 타깃에 노출되었는지 주의 깊게 보고 인사이트를 쌓아야 한다.

CPA가 좋지 않을 때

일하면서 가장 난감한 순간이다. CPA가 좋지 않다는 것은 사람들이 광고를 보고도 제품을 사지 않는다는 뜻이다. 실제로 광고 효율이 좋지 않으면 당장 브랜드사에서 전화가 온다.

"PD님, 광고 효율이 안 좋아요. CPA가 왜 안 나올까요?"

광고를 보고도 구매전환이 일어나지 않는 데는 다양한 이유가 있다.

- 제품이 별로여서
- 타깃 설정을 잘못해서
- 광고는 혹했는데 막상 상세페이지에 들어가 보니 살 마음이 안 생겨서
- 제품은 괜찮은데 광고 소재가 별로여서

첫째, 제품이 별로여서(CTR↓ CVR↓).

제품이 별로여서 광고 효율이 나오지 않는 경우는 CTR(클릭률), CVR(전환율) 모두 심각하게 떨어진다. CTR이 1%대 미만으로 떨어지는 상황이라면 이 경우에 속한다고 볼 수 있다. 여기서 말하는 '제품이 별로여서'는 단순히 품질이 별로라는 뜻이 아니다. 특이점 없이 비슷한 제품들이 시장에 널렸다면 비슷한 광고 소재들이 서로 경쟁하고 있을 테고, 그 결과 우리 광고는 눈에 띄지 않을 확률이 높다. 혹은 내 캠페인이 제품의 타깃 고객을 잘못 설정했을 수도 있다. 예를 들면 3040 여성을 겨냥한 여성 속옷이 1020 타깃으로 광고했다면 당연히 CTR, CVR 모두 낮게 나올 것이다.

둘째, 광고는 혹했는데 막상 상세페이지에 들어가 보니 살 마음이 안 생겨서(CTR↑ CVR↓).

이 경우에는 보통 CTR(클릭률)은 높은 편인데 CVR(전환율)이 떨어진다. 광고 소재는 매력적이어서 클릭해서 들어가 봤는데 상세페이지가 광고 소재에 비해 어필하는 내용이 적다면 구매전환이 되지 않는다. 이 경우에 해당한다면 광고 소재와 이어질 수 있도록 상세페이지를 반드시 수정해야 한다.

셋째, 제품은 좋은데 광고 소재가 별로여서(CTR↓ CVR↑).

반대로 광고 소재의 CTR(클릭률)은 현저히 낮은데 CVR(전환율)이 높은 경우가 있다. 광고 소재는 매력적이지 않은데 막상 상세페이지에 들어가 보니 제품이 괜찮아 구매율이 높은 것이다. 그렇다면? 당연히 광고 소재를 다시 만들어야 한다.

광고 효율이 외치는
곡소리와 억소리

브랜드사와 미팅할 때 가장 난감한 질문을 꼽자면 바로 이것이다. "PD님, 저희 얼마 할 것 같아요?"

이 질문을 들으면 속으로 구시렁거린다. 그걸 알면 당장 회사 때려치우고 회사 앞에 돗자리 깔았겠죠. 미팅에서 제품에 대한 간략한 설명만 듣고서 3000만 원짜리인지 1억짜리인지 정확히 예상할 수 있을까? 물론 제품의 특이성, 희소성 또는 태도를 보고 어렴풋이 '잘될 것 같다'는 짐작 정도는 한다.

그러다 예측을 넘어 확신을 가질 때가 있으니, 처음으로 광고 효율을 확인할 때다. 광고를 세팅하고 2~3일 뒤 내가 두 손 모아 신께 기도하며 데이터를 뜯어보는 이유다. 광고 효율은 대중의 반응도 그 자체이기 때문이다.

앞서 CTR, CVR, CPA를 유심히 보라고 한 말을 기억하는가? 이 지표들은 고객 입장에서는 '광고를 클릭할 확률', '광고를 보고 구매할 확률'을 의미한다. 상품이 매력적이고 광고소재도 매력적이면 CTR(클릭률)이 높다. 광고 소재를 기가 막히게 잘 만들어서 CTR이 높은 경우도 있지만 대개는 제품이 진짜 좋은 경우 클릭률이 따라온다.

클릭률이 좋았던 프로젝트를 예시로 들면 더 이해가 쉬울 것 같다. 보통 CTR이 5~6% 정도면 좋은 수치라고 보는데 (3%면 높다고 보는 사람도 많다) 압도적인 10%의 클릭률을 자랑했던 프로젝트, 바로 아이폰 통화녹음기였다.

당신은 애플 유저인가? 나는 개인적으로 애플을 사랑하는 사람이다. 휴대폰, 시계, 이어폰, 노트북, 패드까지 모두 애플인 충실한 팬이다. 아이폰의 사진 감도를 좋아하고 직관적인 UI User Interface가 좋아서 잘 사용하고 있긴 한데 아직도 불편하게 여기는 게 하나 있다. 바로 통화녹음이 안 된다는 사실. 일하다 보면 통화녹음이 필요할 때가 있는데 아이폰은 통화녹음 기능이 내장돼 있지 않다. 사용자의 개인정보 보호를 이유로 통화녹음 기능을 지원하지 않는다는 애플의 정책은 이해하지만 그래도 아쉬운 건 아쉬운 거다.

그러던 중 몇 차례 프로젝트를 진행했던 브랜드가 신제품 미팅을 요청했다.

"PD님, 저희 녹음기 하려고요. 아이폰 통화녹음기요."

들자마자 잘될 것 같다는 생각이 들었다. 맥세이프로 아이폰 뒷면에 붙이고 녹음 버튼만 누르면 되는 아이폰 전용 통화녹음기였다. 앞서 광고를 전단지에 비유하면서 CTR이 높다는 건 전단지를 받은 사람이 상세페이지를 보러 왔다는 뜻이라 했다. 그만큼 제품의 매력도가 높다는 뜻이다. 아이폰 통화녹음기의 CTR은 무조건 높을 거였고, 실제로도 그랬다. 한국인 가운데 22.5%가 애플을 쓰고 있고, 이 유저들만 잘 타기팅하면 무조건 잘 팔릴 제품이었다.

그렇다면 관건은 CVR(전환율)과 CPA(결과당 비용)였다. 광고를 보고 실제 구매까지 하게 만들려면 상세페이지와 광고 소재가 잘 뽑혀야 한다. 좋은 광고 소재는 제품 매력도를 더욱 높여줄 테고, 고객을 끌어들여 제품 상세페이지로 진입하게 만들어줄 것이다. 이렇게 진입한 고객들이 구매하게 만들려면 상세페이지가 잘 쓰여야 한다. 다시 말해 광고 효율을 좋게 만든다는 건 '제품-상세페이지-광고 소재' 간의 연결성을 좋게 만든다는 뜻이다. 첫째로 매력적인 제품이어야 하고, 둘째로 제품의 상세페이지가 그 매력을 잘 담아내야 하며, 셋째로 이 둘을 이어줄 광고 소재를 잘 만들어야 한다.

아이폰 통화녹음기 프로젝트는 상세페이지만 네 번인가 엎었다. 지금 생각하면 대표님이 날 정말 지독하다고 생각했을 것 같다. 새벽까지 상세페이지를 한 번 더 읽어보고 아침에 일어나자마자 '이렇게 바꾸면 어떨까요?' 하고 장문의 카톡을 남기곤 했다. 가끔 이렇게 열정이 급발진할 때가 있는데, 나도 어쩔 수 없다. 제품 매력도는 이미 높으니 상세페이지가 잘 나오는 게 너무 중요했다. 아이폰 유저들이 좋아하는 감각적인 디자인 포인트, 정기결제나 인터넷 연결 없이도 간편하게 녹음된다는 편의성을 강조해 상세페이지를 꾸렸다. 그리고 마지막으로 후킹할 만한 광고 소재를 만들었다. 제품이 잘 보이는 이미지에 다음과 같은 카피들을 삽입했다.

> "아이폰 유저들이 그토록 바라왔던
> 아이폰 통화녹음기"
> "붙이기만 하면 끝. 모든 것이 간편함 그 자체"
> "이제 아이폰도 버튼 한 번으로
> 통화녹음이 되는 시대"

결과적으로 이 프로젝트는 CTR(클릭률) 10%, CVR(전환율) 20%, CPA(결과당 비용) 900원이라는 역대급 효율을 보이며 3억 1000만 원의 매출을 달성했다. 좋은 제품, 잘 쓰인 상세페이지, 후킹한 광고 소재. 이 3박자가 맞아 광고 효율이 잘 나왔던 사례다.

내가 맡은 모든 프로젝트가 이런 효율을 보이면 좋으련만, 눈물 맺히는 슬픈 사례들도 많다.

눈물 맺히는 슬픈 사례 1.

제품 매력도가 높고 상세페이지도 좋은데 광고 소재가 아쉽다

최근에 이런 경우가 있었다. 제품은 차량용 소화기였다. 그동안 차량용 소화기는 7인승 이상 차량에만 필수였는데 법안이 개정되면서 이제 5인승 이상 승용차량에도 반드시 차량용 소화기를 설치해야 한다. 법안은 곧바로 시행되었지만 실제 단속은 3년의 유예기간을 두어 2024년 12월부터 이뤄질 예정이다. 이런 시기에 마침 차량용 소화기라니 타이밍도 좋았고 중국산 약재가 아닌 국내 특수코팅 소화 약재를 사용한 것도 장점이었다. 차량용 외에도 일반화재, 유류화재, 전기화재까지 모두 대응 가능한 고성능 소화기로 집이나 사무실 등 다양한 공간에도 적합했다.

제품은 문제없는데, 광고 소재가 문제였다. 소화기로 불 끄는 영상 위에 다음의 카피가 들어갔다.

"점점 건조해지는 날씨, 불조심하세요! 괴물 스펙 소화기"

"주행 중 차량 화재 소화기는 필수입니다! 차량 전문 브랜드가 만든 소화기"

"화재에 노출되어 있다면 A2B3C 소화기는 반드시 구비하세요"

"주행 중 화재, 대형 트럭 화재도 든든하다"

"요즘 날씨가 건조하죠. 화재 발생 하루 120건. 단언컨대 당신의 생명을, 가족의 안전을, 사회의 안전을, 모두의 안전을 위한 소화기"

뭐랄까, 공익광고 같았다. 중학생 때 했던 불조심 표어 공모전이 떠올랐다.

광고 소재를 만들 때 반드시 유념해야 할 점은, 우리는 지금 경쟁하고 있다는 사실이다. 대부분의 온라인 상품은 메타 광고를 돌린다. 다른 차량용 소화기들도 광고를 돌리고 있을 것이다. 우리 제품만의 포인트가 아닌 다른 차량용 소화기들도 쓸 수 있는 카피로 광고를 돌리면 당연히 광고 효율이 떨어진다. 예를 들어 '점점 건조해지는 날씨, 불조심하세요! 괴물 스펙 소화기'는 다른 차량용 소화기도 얼마든지 쓸 수 있는 카피다. 이게 매력적인가? '5초 완벽 진압! 괴물 스펙 자동

차 소화기'처럼 우리 제품만의 장점을 부각시키는 광고 소재
가 훨씬 매력적이다.

눈물 맺히는 슬픈 사례 2.
제품 매력도가 낮은데
광고만 50개씩 만들어온다

제품 매력도가 낮다는 건 한마디로 시장에 비슷한 제품이 너
무 많다는 뜻이다. 특히 화장품에 이런 경우가 빈번하다. 뷰
티 카테고리에서 신제품을 론칭하려는 브랜드들이 내게 가
장 많이 가져오고, 그때마다 내가 반대하는 제품이 있다. 바
로 수분크림이다. 수분크림은 정말 너무 많다. 네이버에 수
분크림을 검색하면 약 61만 개의 상품이 나온다. 주름크림은
22만 개, 미백크림은 10만 개다. 타 스킨케어 제품보다 무려
3~6배나 많다는 뜻이다. 61만 개의 수분크림은 광고를 안 할
까? 무조건 한다. 이 제품들과 별다른 차이점이 없는데도 광
고 소재를 계속 만든다.
　'인생 수분크림'
　'역대급 수분크림'
　이런 키워드들로 수분크림 광고 소재를 아무리 만들어도

광고 효율은 좋아지지 않을 것이다. 고객들 눈에는 다 비슷해 보일 테니까. 이런 제품으로 상세페이지와 광고 소재만 그럴 듯하게 만들고서 왜 광고 효율이 나쁘냐고 내게 묻는 경우가 허다하다. 나도 진심으로 되묻고 싶다. 이 제품이 다른 수분 크림과 어떤 점이 다르냐고. 그 다른 점으로 광고 소재를 만들자고 말하고 싶다. 하지만 대다수가 차별점이 없기 때문에 좋은 광고 소재도 좋은 상세페이지도 나오지 않는 것이다.

그런데 이 어려운 수분크림 시장에서 나도 혹해서 구매한 제품이 있다. 심지어 직접 디렉팅한 프로젝트도 아닌 순수 소비자 입장에서. 제품 컨셉이 너무 좋았다. '다이버가 쓰려고 만든 촉촉쫀쫀 100시간 보습크림.' 다이버의 100시간 크림? 100시간의 강력한 수분 유지력? 너무 혹하지 않는가. 실제이 제품은 스킨스쿠버 다이버들이 모인 화장품 브랜드가 만들었다.

상세페이지는 대략 이런 흐름이다. 바다를 사랑할수록 메말라가는 피부, 차가운 바닷물에 계속 노출되는 피부, 물에 들어갔다 나오기를 반복하며 빼앗기는 수분, 수면에 반사되는 햇빛에 따끔거리는 피부, 이렇게 피부가 메말라가는 스킨스쿠버 다이버들이 직접 쓰려고 만든 100시간 강력보습 수분크림이다. 같은 수분크림이어도 누가 만들었는지, 어떤 점을 신경썼는지 상세페이지와 광고 소재에 잘 녹여내니 발에 차이는 기존 수분크림과는 전혀 다른 제품처럼 느껴졌다. 나도 서핑을 하는 사람이자 극강의 건성 피부 소유자로서 이 제품은 사지 않을 수 없었다. 이처럼 같은 제품이어도 시장에서 쓰이지 않은 포인트로 광고 소재를 만들면 무수한 경쟁 속에서도 빛을 발할 수 있다. 그렇게 이 브랜드는 나의 5만 원을 가져갔다.

결국 광고는 제품과 상세페이지, 이 둘을 제외하고 논할 수 없는 영역이다. 좋은 제품력과 상세페이지가 반드시 전제되어야 광고 효율이 잘 나온다. 이 3가지의 연결성이 떨어지는 순간 광고 효율에 곡소리가 난다. 내 광고 효율이 지금 곡소리가 나고 있다면 이 3가지를 체크해보자. 경쟁력 있는 좋은 제품인지, 상세페이지가 잘 만들어졌는지, 이 상세페이지를 토대로 광고 소재도 후킹하게 뽑혔는지. 이 3가지가 잘 맞아 떨어질 때 비로소 억대 매출이 찍히는 '억소리'를 기대할 수 있다.

좋은 광고를 만드는
가장 빠른 방법

우리는 직무 특성상 프리랜서처럼 일한다. 출근시간도 출근하는 장소도 정해져 있지 않다. 미팅하는 브랜드 사무실이 그날 내 사무실이다. 출퇴근 시간도 마음대로, 제재하는 사람도 없다. 한때 이런 논쟁이 인스타그램에 올라왔던 적이 있다. '8시 출근이면 7시 50분까지 가야 하나요, 8시 정시 출근해도 괜찮은가요?' 우리는 이 논쟁거리가 꽤 생소했다. 우리에게 전혀 적용되지 않는 이야기였으니까. 아침 8시 반부터 한 명은 파주에 있고, 다른 한 명은 9시에 구로에 있고 또 다른 PD는 강남에 있는, 회사원으로서 조금 기이한 광경들이 매일 펼쳐진다.

개인적으로 이 무한한 자율성을 좋아하는데, 딱 한 가지 아쉬운 점은 팀원들의 얼굴 볼 시간이 없다는 것이다. 프리랜서처럼 일하는 게 습관이 되다 보니 우리끼리 교류할 시간이 적어질 수밖에 없었다. 분산된 위치만큼이나 따로 노는 각자의 인사이트들을 공유하지 못하는 것도 아까웠다. 우리가 처음 모였을 때 가장 많이 고민했던 것도 각자 잘하는 분야가 다른데 이걸 어떻게 합칠 수 있을까였다.

그래서 고민 끝에 메신저에 '광고 소재 공부방'을 만들었다. 멤버들이 각자 담당하는 프로젝트 중 광고 효율이 좋은 사례를 수시로 올려서 공유하는 것이다. 어떤 제품의 어떤 소재가 어떻게 효율이 좋았는지 데이터가 꾸준히 쌓이고 있다. 2022년 6월에 개설하고 1년도 안 되어 이 방에 1000개 이상의 프로젝트 사례가 모였다. 제품도 워낙 다양해서 어떤 프로젝트를 진행하든 유사한 사례가 반드시 있어 참조하기 좋다. 그 어디에도 없는 우리만의 인사이트다. 돈을 줘도 안 팔 것이다. (물론 멤버들 생각은 다를 수도.) 이렇게 수천 개의 사례가 모이다 보니 좋은 광고 소재란 무엇인지 우리 나름대로 정리할 수 있었다.

카테고리를 막론하고 좋은 광고 소재들에는 관통하는 공통점이 있다.

첫 번째는 '즉각성'이다.

좋은 광고 소재는 보자마자 어떤 제품의 광고인지 1초 만에 인식할 수 있다. 온라인의 시간은 짧다. 스마트폰은 사용자가 수시로 개입할 수 있는 미디어 기기다. TV를 보다가 프로그램이 재미없으면 다른 프로그램으로 돌리려 한다. 그때마다 리모컨을 집어서 채널 전환 버튼을 눌러야 한다. 리모컨을 찾고, 버튼을 누르는 행위가 들어간다. 하지만 스마트폰에는 리모컨이 없다. 사용자는 이미 미디어 기기를 들고 있고 재미가 없거나 마음에 들지 않으면 터치 한 번으로 화면이 돌아간다. 어떤 광고 소재인지 빠르게 인식되지 않고 무슨 제품인지 잘 모르겠으면 사용자의 손가락은 본능적으로 스크롤을 내린다. 최근 릴스, 유튜브 쇼츠, 틱톡 등의 숏폼이 유행하는 이유도 여기에 있다. 사람들이 이 콘텐츠를 더 볼지 말지 판단하는 시간이 점점 짧아지고 있다는 것이다.

이렇듯 즉시성이 온라인의 기본값인데, 여전히 많은 브랜드가 제품이 잘 보이지 않는 모델컷을 광고 소재로 전달한다. 메이크업 쿠션 광고인데 정작 광고 소재에 쿠션이 안 보인다. 그 대신 쿠션을 들고 윙크하며 상큼한 웃음을 짓는 모델이 덩그러니 있다. 물론 과거에는 셀럽과 연예인을 활용한 TVCF가 제품 인지도를 높이는 데 큰 역할을 한 것이 사실이다. 그러나 실제 구매전환을 일으켜야 하는 메타 광고에서는 제품이 눈에 띄지 않고 모델 인지도만 강조하는 광고는 효율이 나오지 않는다. 즉각적으로 제품부터 눈에 들어오고 이 제품의 셀링포인트가 곧바로 드러나는 광고 소재가 효율도 월등히 좋다.

이런 점을 고려할 때 MP4나 GIF 같은 영상 소재를 활용하는 것도 좋은 방법이다. 움직이면 일단 눈길이 간다. 단순 이미지컷보다는 제품이 실제 어떻게 활용되고 어떤 비주얼인지 눈앞에서 보여주는 움짤의 클릭률이 평균 2~3배 정도 더 높다.

좋은 광고 소재의 두 번째 공통점은 '텍스트'다. 광고 문구까지 신경쓴다는 것이다.

인스타그램에 게시글 올릴 때를 생각해보라. 셀카를 올리며 설명글을 붙이지 않는가? 잘 나온 셀카를 업로드하면서 '오늘 화장 맘에 들어'라고 곁들이는 이유는 화장이 잘되었으니 주목하라고 팔로어들에게 알려주기 위함이다. 광고도 마찬가지다. 시각요소를 잘 세팅한 것으로 끝이 아니다. 광고 소재와 어울리는 광고 문구(광고 설명글)까지 잘 완성되어야 광고 효율을 잡을 수 있다.

다음은 내가 얼마 전 진행했던 러닝머신의 광고 문구다.

이건 예쁘기만 한 러닝머신이 아닙니다.

이 가격대에서 볼 수 없던 역대급 스펙😲

인테리어를 해치지 않는 예쁜 디자인에

충격흡수 방지턱으로 층간소음은 NO!

접이식으로 공간 차지도 NO!

하지만 운동효율은 300% UP!

🔥🔥나의 칼로리를 박살낼 5도 경사

🔥🔥운동데이터 자동기록으로 더 효율적으로!

🔥🔥어플연동으로 게임하듯이 더 재밌게!

출시와 동시에 폭발했던 후기들!

올여름 달라진 눈바디. 기대하셔도 좋아요🙌

📣오로지 지금, 와디즈에서만,

역대급 60% 혜택가로 선보입니다

(쉿, 지금 예약구매하면 추첨을 통해

인바디 체중계를 드리고 있으니 절대 놓치지 마세요!)

이 러닝머신의 가장 큰 장점은 집에 둬도 인테리어를 해치지 않는 디자인과 이 가격에서 볼 수 없는 앱 연동, 경사도, 소음방지 등 런닝머신 본연의 스펙이었다. 이미지에 이 내용을 다 담을 수 없으니 예뻐 보이는 런닝머신컷을 넣고 설명글로 상세한 스펙을 가볍게 풀어놓는 것이다. 혹시 이 제품이 이벤트를 진행하고 있다면 맨 아래에 "지금 예약구매하면 추첨을 통해 인바디 체중계를 드리고 있어요"와 같은 간단한 문장으로 '지금 사지 않으면 손해'라는 느낌을 주는 것도 좋은 방법이다. 적절한 이모티콘을 중간중간에 넣어주는 것도 좋다. 사람의 심리가 그렇지 않은가. 글만 많으면 괜히 읽기 싫어지니 중간중간 이모티콘을 넣어 딱딱한 글처럼 느껴지지 않게 하는 것이 좋다.

광고 문구는 첫 문장을 정말 잘 써야 한다. 페이스북과 인스타그램은 첫 문장 이외의 나머지 문장은 '더 보기'를 눌러야 보인다. 따라서 첫 문장에 가장 중요한 포인트 혹은 후킹할 멘트가 들어가야 사람들이 '더 보기'를 눌러준다.

개인적으로 SNS 광고를 정말 잘한다고 생각하는 브랜드는 '아멜리'다. 아멜리의 슬로건은 "화장이 처음인 누군가에게도 메이크업 아티스트에게도 아멜리는 쉽습니다"이다. 대단히 인상적이지 않은가. 이들의 광고 때문에 내 지갑에서 나간 돈이 꽤 된다. 오늘 아침에도 사버렸다, 하. 예를 들면 이 브랜드는 광고 첫 문장을 이렇게 쓴다.

"왜 매번 도화쿠션은 품절인가요?"

어떤 제품인지 인지하기도 전에 이미 매력적인 것처럼 느껴진다. 지금 놓치면 영영 사지 못할 것 같은 조바심도 준다. 그리고는 이 제품을 사용했을 때 피부 표현이 어떻게 되는지 아주 고화질의 영상으로 클로즈업해서 보여준다.

나는 이렇게 광고 잘하는 브랜드의 콘텐츠를 매일 모니터링한다. '페이스북 광고 라이브러리'를 검색해 들어가면 다른 브랜드가 어떤 콘텐츠로 광고를 돌리고 있는지 확인할 수 있다. 광고를 잘하는 가장 빠른 방법은 잘하는 다른 브랜드의 광고를 많이 보는 것이다. 반드시 많이 모니터링할 것을 권한다.

카테고리별
광고 소재 제작 꿀팁

        광고를 모니터링하다 보면 카테고리에 따라 화면 구성도, 광고 문구 스타일도, 이미지 연출도 조금씩 다르다는 걸 알 수 있다. 카테고리마다 강조할 점, 후킹하는 요소가 다르니 당연하다면 당연한 일이다. 따라서 자신의 제품에 맞는 광고 소재를 제작하는 감각은 매우 중요하다. 곧바로 매출로 이어질 테니 말이다.

  광고 효율이 매출에 직결되다 보니 PD인 우리가 광고 소재를 직접 제작할 때도 있다. 모든 PD들이 그런 건 아니고, 어쩌면 이건 와디즈 알파3팀의 유난함인 것 같다. MD들은 대개 브랜드사로부터 광고 소재를 전달받고 광고 세팅도 웬

만하면 브랜드사가 하게끔 하지, 광고 콘텐츠를 직접 제작하지는 않는다. 하지만 우리 팀은 꽤 자주, 광고 소재를 직접 만든다. 자기 기준이 확고하고 성에 안 차면 못 견디는 사람들이어서 그런 것 같다. (그리고 성격이 급해서 그런 것도 같다.) 가끔은 어떻게 이런 사람들만 모였지 싶어 신기하다.

더 재미있는 건 멤버들의 전문 카테고리가 모두 다르다는 것이다. 희정 PD는 푸드, 훈아 PD는 테크·가전, 지윤과 우재는 홈리빙, 서현은 뷰티, 명회는 노하우 시장과 전자책 시장에 특화돼 있다. 물론 우리가 전문 카테고리만 담당하는 것은 아니다. 와디즈에서 가장 높은 매출을 자랑했던 팀답게 모든 멤버가 전 카테고리를 아우르고 있다. 나는 텐트 프로젝트로 3억을 달성했지만 뷰티 프로젝트로도 5억을 달성하는, 자랑 섞어 말하자면 스페셜리스트와 제너럴리스트의 면모를 다 갖추고 있다.

여기에서는 우리가 광고 소재를 제작하는 노하우를 풀어보려 한다. 카테고리마다 무엇을 강조해야 하는지, 어떻게 하면 광고 효율이 좋은지, 각자의 전문 영역에서 갈고닦은 나름의 필살 노하우다.

뷰티

뷰티 제형컷

인스타그램에서 릴스를 쭉 넘기다 한 영상에 꽂혀서 스크롤이 내려가지 않은 적이 있을 것이다. 그중 하나가 화장품 제형컷 아닐까. 메이크업 쿠션을 손으로 쥐어짜거나 립스틱을 뭉개거나 크림을 쭉 짜는 영상은 소리도 비주얼도 신기해서 멍때리고 한없이 보게 된다. 그런 컷들을 일러 '제형컷'이라 한다. 제형은 화장품의 형태나 질감을 나타내는 용어다. 크림, 로션, 에센스 등의 흐르는 질감을 가진 액체 형태가 있고, 좀 더 꾸덕꾸덕하고 풍부한 영양을 주는 크림 형태, 가볍고 젤리 같은 젤 형태가 있다. '가히밤'이 히트한 이후 스틱 형태도 많아졌다.

뷰티에서는 이런 제형컷의 광고 효율이 좋다. 사람들의 눈을 오래 잡아두기 때문에 일단 클릭률CTR이 높다. 스파츌러로 화장품 제형을 펴 바르는 움짤, 쿠션을 쫙 짜서 흐르는 농도를 보여주는 움짤 등을 활용해보자. 고객들의 눈을 사로잡는 것만으로도 일단은 성공이다.

전후 비교컷

뷰티 분야는 광고심의 제약이 많다. 광고심의란 광고물이 공익을 해치거나 부적절한 내용을 포함하지 않도록 확인하고 검토하는 절차를 말한다.

내가 광고 소재로 가장 많이 활용하고 싶은 건 전후 비교 사진이다. 제품을 쓰기 전과 후의 변화를 보여주는 이미지로, 주름개선 전후 비교 사진을 많이 봤을 것이다. 이 컷들을 업계에서는 주로 B&ABefore & After 사진이라 부른다. 그런데 광고에서는 전후 비교 사진을 쓸 수 없다. 피부만 확대된 이미지 또한 쓸 수 없는 게 원칙이다. 최근 많은 뷰티 브랜드가 이 원칙을 알면서도 광고를 강행하고 있지만 메타에서는 특정 신체 부위를 강조하는 이미지는 허용하지 않고 있다. 안전하게 광고를 집행하려면 최대한 눈, 코, 입, 얼굴이 모두 보이는 컷을 많이 확보해야 한다.

B&A컷 활용이 원칙적으로 불가하기에 내가 써먹는 방식이 있다. 약간의 꼼수인데, 제품을 사용하고 1일 차, 7일 차, 10일 차, 14일 차 영상을 이어붙여 활용하면 전후 비교를 명시하지 않으면서도 제품의 효과를 더 강조할 수 있다. 기미앰플을 광고할 때 이 방법을 사용했다. 첫날의 기미수, 일주일 차에 줄어든 기미컷, 2주 차에 더 줄어든 기미컷을 이어붙여 CPA 2000원대를 만들었다.

효능 강조컷

화장품은 레드오션 시장이다. 괜찮은 브랜드가 너무 많고 제품도 너무 많다. 그사이에서 우리 제품을 어필하려면 효능을 빼놓을 수 없다. 이 제품이 뭐가 좋은지 쉽게 그리고 확실하게 적어줘야 한다. 피부톤이 밝아지는가? 촉촉해지는가? 물광이 도는가? 탄력이 붙는가? 모공이 쪼여지는가? 블랙헤드가 줄어드는가? 주름이 개선되는가? 메이크업 제품이라면 지속력이 좋은가? 발색이 예쁜가? 피부 표현이 잘되는가?

시장에 넘쳐나는 화장품 중에서 내 제품이 줄 수 있는 효과가 분명히 기재되어야 광고 효율을 잡을 수 있다. 좀 더 디테일하게 이 제품이 피부에 스며드는 공법이 다르다든지, 유효성분 함량이 더 높다든지, 특허성분을 활용했다든지, 무엇이든 한 차원 달라 보이는 내용을 추가한다면 광고 효율을 좀 더 높일 수 있을 것이다.

푸드

푸드의 영역은 넓다. 먹는 것은 다 푸드다. 구워 먹는 고기도 푸드고 밀키트도 푸드고 주류도 푸드다. 푸드 광고 소재를 제작할 때는 카테고리와 컨셉으로 나눠보는 걸 추천한다. 여기서 말하는 푸드 카테고리는 크게 4가지 정도다. 농수축산물, 기타가공품, 건강기능식품, 전통주 등이다. 컨셉은 광고 소재의 방향성을 말하는데 나는 주로 체험단 모집형, 체험 후기형, 제품 특장점형, 제품 최대 혜택률형, 본질 강조형의 5가지를 많이 활용한다.

푸드 광고 소재를 잡을 때 처음부터 카테고리를 나누기보다는 컨셉을 먼저 잡고, 그다음에 카테고리별 장점을 어필하는 방향으로 운영하기를 권한다. 그렇다면 컨셉별로 광고 소재를 어떻게 잡으면 될까?

체험단·도전자 모집

체험단 모집 광고는 노출 및 광고 전환율이 항상 우수한 소재다. 우리나라 사람들은 무료 체험을 정말 좋아하는 것 같다. '체험단 모집 중'이라는 카피만 붙이면 급격하게 광고 효율이 좋아진다.

체험단 모집광고를 하면 체리피커만 모이는 것 아니냐는 질문을 많이 받는다. 체리피커의 원래 의미는 달콤한 체리만 집어먹는 사람을 뜻하는데 요즘은 특별 이벤트 기간에 가입해 혜택은 다 누리고 실제 매출에는 기여하지 않는 얄미운 소비자를 가리킨다. 물론 체험단을 모집하는 광고 소재에는 체리피커들이 많이 모인다. 그럼에도 푸드에서 체험단 모집 광고 소재를 활용하길 권하는 이유는 '먹어봐야 신뢰도가 올라가는' 푸드의 특성 때문이다. 온라인에서의 맛 표현은 한계가 있으므로 우리 제품을 소량으로 체험해보게 하고 이들이 실제로 구매까지 하게끔 하는 전략이다. 다만 처음부터 실제 구매전환을 목표로 운영하기보다는 우리 브랜드와 제품을 더 많은 이들에게 노출하고 맛보이는 것을 목표로 세팅해보는 것을 권장한다.

체험 후기형

배달 앱에서 음식을 시킬 때 무엇을 가장 먼저 확인하는가? 바로 가격과 후기다. 찜닭을 시키려는데 다른 가게와 비교해 가격이 괜찮은 편인지, 먹어본 사람들의 후기는 어떤지 꼭 보고 시킨다. 우리 제품도 마찬가지다. 사람들이 음식을 사 먹을 때 가장 궁금해하는 부분은 후기 그리고 가격이다. 그러니 후기를 광고 소재에 넣어서 제작해보자.

예를 들어 프로틴 케이크를 광고한다고 해보자. 단백질 20g에 무설탕인데 카페에서 파는 달콤한 디저트 같은 속세의 맛이 난다. 그렇다면 진짜 맛있어 보이는 컷에 이런 카피를 넣어보는 것이다.

> "단백질 20g인데 이런 맛이 나도 괜찮은 건가요?
> 디저트 카페에서 먹던 맛 그대로예요."
> 오로지 여기에서만 3,900원

이렇게 가격과 후기를 입혀 광고하면 고객들은 이 광고 소재만 보고도 구매 여부를 빠르게 결정할 수 있다. 그렇다고 너무 가공되거나("이 세상에 없던 천상계의 맛인 짜장면이에요") 업체가 직접 쓴 것 같은 후기를 쓰지는 말자. 소비자가 실제로 남긴 후기를 그대로 보여주는 것이 더 믿음직스럽다.

제품 특장점형

간혹 제품 패키지가 예쁘게 스타일링된 사진만으로 광고를 운영하는 경우가 있다. 노티드 도넛이 종종 그러더니 최근에 예쁜 단상자 비주얼로 광고를 집행하는 경우를 많이 봤다. 그러나 우리 제품이 너무 예뻐서 소장욕구를 일으키는 굿즈가 아니라면 그다지 효과는 없을 것이다. 사람들은 직관적이지 않으면 이탈한다. 노티드 도넛이야 이제 브랜드 인지도가 높아지고 굿즈의 소장 가치도 있어 예쁜 패키지 비주얼로 광고해도 먹히겠지만 아직 우리는 스펙을 좀 더 강조할 때다. 보통 스펙은 기능, 용도, 제조과정, 인증 기준 등 테크·가전제품에서 자주 등장하는 단어지만 푸드에도 적용된다. 칼로리, 용량, 맛, 당도, 성분 등이 그렇다.

단 몇 초, 고객에게 우리 광고 소재가 노출된 순간 우리의 최대 장점들을 보여줘야 한다. 단백질 셰이크 제품이라면 패키지 이미지와 함께 "○○맛/단백질 ○○g/한 포에 ○원" 등의 카피를 넣어 장점 3가지를 한 번에 보여줄 수 있다. 농산물이라면 "당도 ○○brix, ○○지역 재배, ○○년 농사 외길 인생" 등 다른 농산물과의 차별점을 어필할 수 있다. 부각하고자 하는 내 제품의 스펙을 보여주자.

제품 최대 혜택률형

푸드는 다른 카테고리에 비해 단가가 낮은 편이다. 라면은 1000원이고, 밀키트도 비싸봐야 1만 원대 초반이다. 낮은 단가로 높은 매출을 목표하다 보니 묶음 구성을 많이 진행한다. 원래 단품으로 판매하던 걸 홈쇼핑에서 10개 구성, 20개 구성으로 파격적인 혜택률을 주는 것처럼, 광고 소재에 묶음 구성으로 최대 혜택률을 강조해보는 것도 좋은 방법이다. 꼭 묶음 구성을 하지 않더라도 "지금 이 광고를 보신 분들에게만 드리는 ○○% 최대 혜택", "죄송합니다. 발주를 잘못 넣었습니다. 대표님 몰래 드리는 ○○ 혜택"과 같은 카피로 지금 아니면 이 혜택을 받을 수 없다는 느낌을 주는 것도 좋다.

본질 강조형(미친듯이 맛있어 보이는 컷)

푸드의 본질은 맛이다. 음식이 맛있어야 먹지 맛없으면 먹겠는가? 한때 '먹방'이 굉장히 유행했다. 누군가가 정말 맛있게 먹는 장면, 그리고 푸짐하고 먹음직스럽게 차려진 음식을 보면 나도 모르게 배달 앱을 켜게 된다.

우리 제품이 특히나 맛을 강조해야 하는 카테고리라면 단순 이미지보다는 배달 앱을 켜게 만드는, 침 고이는 움짤을 적극적으로 활용하자. 보글보글 음식이 맛있게 조리되는 움짤도 좋고 짜장면이라면 먹음직스럽게 비비는 컷도 좋다. 이런 움짤들만 있는 게 아니다. 예컨대 우리의 떡이 냉동임에도 쫄깃하다는 게 장점이라면 떡을 잡아 늘렸다가 복원되는 탄성을 보여주는 것도 좋다. 제철을 맞아 당도가 꽉 찬 농산물이라면? 예쁘게 포장된 이미지보다 과일을 반으로 갈라 과즙이 뚝뚝 떨어지는 모습을 보여줘야 한다.

마지막으로 푸드에서는 파란색, 초록색, 보라색은 지양하자. '식욕 억제 사진'이라 해서 한창 유행하던 파란 떡볶이 사진을 기억하는가? 실제로 파란색 계열은 식욕을 떨어뜨린다는 연구결과도 있다. 광고 소재에 파란색 카피 문구를 넣어도 맛이 좀 떨어져 보인다. 사소해 보이지만 컬러까지 신경써 빨간색, 주황색, 금색 등 식욕을 돋우는 컬러를 사용하자.

테크·가전

테크·가전은 크게 생활가전과 기타가전으로 나눌 수 있다. 생활가전은 주방, 청소, 냉난방, 건강 등 가정에서 일상적으로 사용되는 가전을 말한다. 생활가전을 별도로 분류하는 이유는 가장 품목이 많아서이기도 하고, 생활가전만이 갖는 광고 소재의 특징이 있어서다.

생활가전

생활가전 광고는 일상에서 내추럴하고 따뜻한 톤으로 연출된 소재의 반응이 유독 좋다. 약간의 로망을 심어주는 것 같기도 하다. 이 제품을 써서 집안 분위기나 내 삶의 질이 더 올라가는 느낌을 주는 것이다. 또한 계속 집에 둘 제품이니 다른 가전보다 '디자인'이 중요하게 고려된다.

　예를 들어 커피머신을 진행한다고 해보자. 이 커피머신이 카페에 놓인 컷보다 일상 브이로거들이 촬영할 것 같은 따뜻한 색감에, 집 인테리어에 어우러지는 연출컷의 반응이 좀 더 좋을 것이다. 정리하면 다음과 같다.

- 일상의 감성이 녹아든 연출컷 또는 짧은 동영상GIF 소재
- 감성적인 따뜻한 구도의 컷

- ○만 원대, 가성비 등의 가격 소구
- 제품이 실제 동작하는 모습을 보여주는 동영상

기타가전

기타가전이라 하면 개념이 모호한데, 상대적으로 좀 더 '신기한' 제품이라 생각하면 감이 올 것이다. 스펙이 중시되는 컴퓨터 주변기기(키보드, 마우스 등)나 스마트폰 주변기기(맥세이프 충전기, 액세서리류), 그 외 테크제품이 모두 이 범주에 포함된다. 와디즈는 신상품을 펀딩으로 오픈하는 플랫폼이기 때문에 타 플랫폼에 비해 신기한 제품이 많이 올라온다. 고객들도 신기한 제품에 관심이 많다. 레이저각인기 같은 제품이 다른 플랫폼에서도 10억 이상 팔릴 수 있을까?

기타가전은 '테크'적인 면모를 시각적으로 잘 보여줄 수 있는 소재가 중요하다. 실제 테크 덕후들의 궁금증을 자아낼 만한 우리 제품만의 독특한 장점, 작동컷 등을 영상으로 만들어 광고해본다면 유의미한 반응을 유도할 수 있을 것이다.

- 작동하는 제품의 내부(작동 원리 등)를 보여주는 3D 영상
- 실제 제품이 동작하는 모습의 동영상GIF
- 시각적으로 시선을 잡아둘 만한 '신기한' 작동영상
- 고퀄리티의 3D 영상

홈리빙

홈리빙Home Living은 말 그대로 가정생활을 의미한다. 인테리어, 가구 및 소품, 조명, 패브릭(이불), 주방용품, 생활용품 등 집에서 쓰는 모든 물건이 홈리빙 영역에 속한다. 주거공간에서 생활과 관련된 다양한 측면을 다루다 보니 테크·가전 카테고리와도 품목이 많이 겹친다. 홈리빙 제품을 판매하는 대표적 플랫폼인 '오늘의집'에 들어가 보라. 정말 별걸 다 판다. 식물도 팔고, 식품도 팔고, 유아용 매트도 판다. 홈리빙의 제품군은 이토록 광범위하지만 주로 쓰이는 광고 소재 유형은 크게 3가지다.

기능성 강조형

첫 번째는 기능성을 강조한 소재다. 예를 들어 프라이팬 광고를 진행한다면 맛있게 조리하는 모습보다는 눌어붙지 않는 기능을 강조하기 위해 계란프라이 조리 영상을 사용한다. 센 불에도 프라이팬에 계란이 눌어붙지 않는 모습을 클로즈업해서 보여주는 것이다. 가구를 광고할 때도 예쁜 디자인을 강조하는 것도 좋지만 단순 인테리어 연출컷은 너무 흔하지 않은가. 수납력을 강조해 제품 활용 전후의 집 모습을 나열하는 것도 좋은 방법이다. 생활용품도 마찬가지다. 화장실을 청소해주는 물때 청소포나 배수구 뚫어뻥 같은 광고를 보고 있으면 속이 다 시원하다. 이처럼 제품의 흡입력, 밀폐력, 세척력 등 고객들이 눈으로 보면서 사용 전후를 완벽히 느낄 수 있는 소재를 세팅해주는 게 좋다.

감성 소구형

예전에는 감성 소구형이 별로 먹히지 않았던 것 같은데 요즘에는 비주얼에 집중한 이미지도 많이 활용되는 것 같다. 특히 이불, 패브릭 등에서 많이 보이는 트렌드다. 최근에 진행했던 이불 제품은 그라데이션 색상을 넣어 다른 패브릭 브랜드들이 시도하지 못한 과감한 컬러감이 포인트였다. 이 제품의 경우 울창한 숲에 침대 하나 놓고, 그라데이션 이불을 덮어놓은 이미지의 광고 효율이 가장 좋았다. 이처럼 컬러별 이미지를 나열한 형태라든가 제품의 비주얼에 집중한 광고 소재도 좋다.

홈인테리어에는 트렌드가 있다. 한동안 인테리어 시장은 미드센추리에서 벗어나지 못하고 있었다. (이 책이 나올 때쯤이면 또 바뀌어 있을지도 모르겠다.) 미드센추리 스타일은 모던 디자인의 일종으로 기능성, 단순성, 현대성을 강조한다. 깔끔하고 기능적인 디자인에 자연적인 소재와 안정감 있는 색상을 사용하는 것이 특징이다. 주로 조명, 의자, 탁자, 소파 등의 가구에서 이 스타일이 많이 눈에 띄는데, 이렇게 유행하는 스타일을 접목한 제품이라면 그 컨셉을 확실히 살려낸 소재를 활용해보는 걸 추천한다.

특별 혜택 강조형

홈리빙의 영역도 유사한 제품이 워낙 많다 보니 유사 제품보다 가격이 저렴하다면 강조해주는 것이 좋다. 다만 저렴한 가격만 어필하면 품질을 의심할 수 있으니 어떻게 이 가격이 가능한지를 함께 드러내주자. '제조사라서 가능한 5만 원대'라는 키워드를 많이 보았을 것이다. 만약 가격이 다른 제품들과 유사하다면 다른 점을 강조해준다. '국내생산인데 6만 원대?' 이런 식으로 말이다.

반대로 시장가격을 훌쩍 넘어가는 고단가라면 더욱 고퀄리티 소재가 필요하다. 고화질에 전문성이 드러나는 소재가 좋고, 여기에 이런 카피를 덧붙여보면 어떨까.

"이 정도 가격에 풀스펙은 처음이자 마지막입니다."

"풀옵션에 합리적인 가격"

"상위 ○% 소재를 한정수량으로 준비했습니다."

가격, 생산방식, 풀옵션 등 고객들이 특별 혜택이라고 느낄 만한 지점들을 짚어주자.

무형 콘텐츠

무형 콘텐츠는 말 그대로 형태가 없는 서비스나 노하우들을 가리킨다. 최근 와디즈에서는 부업 관련 시장이 핫했다. 단 2시간 블로그 글쓰기로 월급만큼 돈 벌기, 스마트스토어로 월 1000만 원 벌기. (나도 샀다. 실행을 못 해서 월 1000만 원은 못 벌었다.) 부업뿐 아니라 다이어트, 글쓰기 노하우, 연애 노하우 등 무형이지만 상품가치가 있는 프로젝트들이 무형 콘텐츠 시장을 이룬다. 제품이 있어 후킹할 만한 사진이나 영상을 찍을 수 있는 게 아니므로 광고 제작자의 역량이 가장 돋보일 수 있는 카테고리이기도 하다. 수십 개의 무형 콘텐츠 광고를 운영하면서 느꼈던 잘 먹히는 광고 소재는 다음 4가지다.

후기 강조형

노하우 시장은 불확실하다. 제품은 돈을 내면 형태가 있는 무언가가 온다. 유형 상품은 배송될 제품을 눈으로 볼 수 있고 도착하면 만져볼 수 있다. 하지만 무형 콘텐츠는 상품가치를 미리 판단하기가 어렵다. 누군가는 이 지식이 돈 낼 가치가 있다고 느끼겠지만 또 누군가는 '이딴 지식을 나더러 돈 주고 사라고?'라고 느낄 수도 있다. 그래서 무형 콘텐츠 시장은 후기가 중요하다. 누군가가 이 노하우가 정말 괜찮다고 말해주면 고객은 믿음이 생기고 이 노하우를 사면서 감수해야 하는 리스크를 줄일 수 있다.

앞에서 소개한 '뉘앙스'를 알려주는 영어교재 사례를 보자. 외국인이 한국어를 어설프게 배워 구사하면 어딘가 어색하지 않은가? "명회 님, 진지 먹었어?"와 같이 요상한 문장을 구상한다. 영어도 마찬가지. 그냥 문장을 구사하는 게 아니라 실제 외국인과 자연스럽게 대화할 수 있는 뉘앙스를 붙여준다는 게 이 프로젝트의 핵심이었다. 광고 소재로 "UN 지원자들도 찾아오는"이라는 카피를 활용했고, 그다음 이미지에는 카톡 후기를 붙였다. 즉 UN 지원자를 비롯해 많은 이들이 이 수업을 들었고, 돈 낼 가치가 충분하다는 걸 어필하는 용도였다. 이처럼 기존 후기들이 잘 쌓인 경우는 광고 소재 만들기가 쉽다. 대표적인 후기 3~4개만 잘 편집하면 된다.

만약 기존 후기가 없거나 포트폴리오가 마땅치 않다면? 주변인들을 활용하자. 당신이 무형 콘텐츠를 제작하기로 마음먹고 주변에 공유했다면 적어도 칭찬 한 번쯤은 들어봤을 것이다. 상품을 내놓기 전 가장 가까운 사람들에게 의견을 먼저 물어보지 않는가. 그때 들었던 좋은 피드백을 가공해 적어보는 것도 방법이다.

질보다는 양!

유형의 제품은 스펙 비교가 가능하다. 그러나 무형 콘텐츠라면? 두 명의 제작자가 만든 PPT 템플릿이 있다고 해보자. 두 템플릿의 가치를 정확히 비교할 수 있을까? 내 마음에 드는 게 옆 친구는 싫다고 할 수도 있고, 내가 보기엔 별로인데 친구에게는 안성맞춤일 수도 있다. 그만큼 한 사람의 취향을 커스터마이징하여 설계한 콘텐츠를 만들기는 어렵다. 그렇기에 질보다는 양을 권장한다.

- PPT 장인이 10시간 동안 정성껏 만든 PPT 템플릿 1종
- PPT 장인이 만든 PPT 템플릿 10종

두 가지 예시 중 후자의 카피가 더 눈에 들어오지 않는가? 아무리 PPT 장인이 만들었다 하더라도 내 마음에 들지 않으면 무용지물이다. 그러니 내가 제공하는 노하우의 양을 강조해보자. 템플릿도 좋고 전자책 페이지 수도 좋다. 유사한 콘텐츠 대비 우리가 얼마나 많이 준비했는지 강조해보면 좋겠다.

자동으로 연상되는 직관적인 키워드

무형 콘텐츠도 본질적으로는 유형의 제품들과 다를 바 없다. 결국 고객들은 돈을 내서 산 제품·서비스를 통해 '변화된 자신'을 원한다. 즉 고객들이 궁금해하는 건 이것이다.

"그래서 이걸 사면, 내가 어떻게 달라지는데?"

청소기를 새로 산다면, 이 청소기가 얼마나 흡입력이 좋은지, 그 결과 내 방이 얼마나 깨끗해질지가 구매에 직결되는 요소일 것이다. 영어를 알려주는 교육 콘텐츠를 사면 내가 어떻게 달라질 수 있을까? 이 부업 노하우를 알면 내 월급이 어떻게 달라질까? 사람들 내면 깊숙하게 자리잡은 욕망을 건드려줘야 한다.

> "해리포터에 나오는 영어,
> 영국식으로 따라하기" (영국식 영어)
> "사실 토익 800점은 쉽습니다." (시험 영어)
> "해외 가서도 번역기 없이 대화하는 법" (프리토킹)

안 그래도 이해하기 어려운 무형 콘텐츠, 카피까지 어려우면 큰일이다. 가장 직관적인 키워드로 내가 이걸 사면 어떻게 변할지 상상이 되게끔 만들어주는 게 가장 중요하다.

얼굴 보여주기

유튜브 썸네일은 어찌 보면 광고 소재와 가장 비슷하다는 생각을 한다. 치열한 콘텐츠 전쟁통에서 후킹하는 사진 하나로 사람들의 이목을 끌어야 하고, 클릭을 유도해야 한다.

어느 유명 유튜버가 얼굴을 노출한 썸네일이 그렇지 않은 썸네일보다 압도적으로 클릭률이 높았다고 말하는 걸 들은 적이 있다. 무형 콘텐츠의 광고 소재에 얼굴 얘기를 왜 하느냐고? 얼굴을 노출한다는 건 그만큼 자신 있다는 뜻이고, 따라서 신뢰감을 줄 수 있기 때문이다. 잘 나온 사진을 광고 소재의 메인에 놓고(자신감 넘치는 프로필 사진, 전문성이 돋보이는 사진이면 더욱 좋다) 그 옆에 광고 문구를 배치한다면 수없이 쌓이는 콘텐츠 속에 한 번은 더 눈길이 가지 않을까. 여기에 이런 카피까지 추가되면 화룡점정일 것 같다.

"얼굴 공개하고 자신 있게 홍보할게요. 월 1000만 원, 반드시 벌게 해드릴게요."

마케팅의 끝은
'가격'

"이 가격이면 저희 제품 잘될까요?"

"저희가 원자재를 좋은 것만 써서 이 가격 아래로는 팔 수 없어요."

"브랜딩 정책 때문에 가격을 싸게 책정하고 싶지 않아요."

브랜드 담당자들과 가격 미팅을 할 때 가장 많이 듣는 말이다. 물론 제품이 그 가치만큼 값을 받아야 한다는 데에는 전적으로 공감한다. 그러나 결코 간과하면 안 되는 것이 있으니, 프라이싱은 철저히 '소비자' 관점에서 생각해야 한다는 사실이다.

제품이나 홍보 전략을 잘 짜고도 가격을 정할 때 삐끗하는 브랜드가 적지 않다. 그러나 프라이싱은 그 앞의 모든 과정만큼이나 중요하다. 개인적으로도 MD 경험을 토대로 빅딜(단일 프로젝트 기준 일 매출액 1억 원 이상) 가능성을 가늠할 때 가장 먼저 보는 것은 제품력도, 상세페이지도, 디자인도 아닌 가격이다. 아무리 좋은 제품이어도 결국 구매하지 않은 가장 큰 이유가 '가격'이었던 경험, 다들 있지 않은가?

제품을 처음 기획하고 브랜드를 탄생시키는 경험은 신성하다. 내 손에서 태어난 제품을 보노라면 그간의 고민과 고생, 노력이 주마등처럼 스쳐 지나가며 제품이 더 각별해진다. '절대로 싸게 팔고 싶지 않다'는 생각에 빠지기도 쉽다. 그러나 공급자 관점에서만 가격을 바라보면 소비자를 움직이는 가격을 결코 만들 수 없다. 제품에 대한 애정은 잠시 뒤로하고, 이제 한 발짝 물러나 객관적으로 내 제품에 가장 크게 반응할 만한 가격을 정해보자.

최저가보다는 가성비

좋은 가격이 단순히 최저가를 의미하는 것은 아니다.

2017년경 '특가'라는 단어가 이커머스에 성행하면서 너나없이 가격을 깎고, 쿠폰을 붙여 최저가임을 강조하여 구매를 유도하던 시기가 있었다. 온라인 가격 대비 단 100원이라도 더 싸다는 점을 강조하고, 최저가가 아니면 보상하겠다는 '최저가보상제'을 플랫폼마다 경쟁적으로 광고하며 가격에 집착했다.

하지만 이제는 소비의 양상이 바뀌었다. 소비자들은 100원, 200원 더 저렴하다는 것에 더이상 큰 가치를 부여하지 않는다. 오히려 값을 더 주더라도 빨리 받을 수 있는 플랫폼을 이용한다든가, 웃돈을 얹고 기다려서라도 내가 원하는 한정판 제품을 기어코 사려 한다. 한마디로 이제는 동일 가격 대비 얼마나 가치 있는 제품인지가 우선시되는 소비로 흐름이 바뀌었다. 단순히 '더 싸서' 구매하는 행태의 소비가 아닌 것이다.

그렇다면 가성비를 추구하는 소비는 무엇일까?

- 시장의 유사재화 대비 저렴한가?
- 이 정도 스펙의 제품을 다른 곳에서 구매하면 얼마인가?
- 희소성이 있는가? (제작공정, 소재 등)
- 한정수량인가?

이 4가지가 가성비를 충족하는 가장 기본적인 사항일 것이다.

시장의 유사재화 대비 저렴한가?

이 질문에 답하려면 먼저 경쟁사들은 '어떤 가격'에 판매하는지 분석해야 한다. 우리 제품을 구매한다는 것은 대체 불가해서가 아니다. 공급자에게는 세상에 하나뿐인 제품이지만, 제품을 구매하는 소비자 입장에서는 수많은 선택지 중 하나일 뿐이다. 같은 온라인 시장에서 어떤 가격대의 유사 제품이 가장 잘 판매되는지, 그리고 2등, 3등은 각각 어떤 가격대로 포지셔닝하고 있는지 반드시 분석하자.

이 정도 스펙의 제품을 다른 곳에서 구매하면 얼마인가?

온라인 시장을 기준으로 여타 채널에서 우리와 비슷한 스펙의 제품을 얼마에 판매하고 있는지 소비자들의 눈에 보이게 명시해주는 것이 설득의 비법이다.

면 100수로 만든 9만 원대 차렵이불을 예로 들어보자. 온라인 시장에서 면 100수로 만든 차렵이불은 대략 10만 원대에 가장 잘 판매되고 있다. 모 브랜드가 오프라인 매장에서 판매하는 면 100수 차렵이불은 약 30만 원대, 백화점에서는 40만 원대에도 판매된다. 이를 토대로 가격 구간을 3단으로 나누어, 소비자에게 얼마나 합리적인 가격인지를 한눈에 보여주면 어떨까?

마케팅의 끝은 '가격'

백화점 : 40만 원대

브랜드사 : 30만 원대

→ 우리 이불은? 단 9만 원대

　가격을 3단 논리로 보여주면 단순히 '9만 원대 차렵이불'
이라 명시하는 것보다 합리적인 가격임이 시각적으로 훨씬
명확하게 드러나면서 소비자들을 논리적으로 설득할 수 있
다. 이것이 바로 가성비의 힘이다.

희소성이 있는가?

가성비를 추구하는 소비자들이 구매를 결정할 때 가장 중시
하는 요소는 '얼마나 품이 많이 들어가는 귀한 제품인지'다.
흔히 생각하는 저품질의 저렴한 제품은 이들이 원하는 것이
아니다. 그러니 제작공정이나 소재 등이 얼마나 고품질이며
희소성 있는지를 강조하며 가격의 합리성을 부각하자.

"30년 동안 스테인리스를 만든 제조사가 직접

금형부터 연마까지 진행하는 프라이팬.

한 번에 단 한 점씩만 만듭니다." (제작공정)

"이탈리아 명품브랜드 테너리와
동일한 램스킨을 사용했습니다." (소재)
"호텔침구, 예단에만 사용되는 귀한 원단
'면 100수'만 사용했습니다." (소재)

아무리 좋은 소재와 제작공정을 거쳐 탄생한 제품이라도 명확하게 짚어주지 않으면 소비자로서는 알 방법이 없다. 좋은 제품이라면 반드시 그 제품에 담긴 가치를 풀어서 설명해주자.

한정수량인가?

남들과 똑같지 않은, 구하기 어려운, 나만이 가질 수 있는 제품에 사람들은 열광한다. 이 심리를 잘 이용할 수 있는 전략이 '한정수량'이다.

처음 제품을 양산하는 브랜드들은 제품에 대한 꿈과 희망을 갖고 대량생산한다. 그러고는 시장 가격 대비 단 100원이라도 더 싸게 노출하여 소비자들을 설득하려 한다. 그동안 내가 가장 많이 보고 접했던 일반적인 생산 전략이다. 그러나 다시 말하지만 이제 저렴하기만 해서는 소비자를 설득하기 어렵다. 가치 있는 제품을 소량만 만들어서, 이 가치를 최대한 소비자들에게 인지시켜 제값을 주고 판매하는 것이 내가 생각하는 가장 트렌디한 생산 전략이다.

구성 설계, 객단가를 올리는 비법

가격을 정했다면 이제는 구성을 고민할 차례다. 아무리 단품 가격을 잘 설정한다 해도 묶음 구성을 잘 기획하지 못하면 3~4개 구매할 고객에게 한 개밖에 팔지 못한다.

묶음 구성을 기획하는 이유는, 단품보다 복수 구매를 유도하는 것이 모두에게 이득이기 때문이다. 공급자는 배송비를 절약할 수 있고 플랫폼은 한 건당 발생하는 판매 수수료를 올릴 수 있으므로, 객단가를 높이는 작업은 양측 모두에게 이득이다. 묶음 구성을 하면서 할인 등 혜택이 추가되므로 고객도 이익이다. 그러니 만약 내 제품이 단품으로만 등록되어 있다면, 반드시 묶음 구성 설계를 고민해봐야 한다.

"정신차려 보니 제가 10개 묶음을 구매했더라고요."

"원래 하나만 사려고 했는데, 여러 개를 안 살 수가 없었어요."

프로젝트를 진행하면서 가장 뿌듯한 순간 중 하나는 옆자리 동료나 지인이 내가 기획한 의도대로 높은 가격의 구성을 구매했을 때다. 좋은 구성이란 한마디로 '개미지옥' 같은 가격 설계다. 즉 빠져나갈 수 없는 옵션을 구성해 더 높은 객단가를 구매하게끔 자연스럽게 유도하는 것이다.

묶음 구성을 기획할 때에는 다음의 전략을 활용해 '소비자에게 예쁜 가격'을 만들어보자.

같은 값으로 저울질하라

옵션 구성의 기본은 유사한 가격대의 옵션을 두 가지 설정해 두는 것이다. 이는 SKU가 많은 다품종 프로젝트에 적합한 전략이다.

어느 요거트 브랜드가 떠먹는 요거트를 출시했을 때다. 이 브랜드는 신제품만 팔기보다는 기존의 유제품을 옵션 구성으로 추가해서 판매하기를 희망했다. 그래서 동일 가격으로 비교할 수 있는 구성을 제안했다.

[VIP팩] 39,900원 : 떠먹는 요거트 3개

\+ 드링크 요거트 10개 (플레인, 쌀눈, 블루베리)

[마니아팩] 39,900원 : 떠먹는 요거트 10개

[멀티팩] 36,900원 : 떠먹는 요거트 4개

\+ 드링크 요거트 2개

마케팅의 끝은 '가격'

떠먹는 요거트만 10개를 제안하면 맛이 검증되지 않은 신제품인 데다 유통기한이 넉넉지 않아 부담스러울 수 있다. 따라서 골라먹을 수 있는 옵션과 신제품 단독 옵션을 함께 제안해 소비자에게 저울질할 기회를 준 것이다. 여기서 끝이 아니다. 비슷한 가격대에 더 적은 구성(멀티팩)을 추가하여, 기왕 살 거면 대용량 옵션을 사게끔 심리를 자극한다.

같은 가격에 어떤 구성을 살지 고민하다 보면 애초에 구매하려던 단품이나 소품종 구성은 선택지에서 자연스럽게 멀어지고, 더 가성비 높은 구성을 사고자 고민하게 된다. 구매 설득 단계의 초입부터 객단가를 올리고 시작하는 것이다.

눈이 달렸다면 2개를 사라 : 디코이 효과(Decoy Effect)

업계에서는 흔히 '미끼 옵션'이라 불리는 전략으로, MD가 의도한 메인 옵션으로 소비자를 자연스럽게 이끌 수 있는 방법이다. 눈이 있다면 무조건 2개 묶음 구성을 살 수밖에 없는, 즉 자연스럽게 높은 객단가의 옵션을 선택할 수밖에 없는 전략을 소개한다.

[**커플팩**] 골라담기 1+1 (총 2팩) - 28,900원
[**마니아팩**] 골라담기 1+1+1 (총 3팩) - 33,000원

2개 묶음 구성의 가격과 3개 묶음 구성의 가격이 단 4000~5000원밖에 차이 나지 않는다면, 소비자는 더 합리적인 선택을 하고자 고민의 기로에 놓이게 된다. 단품의 가격은 1만 원이 훌쩍 넘는데, 몇천 원만 더하면 본품 한 팩을 더 가져갈 수 있겠다는 생각이 들 수밖에 없다. 즉 이 가격 구성은 눈이 달렸다면 기본 구성을 살 수 없게 만드는, 의도적으로 더 많은 용량의 옵션으로의 구매를 유도하기 위해 설계된 장치다.

단순히 대용량을 구매하면 할인율을 계단식으로 높이는 가격 구성으로는 강한 설득이 될 수 없다. 철저하게 의도한 옵션으로 힘을 실어주고, 미끼 옵션을 활용해 자연스럽게 단가를 올릴 수 있게끔 유도하는 것이 이 전략의 핵심이다.

아름다운 가격은 눈에 밟힌다

아름다운 가격은 분명히 있다. 보기만 해도 입가에 미소가 지어지는 흐뭇한 숫자. 가격이 싸다고 해서 아름다운 건 아니다. 가격을 보면 '어떤 의도로 설계했구나' 하는 의도성이 명확히 보이는 가격, 그러면서도 불가항력으로 지갑을 열게 만들고 마는 가격에 '아름답다'는 찬사를 보내곤 한다.

197

기본기 : 끝자리 맞추기

끝자리를 단수(5, 7, 9)에 맞추는 전략은 이제 유통업계에서는 상식처럼 되었다. 정가로 딱 떨어지는 가격은 소비자로 하여금 언제든 살 수 있는 일반 가격에 구매한다는 느낌을 준다. 반면 끝자리를 맞추고 앞자리를 떨어뜨림으로써 '혜택가'에 구매한다는 인식을 심어주는 것이다. 이러한 심리를 활용해보자.

50,000원 vs. 49,900원

단 100원 차이지만, 끝자리를 단수로 맞추고 앞자리를 내림으로써, 100원 차이로 마치 1만 원가량 낮아진 듯한 심리적 만족감을 줄 수 있다. 가장 기본적이지만, 사업을 처음 시작하거나 유통 경험이 많지 않으면 놓치기 쉬운 부분이므로 이 글을 읽으며 다시 한 번 내 제품의 가격을 점검하는 기회로 삼으면 좋겠다.

응용 : 전체 가격 구성 만지기

끝자리를 맞췄다면 이제는 전체적인 가격의 갭 구성을 다듬어보자.

- 1개 49,900원
- 3개 119,000원 (약 20% 할인율)
- 5개 175,000원 (약 30% 할인율)

끝자리를 단수에 맞추고 할인율을 묶음 구성마다 조금씩 더 올려서 구성한 예시안이다. 선뜻 손이 가는 옵션이 있는가? 왠지 애매할 것이다. 할인율도 낮지 않은데 왜 그럴까?

가격만 보았을 때 크게 끌리는 옵션이 없을 때는 전체 가격 간의 갭 구성을 점검해야 한다.

앞의 예시를 보자. 4만 원대 구성을 구매하지 않으면 그다음 선택지는 바로 10만 원대로 넘어간다. 4만 원대 구성을 사거나 10만 원대를 사야 하는, 친절하지 않은 옵션 구성인 셈이다. 이런 가격 간의 갭을 좁혀주면 어떻게 될까?

1개 49,900원

2개 84,900원 (약 15% 할인율)

3개 119,000원 (약 20% 할인율)

5개 175,000원 (약 30% 할인율)

4만 원대와 10만 원대 사이에 8만 원대 구성을 하나 추가했을 뿐인데, 10만 원대 구성에 대한 심리적 허들이 한결 낮아진 느낌이다. 제품을 구매하기 위한 소비자의 선택지도 훨씬 넓어졌음은 물론이다. 이 제품에 5만 원 이상 지출하고 싶지 않은 소비자는 단품 구성으로, 10만 원 이상을 지출하고 싶지 않은 소비자는 2개 구성으로 구매를 유도할 수 있고, 나아가 2개 구성이 존재함으로써 3개 구성에 더 힘을 실어줄 수 있게 되었다. 앞에서 언급한 '미끼 옵션 효과'다.

가격의 3단 논리

소비자는 똑똑하다. 프로젝트를 진행하다 보면 소비자가 아니라 마치 공장장처럼 제품의 세세한 스펙까지 꿰고 있는 고객들이 정말 많다. 스테인리스 304와 316의 차이점을 조목조목 따지는 소비자, 구스다운의 필파워 수치를 비교하는 소비자, 유사제품의 가격대를 훤히 알고 있는 소비자까지, 제품부터 시장 전반에 걸쳐 공급자를 뛰어넘는 지식을 갖춘 소비자가 드물지 않다.

이런 마당에 논리 없는 주장이 먹힐까? 단순한 호소로 설득하는 방법이 통할까? 천만의 말씀이다. 그렇다면 이렇게 똑똑한 소비자들에게 가격의 합리성을 어떻게 인지시킬 수 있을까? 앞서 잠깐 언급한 가격의 3단 논리가 해법이 될 수 있다.

가격의 3단 논리는 일반적인 인식상 우리 제품보다 상위에 있는 재화와 비교하는 게 핵심이다. 여기 20만 원대의 구스다운 패딩이 있다. 가격만 놓고 보면 시장에 대체품이 얼마든지 있는 흔한 가격대의 제품이다. 제품의 스펙과 제작공정, 소재 등을 상세하게 어필하면 일부 소비자를 설득할 수는 있겠지만 다수의 소비자를 설득하기에는 2% 부족하다. 이때 힘을 발휘하는 것이 가격의 3단 논리다.

① 명품 공정 그대로! 구스다운 패딩 299,000원

② 백화점 동일 소재 명품 브랜드 100만 원대

　 오프라인 브랜드 동일 소재 60만 원대

　 → 명품 공정 그대로! 구스다운 패딩 단 20만 원대

1번과 2번 중 어떤 가격이 더 합리적이라 느껴지는가? 가격의 3단 논리는 1번의 2% 부족한 설득력에 힘을 실어주는 좋은 도구다.

그런데 왜 3단이어야 할까? 실제로 2단 비교나 4단 비교로 가격을 설득하는 경우도 드물지 않은데 말이다.

백화점 동일 소재 명품 브랜드 100만 원대

→ 명품 공정 그대로! 구스다운 패딩 단 20만 원대

2단 비교의 예다. 공급자에게는 가장 손쉽고 매력적인 노출방법일 수 있겠으나, 똑똑한 소비자에게는 큰 설득이 되지 않는다. 100만 원대 제품과 우리 제품을 동일선상에 놓으려면 사실 기반의 명확한 근거가 뒷받침되어야 한다. 우리 제품이 백화점 명품 브랜드와 스펙 면에서 비슷하다는 걸 소비자들이 납득해야 한다. 그러나 대부분의 제품은 그 값어치만큼의 스펙을 보유하고 있기 때문에 이와 같은 단순 비교로는 현명한 소비자들을 설득하기 어렵다.

그렇다면 더 상세히 비교하는 4단 논리는 어떨까?

백화점 동일 소재 명품 브랜드 100만 원대

오프라인 브랜드 동일 소재 60만 원대

온라인 유사제품 동일 소재 30만 원대

→ 명품 공정 그대로! 구스다운 패딩 단 20만 원대

우리 제품의 가격을 잘 보여주고 싶은 나머지 비교에 비교에 비교를 거듭하는 4단 구성은 오히려 우리 제품의 가격을 흐릿하게 만든다. 강조되어야 할 우리 제품의 가격은 잘 보이지 않게 되고, 촘촘해진 가격 구간 때문에 가격이 주는 힘이 약해져, 소비자는 해당 구간을 빠르게 지나칠 가능성이 높다. 일반적으로 볼 때 가장 논리적이고도 직관적인 구성은 3단으로 구성했을 때다.

단, 3단 논리를 쓸 때 유의할 점이 있다. 우리 제품의 합리적인 가격에 힘을 싣겠다는 의도는 좋지만, 간혹 열정이 지나쳐 타사 제품을 노골적으로 노출하거나 누구나 알 수 있게 브랜드명을 표현하는 경우를 볼 수 있다. 심지어 과장광고를 하는 경우도 있는데, 그럴수록 우리 제품의 설득력을 오히려 떨어뜨릴 뿐 아니라 해당 업체가 신고해 불필요한 문제가 발생할 수 있다. 내 제품에 좀 더 객관적이어야 남을 설득할 수 있음을 잊지 말자.

가격을 잘 보여주는 디자인의 미학

온라인으로 제품을 팔 때 결코 무시할 수 없는 것이 디자인이다. 아무리 좋은 가격과 할인율로 제품을 구성했다 해도 이를 잘 보여주지 못하면 소비자들은 우리가 준비한 이 모든 혜택을 인지하지 못하고 지나칠 가능성이 높다. 이 얼마나 아까운 일인가! 그러니 혜택과 가격이 잘 드러나도록 옵션 디자인에도 신경쓰자.

옵션명은 기억에 남게, 의도를 담아서

'변기볼 5개 구성 20,000원'처럼 단순히 개수와 가격만 노출해서는 소비자의 마음을 자극하기 쉽지 않다. 옵션에도 기억에 남을 이름을 지어주자. 힘을 뺄 옵션은 '맛보기팩', '스타터팩' 등의 표현으로 인트로 역할임을 드러내고, 강조할 옵션은 'VIP팩', 'BEST팩', '추천팩' 등으로 확실하게 힘을 실어주는 것이 중요하다.

이때 제품의 개수와 사용일자를 함께 묶어서 소구하는 것도 좋은 방법이다. '관리 1개월팩', '2주 챌린지팩' 등으로 사용기간을 엮어서 노출함으로써 소비자들의 판단을 돕고 좀더 쉽게 구매결정을 내리도록 할 수 있다.

반면 '다함께팩', '너만쓰냐나도쓰자 팩'처럼 의도가 모호한 옵션명은 한두 가지 정도에 그쳐야 한다. 모든 옵션이 이런 이름으로 세팅되면 선택에 도움을 주기는커녕 혼선을 일으킬 수 있다.

옵션 리스트 디자인은 직관적이고 명확하게

옵션리스트의 디자인은 다음과 같은 템플릿으로 진행했을 때 가장 직관적이고 눈에 잘 들어온다.

제품 이미지 : 해당 구성이 어떤 식으로 이루어져 있는지 알아보기 쉽게 넣어주는 것은 매우 중요하다. 간혹 모든 옵션에 동일한 제품 이미지를 넣고는 '×3개' 등의 딱지로 개수를 표시하거나 똑같은 연출 이미지를 그대로 넣는 경우가 있는데, 자칫 구매에 혼선을 주기 쉽다. 제품 구성을 개수에 맞게 누끼컷으로 노출하는 것은 가장 기본이면서 놓치기 쉬운 부분이니 유의하자.

개당 가격 : 할인율이나 정상가 대비 혜택가를 표시하는 것은 대부분의 브랜드가 잘 챙기는데, 의외로 개당 가격을 놓치는 경우가 많다. 옵션 리스트는 구매의 가장 마지막 단계로, 어떤 대목보다 가장 명확하고도 친절해야 한다. 얼마나 좋은 혜택인지 소비자가 일일이 계산할 필요도 없이, 눈으로만 봐도 직관적으로 알아챌 수 있게끔 개당 가격까지 챙기는 친절을 발휘하자. 고객이 구매를 결정하고 결제하는 순간까지 어떠한 단계에서도 멈춤이나 주저함이 있어서는 안 된다.

마케팅의 끝은 '가격'

PART 4

광고 없이
하나 더 팔기

Promotion.

영화를 볼 때마다
엔딩크레딧에 오르는 수많은 이름을 보며 감탄한다.
'내가 본 2시간에 어떤 시간들이 녹아 있는 걸까?'

상품과 브랜드에도 엔딩크레딧이 존재한다면
마땅히 담겨야 할 순간들이 있다.
신상품으로 살아 움직이기 위해 반드시 필요한 장면들.
안 할 이유는 없고 해야 할 이유만이 가득한
온갖 '전달'의 과정이다.

소비경험 설계 :
한 번 더 파는 노하우

    온라인에서 제품을 구매하면서 '많이 구매하는 베스트 조합', '다른 고객이 함께 본 상품' 등의 팝업에 노출된 경험이 있을 것이다. 즉석밥을 구매했더니 김, 즉석카레, 스팸을 추천해주는 식이다.

    제품을 판매하는 플랫폼만이 아니다. 네이버웹툰에서는 A웹툰을 보고 나면 A웹툰의 독자들이 좋아하는 다른 웹툰을 추천한다. 나와 취향이 같은 사람들이 구매하는 조합이라니! 그런 사람들이 보는 웹툰이라니! 괜시리 궁금한 마음에 일단 들어가 보게 된다.

    이 모든 팝업은 '하나 사면 하나를 더 드립니다. 오늘만 특가, 40% 할인 중!'처럼 고객에게 직접적인 할인 정보를 제공하지 않는다. 나와 취향이 비슷한 고객들의 구매 정보를 제공할 뿐이다. 아니, 제공하는 것처럼 보이게 할 뿐이다. 그 '정보'를 접하고 상품을 구매한 고객은 본인이 주도적으로 구매를 결정했다고 생각하겠지만, 사실 이 모든 과정은 너무 많은 광고에 피로가 쌓인 고객에게 마치 마케팅을 하지 않는 듯 접근하는 마케팅의 일종이다.

이제 막 시작한 브랜드 또는 아직 인지도가 없는 신제품일수록 우리 제품에 관심 없는 이들을 고객으로 데려오기가 어렵다. 그렇다면 구매경험이 있는 기존 고객들, 더불어 지금 막 구매결정을 내린 고객들에게 더 사게 하는 방법을 시도해보면 어떨까?

아군을 데려오게 하자

헬스를 하는 사람들 주변에는 으레 헬스 커뮤니티가 있다. '성수동에 있는 A헬스장이 새로운 기구를 도입했다', 'L닭가슴살 단백질 함량이 역대급이다', '덤벨킥백 제대로 하는 운동법'과 같은 단순 정보 공유부터 'S플랫폼 쿠폰 초대코드 공유', '오프라인에서 함께 운동하는 모임', '헬스용품 중고거래'까지 온·오프라인을 넘나드는 다양한 정보가 오간다.

헬스 외에도 어느 한 분야에 목적성이 뚜렷한 이들은 제품 정보를 포털사이트에서 검색하는 것보다 고관여 유저들이 모인 커뮤니티에서 얻곤 한다. 이 특성을 홍보에 활용하면 어떨까? 고관여 고객 한 명이 우리 제품에 만족했다면, 혹은 친구와 함께 구매했을 때 혜택이 더 좋다면 그 사람은 자연스럽게 우리 제품의 홍보대사가 될 수 있다. 충성고객이 일상에서 우리 제품을 입소문 내는 것과는 성격이 다르다. 친구들을 데려오게 함으로써 직접 판매를 키우는 행위다.

예컨대 친구를 초대하면 쿠폰을 지급하는 브랜드나 회원 가입 시 추천인 ID를 입력하면 추천인에게 혜택이 돌아가는 경우를 종종 보았을 것이다. 고객이 신규고객을 유치하도록 유도하는 장치인데, 이를 직접적인 매출로 연결되는 프로모션에도 활용할 수 있다.

> **[친구 5명과 같이 펀딩하기]** 한 번의 배송비로
> 5곳/10곳/25곳에 나눠 받을 수 있습니다.
> 배송비 3,000원

5월 가정의 달을 맞이해 햇꿀 선물세트를 판매한 B사가 진행한 '묶음 배송 이벤트'다. 옵션 중에는 '5곳 나눠 받기'의 판

매량이 가장 높았지만 10곳과 25곳으로 나눠 받은 경우도 적지 않았다. 실제로 이벤트를 진행할 당시 한 명이 여러 명을 모아오는 경우만 있는 게 아니라 한 명이 여러 곳에 선물을 보내는 경우도 있었다.

이 이벤트를 다음과 같은 문구로 진행했다면 참여가 어땠을까?

> 선물세트 5개/10개/25개 펀딩시
>
> 배송비 단 3,000원

똑같이 대량 구매를 유도하는 이벤트이지만 위의 문구로 진행했다면 참여율이 저조했을지도 모른다. '친구를 모아온다'는 방법 안내가 없어 마치 나 혼자 대량 구매해야 할 것 같은 뉘앙스를 주기 때문이다. 고객에게 대용량 구매를 왜 해야 하는지 이유를 알려주어야 한다. '우리가 당신에게 대용량, 고단가를 팔려고 하는 게 아니다. 단지 5월에 선물할 사람들이 많을 텐데, 이렇게 배송비를 할인해주는 이벤트도 있다'고 말이다.

타깃이 명확하여 공동구매가 가능한 제품군이라면 이런 이벤트를 활용해볼 만하다. 내 고객이 주변 친구들, 가족, 회사 동료들에게 '이런 제품 있는데 같이 사실래요?'라고 제안

할 수 있게 만들어보자.

정기구독 상품을 만들어보자

구독결제를 해두고 잊어버릴 때가 간혹 있다. 개인적으로 가장 억울했던 건 가입한 기억도 없는 대형마트 할인 멤버십이었는데, 카드를 분실하는 바람에 사용내역을 확인하던 중에 비로소 가입 사실을 인지했다. 자그마치 1년 2개월이나 구독료를 내고 있었는데 까맣게 잊고 있었다. 넷플릭스도 정기구독하지만 한 달에 몇 편 보지도 않을뿐더러 아예 건너뛰는 달도 있다. 그렇다고 구독을 끊자니 당장이라도 재미있는 콘텐츠가 뜰 것 같아 주저하게 된다.

구독상품은 고객들이 조금이라도 더 많이 우리 제품을 경험하게 해준다. 부정적인 경험만 주지 않는다면 기대 이상으로 강하게 고객을 붙잡아두는 방법이 되기도 한다.

간혹 '6개월치 닭가슴살 구매 시 70% 할인' 등의 광고를 보곤 한다. 일반적인 가정집 냉장고 냉동칸은 언제나 포화상태다. 아무리 최고의 혜택과 할인율을 준다 한들 보관할 공간이 없거나 유통기한이 짧다면 얼마나 많은 구매를 일으킬 수 있을까?

이럴 때 정기구독을 활용해보면 좋다. 한 번에 대용량을 구매해 보관하기 어려운 품목이거나 고객들이 주기적으로 구매하는 품목에 특히 적합한 방식이다. 식품 중에는 생수, 냉동보관이 필요한 다이어트 도시락, 매일 섭취해야 하는 영양제와 건강식품 등이 대표적이다. 여기에 상상력을 조금만 발휘하면 더 다양한 아이템에 정기구독을 적용할 수 있다. 일례로 정기구독을 통해 월 매출을 1500만 원에서 7000만 원으로 성장시킨 제철과일 프로젝트가 있다. 6개월간 제철과일 6종을 매달 한 종씩 배송하는 것이었다.

고백하자면 처음 기획할 때는 나조차 '과일이 정기구독으로 메리트가 있는 품목일까?'라는 의문이 들었던 게 사실이다. 나와 같은 1~2인가구가 마트에서 좀처럼 구매하지 않는 음식 중 하나가 과일이다. 대용량으로 사기 번거로울뿐더러 없으면 안 되는 필수식품도 아니기 때문이다. 그보다는 편의점의 한 컵 과일이나 후루츠컵이 간편해서 더 메리트 있게 다가왔다.

그러나 생각을 달리해보면 실온에 두어도 되는 과일은 언제 배송이 와도 부담스럽지 않고 보관도 용이하다. 게다가 일일이 챙기지 않아도 과일이 가장 신선하고 맛있을 때 소량씩 보내준다니 시도하지 않을 이유가 없었고, 결과적으로 고객들에게 우리가 준비한 과일 6종을 매달 경험시킬 수 있었다.

정기구독은 상대적으로 거래금액이 크고 장기간 관리해야 하는 서비스인 만큼 다음의 사항을 잘 점검해야 한다.

- 단일제품을 구매할 때보다 더 메리트 있는 혜택을 주었는가?
- 고객이 '언제 배송되는지', '어떤 품목을 받는지' 물어보지 않도록 친절히 안내하고 있는가?

'선물'을 활용하자

로션을 판매한다고 가정해보자. 고객들이 평균적으로 구매하는 수량은 한 개, 객단가는 2만 원이다. 여기서 고객의 구매수량과 객단가를 높이는 전략을 세워보자.

흔히 활용되는 방법은 많이 구매할수록 더 할인해주는 것이다. 그러나 그것만으로는 확실하지 않다. 우리는 2개를 사지 않으면 '확실히 손해'라는 느낌을 주는 결정타를 날려야 한다.

예컨대 2개를 사면 할인 혜택과 함께 선물을 더해보자. 로션과 가장 잘 어울리는 선물로는 앰플, 스킨, 에센스가 있을 것이다. 본품이 아니라 여행용 샘플 여러 개를 제공해도 좋다. 3개를 구매하면? 한두 개 살 때는 없던 무료배송 혜택이 추가될 수 있고, 2개 구매 시 제공한 선물보다 더 좋은 제품을 선물로 증정할 수도 있다. 이런 식으로 한 개를 사러 온 고객에게 2개를, 가능하다면 3개, 4개까지도 팔 수 있도록 촘촘히 설계하는 것이다.

이때는 다음의 3가지를 유의하자.

첫째, 사은품이나 묶음 구성이 아닌 '선물'이라는 단어를 사용했다. 고객에게 제공되는 플러스알파가 전체 할인율에 녹아 있는 게 아니라 선물처럼 별도로 존재해야 한다. 플러스알파로 제공되는 제품은 대체로 '있으면 좋은' 정도의 물건일 확률이 높다. 그런 제품이 전체 할인율에 반영된 묶음 구성처럼 제시되면 고객은 선물의 메리트를 느끼기 어렵고 객단가를 높이려는 꼼수라 오해할 위험이 있다.

둘째, 선택지는 단계적으로 제시하자. '1개 구매 / 3개 구매'처럼 단 두 가지 선택지만 제시하면 안 된다. 잘못하면 한 개를 사려던 고객에게 2단계 업그레이드를 유도하는 것처럼 보여 하나 살 마음도 접게 만들 수 있다.

셋째, 혜택이 낮은 가격대부터 높은 가격대 순서로 배치하자. 아무리 할인율이 높은 구성이라도 처음부터 총액이 큰 가격이 나오면 고객은 부담을 느낀다.

이외에도 '7만 원 이상 구매 고객에게는 자사몰 쿠폰 제공으로 환급해드립니다' 또는 '7만 원 이상 구매 고객에게는 A를 선물로 드립니다' 등의 이벤트를 구상할 수 있다. 장바구니에 담은 제품 가격이 6만 7000원인데 이벤트 소식을 보았다면? 어떻게든 제품을 더 담아 7만 원을 꽉 채워 추가 혜택을 받고 싶어질 것이 분명하다. 이왕 우리 제품에 관심을 가진 고객들이 왔다면 하나만 팔고 떠나보내는 게 아니라 조금 더 제품을 경험하도록, 나아가 우리 제품을 함께 구매할 아군을 직접 데려 오도록 유도하는 장치를 적극적으로 마련해보자.

리뷰 :
생생한 후기는
설명보다 강하다

《제가 한번 해보았습니다》라는 책을 읽은 적이 있다. 겪어야 쓰는 기자 남형도의 100% 리얼 극한 체험 프로젝트로, 말 그대로 자신이 체험해본 것을 기록한 책이다. 그는 여성과 노인, 교육과 취업 분야는 물론 집배원, 미화원, 소방관 체험 등을 하며 사람들의 극적인 삶에 주목했다. 네이버 기자페이지 구독자 수 1위에 빛나는 저자는 독자와 댓글로 소통하는 기자로도 잘 알려져 있다. '남기자의 체험리즘' 이후 자신이 직접 해본 일들을 기사로 쓰는 흐름이 생겨났을 정도니, 책의 판매와 상관없이 사람들의 마음을 움직이는 데에는 성공한 셈이다.

물건을 사고파는 세계에도 체험 기록은 힘이 세다. 흔히 이 것을 '후기'라고 한다.

처음 보는 30만 원대의 EMS 기능이 있는 진동운동기구를 팔 때였다. 진동운동기구라고 하면 헬스장이나 목욕탕에서 어르신들이 기계에 연결된 U자 벨트를 허리에 두르고 근육을 푸는 모습이 떠오른다. 내가 진행한 제품은 소위 '덜덜이' 처럼 생기지는 않았다. 발판 위에 올라서면 발에서부터 진동과 EMS 자극이 타고 올라가도록 설계된 제품이었다.

상세페이지를 열면 맨 먼저 나오는 문구는 "10분 운동으로 1시간 효과 누리세요! 스쿼트 100개 NO, 10개만 해도 된다!"였다. 힘들지 않게 효과적으로 운동할 수 있다고 자극적으로 어필한 카피다. 그러나 솔직히 이런 글은 어떤 운동기구에서든 볼 수 있지 않은가. 관심 갖고 페이지를 방문한 사람들이 확실히 구매까지 할 수 있도록 소비 심리를 건드려줄 게 필요했다.

당연히 사전 미팅 때 이런 사항을 요청했으나 돌아온 답변은 "PD님, 저희 타사 오픈 일정이 코앞이라 추가적인 자료를 준비할 시간이 없을 것 같아요…"였다. 그렇다. 기간도 중요하다. 그러나 상세페이지에 운동기구의 기능, 원리, 사용법만 안내하면서 대박 내기는 글렀다. 잘 팔기 위해 준비가 더 필요한 건 분명했다. 정말 이 운동기구를 사용하면 효과가 있는지, 일반인인 나도 잘할 수 있는지 등 고객들이 진짜로 궁금해하는 점을 해소해줄 장치가 필요했다. 예를 들어 체지방 감소 및 다이어트 효과에 대한 임상결과나 사전 체험단 후기 같은 게 있으면 좋을 텐데. 하지만 그런 것도 시간이 필요하다. 시중에 유사한 제품이 없는 획기적인 아이템이었는데, 그러다 보니 사람들이 타사 제품을 통해 효과를 가늠할 수도 없었다. 뾰족한 방법이 없었지만 집착이랄까, 미련이랄까, 이대로 포기할 수는 없었다.

'어떤 메시지면 구매에 긍정적인 영향을 줄 수 있을까?'

내가 소비자라면 제품을 구매할 때 어떤 걸 유심히 보는지 돌이켜봤다. 나는 좋아 보이는 제품이어도 후기가 없으면 구매하지 않는 편이다. 나만 그런가 싶어서 찾아보니 10명 중 7명이 나와 같다는 조사결과가 있었다. 그래서 브랜드 담당자에게 다시 의견을 보냈다. 프로젝트 오픈 후라도 사전 체험 후기를 몇 개 간단하게 올릴 수 있으면 좋겠다고. 꺾이지 않는 나의 마음이 전해졌는지 담당자도 아이디어를 내서 오픈 7일 전부터 2주간 매일 블로그 올리듯이 공지사항을 통해 운동기기를 활용한 다이어트 도전기를 공유하기로 했다. 누구를 섭외할 것도 없이 브랜드 담당자가 '신디'라는 닉네임으로 활동하며 다이어트 일기 쓰듯 꾸밈없이 고객과 소통했다.

제목 : [1일차] 벌써 후회하는 중입니다.

안녕하세요. 신디입니다

길고 길고 긴 하루가 드디어 끝났네요. 저 그동안 참 편안하고 안락한 삶을 살고 있었다는 걸 깨달았습니다. 날씬이가 되기란 결코 간단한 일이 아니었어요. 47.3킬로였네요. 제가 중점적으로 본 건 몸무게, 근육량, 체지방, 그리고 신체 나이입니다. 다른 건 다 알겠는데 신체 나이는 왜 중요하냐면요, 이게 제 나이보다 어리게 나오면 기분이 좋거든요. 그래서 저날은 기분이 좋았습니다. :) 그런데 근육량이 32.98kg 이라는 건 무슨 말일까요?? 저는 47.3킬로인데 저는 알고 보니 근육으로만 이뤄진 근육 인간이었던 걸까요? 뭔가가 잘못된 것 같지만, 어쨌든 부족하다고 하니 근력운동을 많이 해야겠습니다.

식단은, 아이유 다이어트가 단기로만 해도 살이 쭉쭉 빠진다고 해서 따라 해보려고 했습니다. 아침엔 사과 1개, 점심은 고구마 2개, 저녁엔 단백질 셰이크.

어제 기쁜 마음으로 주문해 받은 사과와 고구마를 자

랑해 드렸는데요.

문제가 있습니다. 사과랑 고구마가 너무! 너무! 맛이 없어요! 사과는 하나도 달지 않고, 고구마는… 사무실에 가서 먹어보려고 하니 덜 익어 있었습니다.

사과는 꾸역꾸역 다 먹었고, 고구마는 도저히 못 먹겠기에 2개 중에 반 개만 먹었습니다. 배가 딱히 고프거나 하진 않았어요. 고구마는 저녁에 도로 가져와 에어프라이어로 더 익혀서 단백질 셰이크랑 함께 먹었습니다. 고구마는 더 익히니 좀 먹을 만했는데 사과는 영…… 영… 달지가 못합니다. 하지만 저는 한 박스씩 구매했고… 먹어야만 하겠죠?

앞으로 2주… 저것들을 맛있게 먹을 수 있는 방법이 있다면 제발 댓글로 추천해주세요.

아무튼 그런 우여곡절 끝에 집으로 와 더블액션을 마주했습니다. 이젠 맛없는 음식과의 싸움 대신 내 몸과의 싸움을 시작해야만 했어요.

네. 살벌하게 떨립니다!

저는 진동속도는 50, EMS는 7단계가 적당한 것 같았어요. 그래서 따로 설정값을 변경하지 않고 이 단계로 계속 운동했습니다.

오늘은 체험에 의미를 두고 이 동작 저 동작을 해보기로 했습니다.

처참하죠…? 여러분도 펀딩이 끝나고 리워드를 받으시면 꼭 이 지옥을 느껴… 아, 아닙니다^^

전 죽는 줄 알았어요. 운동이 끝나고 나니 팔뚝이 약간 붉게 달아올랐습니다. 아무래도 살이 떨리고 자극이 가다 보니 그런가 봐요. 한 가지 느낀 건 "아 이거 운동이 되긴 되는구나"였습니다.

그렇게 운동을 끝내고 나서의 오늘의 몸무게는, 두구두구두구…!

왜일까요? 몸무게는 늘고 근육은 줄고 체지방은 늘어 있네요? 8월 2일 이후에 제가 좀 많이… 느슨했나 보죠? 심지어 신체 나이도 그사이에 2년의 세월을 맞았습니다.

하지만 오늘은 첫날인걸요! 이제 시작이니까 정말 효과 보는 그날까지!! 저는 달립니다. 응원해주실 거죠? ^^ 내일부터는 부위별로 집중해서 운동을 해보도록 할 생각이니 기대해주세요!

-오늘의 결론-

1. 사과와 고구마는 맛이 없었다.

2. 더블액션으로 하는 운동은 재밌었지만 플랭크는 죽음!

3. 8월 2일보다 두 살이 더 늙었다.

　EMS 진동운동기를 처음 사용한 느낌부터 EMS 단계와 부위별 운동 자세 추천도 하며 실제 겪지 않으면 모를 후기가 14일간 이어졌다. 다이어트 일기가 쌓일수록 지켜본 사람들도 "저도 받으면 한번 피 터지게 열심히 하려고요! 신디 님 하신 것 보니 빨리 하고 싶네요. 파이팅입니다!"라며 격동되어 응원하는 모습을 볼 수 있었다.

　드디어 체험 마지막 날, 의자를 활용한 EMS 진동운동기 사용 팁을 알려주며 처음과 사뭇 달라진 몸 상태를 인바디 지표로 보여주었다. 운동 후 체중은 2kg 감량, 체지방률 2% 감소, 신체 나이는 6세 젊어졌다. 이 한 명의 진실한 후기는 여러 고객의 궁금증을 해소했고 운동에 서툰 사람들에게는 용기를 주었다.

"개인적으로 다른 운동기구는
전문가분들이 자세 잡고 하는 걸 보여주셔서
아 나는 저거 안 되는데ㅜ 하는 생각 많이 했는데
정말 현실적인 운동 모습을 보여주시고
변화되는 모습도 보이니
저도 할 수 있다는 자신감이 뿜뿜 생기네요!
받으면 저도 열심히 해야겠어요!"
"멋져요~~~ 대단하셔요~~~
할 수 있을지… 걱정이긴 하지만…
저도 제 쇄골 보고 싶거든요~ㅎㅎ"

브랜드 담당자는 체중 감량 성공에 더하여 목표했던 1억 원대의 매출 달성으로 더 뿌듯해했다.

이 사례는 빙산의 일각에 불과하다. 브랜드가 제품을 론칭할 때면 리뷰를 확보하고자 여러 가지 노력을 한다. 제품을 무상으로 제공하고 리뷰를 얻는 체험단도 운영하고, 파워블로거의 후기를 얻고자 비싼 금액을 지불하기도 한다. SNS 리뷰만 전문으로 하는 마케팅 대행사를 고용하거나 리뷰 아르바이트를 통해 리뷰를 확보하기도 한다.

이미 유명 오픈마켓에서는 차별화된 리뷰 콘텐츠를 보여

주기 위해 총력을 다하고 있다. 리뷰가 곧 매출임을 인식하고 더 많은 리뷰를 확보하고자 UX·UI를 개발하고 마케팅 전략을 수립한다. 네이버쇼핑은 구매 리뷰를 사진이나 영상과 함께 올리면 150원의 네이버 포인트를 적립해준다. 네이버 멤버십에 가입하면 구매 금액의 최대 5%까지 적립되니, 구매 금액이 클수록 포인트가 쏠쏠해서 후기를 안 쓸 수 없다. 무신사는 후기를 통해 상품 정보를 제공함으로써 직접 입어보고 구매하지 못하는 온라인 쇼핑의 단점을 보완했다. 일반 후기, 상품 사진 후기, 스타일 후기로 나눠 500~2000원의 적립금을 지급하고, '올해의 후기'에 뽑힌 회원에게는 최대 50만 원의 상금을 주기도 한다.

리뷰가 구매결정에 큰 역할을 하다 보니 리뷰 기반 서비스도 늘어나고 있다. 과거에는 상품이 있는 곳에서 리뷰를 확인했다면, 이제는 리뷰가 있는 곳에서 상품을 판다. 화해, 글로우픽, 바비톡, 강남언니 등 리뷰가 모여 있는 플랫폼이 이에 해당한다.

오픈마켓에 입점했다면 시스템을 활용해 리뷰를 받을 수 있지만 브랜드가 직접 운영하는 자사몰은 양질의 리뷰를 받을 방법도 고민해야 한다. 실제로 자사몰에 많은 리뷰가 모이도록 다양한 솔루션도 나오고 있다. AI 챗봇으로 실구매자의 동영상 리뷰를 수집하고 자사몰에 자동으로 올려주는 서비스, 리뷰 리스트 위젯, 포토 팝업으로 리뷰 작성을 간소화해 작성률을 높이는 솔루션, 인스타그램이나 네이버 블로그, 유튜브 등에 게시된 인플루언서의 리뷰를 연동하는 솔루션도 등장했다.

리뷰 확보를 위해 이 많은 것들을 다 한다고 능사는 아니다. 아르바이트생을 모집해 제품을 구매하게 하고 빈 박스를 배송한 다음 실구매자인 척 리뷰를 작성하게 한 '빈 박스 마케팅'이 공정거래위원회의 제재를 받은 적이 있다. 상식적으로 실구매자가 거짓 후기를 쓸 것이라 생각하지 않는다는 점을 겨냥한 꼼수다. 이런 행태가 반복될수록 브랜드 신뢰도는 물론 후기에 대한 전체적인 신뢰가 떨어질 수밖에 없다. 실제로 한국소비자연맹이 진행한 조사에서 97.2%의 소비자가 구매 전 이용 후기를 확인한다고 답했지만 이용 후기를 신뢰한다는 비율은 70.2%로 낮게 확인되었다.

결국 사람의 마음을 움직이는 후기는 '진정성 있는 후기'다. 고객의 마음을 사로잡고 자발적으로 참여를 유도할 수 있는 방법을 찾아야 한다. 진정성이란 하루아침에 만들어지지 않고, 함부로 허물어지지도 않는다. 차근차근 쌓아올린 리뷰는 배신하지 않는다.

하늘도 감동시키는 이벤트

4차 산업혁명 시대에 기우제를 지내본 적이 있는가? 난 있다. "제발, 딱 한 번만 비를 내려주세요…!" 점점 매출이 떨어지는 걸 바라보고만 있어야 할 때였다.

아주 옛날에는 비가 오지 않으면 논에 물을 댈 수 없어 쌀 수확량이 크게 줄었고 온 나라가 기근에 시달렸다. 특히 모를 심어야 할 시기에 비가 오지 않는 경우가 많았는데, 하늘만 바라보다 지친 사람들은 치성이라도 드리면 비가 오지 않을까 싶어 기우제를 지내기 시작했다.

대체 매출과 기우제가 어떤 연관성이 있냐고? 신제품을 잘 팔기 위해서는 날씨도 중요했던 경험을 나누고자 한다.

와디즈에서 한 번도 소개된 적 없던 B사의 카본 우산은 SNS 광고를 시작한 지 이틀도 안 돼 폭발적인 CVR(전환율)을 기록하며 대박 조짐이 보였다. 자고로 물 들어올 때 노 저어야 하는 법, 광고를 보고 구매하는 사람이 많으니 더 많은 이들에게 이 프로젝트를 알리는 공격적인 마케팅을 펼치는 게 정해진 수순이다. 마케팅에도 골든타임이 있다. 효율이 좋을 때 광고비를 증액하고 우수한 효율을 계속 유지해야 한다. 그런데 해당 브랜드는 광고 예산을 추가로 확보하지 못해 맥없이 골든타임을 놓쳐버렸다. 타이밍을 놓친다는 건 곧 우리 신제품이 많은 사람들에게 소개될 수 있는 노출 기회를 놓친다는 뜻이다.

아쉬웠지만 어쩌겠는가, 브랜드마다 각자의 사정이 있는 걸. 그 상태로 프로젝트는 오픈됐고, 생각보다 더 빠르게 노출에서 밀리기 시작했다. 온라인에서 노출은 곧 생존인데 한참 스크롤해야 볼 수 있으니 어떡하란 말인가… 총알이 없다면 총으로라도 싸울 방도를 찾아야 하지 않을까? 광고비 없이도 매출에 기여할 방법을 어떻게든 찾고 싶었다.

우산이 잘 팔리는 날과 그렇지 않은 날은 어떤 차이가 있는지 궁금해졌다. 우산은 상식적으로 장마철에 가장 잘 팔린다. 여기서 조금 더 파고들어 발견한 사실은, 필요가 개인에게 최대한 직접적으로 느껴져야 소비가 이루어진다는 것이었다. 비가 올 거라는 소식이 들리면 큰 우산을 미리 준비하는 사람들이 증가하고, 비 소식이 잦으면 제습기나 신발건조기 판매도 꾸준히 상승한다는 유통 관련 기사도 있었다.

직감이 왔다. 비 오는 날, 개인이 주변 사람에게 우산을 추천해주면 어떨까? 비 오는 날에 우산 얘기를 전하면 사람들의 마음을 재빨리 사로잡을 수 있지 않을까? 나만의 가설이 세워졌다.

이제 하늘이 비를 내려주기만 하면 된다. 그때부터 나만의 기우제가 시작되었다. 출근길마다 하늘에 기도하고, 평소에는 관심도 없던 일기예보 소식으로 하루를 시작하고 마무리했다. 어렸을 때부터 흰 바지를 입은 날이면 비가 오는 징크스가 있어서 흰 바지만 4일 내내 입은 적도 있다.

그렇게 2주가 지나고 프로젝트 마감 일주일 전, 드디어 비가 내렸다. 하늘이 준 기회를 놓치지 않고 '비가 와서 진행하는 소문 내기 이벤트'를 간절한 마음으로 공개했다.

> 아직 와디즈에서 풀카본 우산 프로젝트가 진행되고 있는 걸 모르시는 분들이 아~~~주 많을 것으로 생각합니다.

아무래도 저희 힘만으로는 더 많은 분들께 소개해드리는 것에 한계가 있어서 ㅠ_ㅠ

서포터 여러분들의 도움도 받고!

저희도 서포터분들에게 좋은 사은품으로 보답하고!

메이커와 서포터 모두 윈윈하는 이벤트예요!!

참여 방법은 아주 쉽습니다.

- 카톡 단톡방 4인 이상 있는 곳에서 고○○○ 프로젝트 링크 공유 후, 공유한 화면 캡처!
- 캡처한 화면을 "G○○○○○" 카톡 플러스친구로 전송!
- 캡처 화면과 와디즈펀딩에 참여한 이름 / 전화번호 기재하기

총 4명의 당첨자를 추첨하여 고○○○레이어드 3단 우산을 선물로 드릴 예정입니다!

이벤트 공개 후 5일 동안의 매출이 이벤트 이전 5일보다 50% 이상 증가한 결과를 보니 그렇게 뿌듯할 수가 없었다. 저렴한 편의점 우산만 잘 팔리는 건 아니더라. 비가 오는 날이면 6만 원 상당의 고급 카본 장우산도 역시나 잘 팔린다.

그 후로 날씨와 연관된 제품을 진행할 때면 나만의 기우제가 필수 마케팅 전략(?)이 되었다. 앱 내·외부 광고구좌도 일기예보를 확인하고 노출 일자를 예약하곤 한다. 예보가 제발 적중하길 바라며. 이런 집착이 우습겠지만 그래야 물 만난 고기처럼 판매량이 잘 나와주는 걸 어떡하나. 비가 오거나 눈이 오거나 덥거나 춥거나 날씨 집착은 어느덧 습관이 되었다.

작지만 뜨거운
입소문

브랜드는 흐른다. 작은 냇가의 물처럼 졸졸 물길을 내던 브랜드는 많은 이들의 응원에 힘입어 강을 이루고 호수가 되어 더 넓은 바다로 향한다. 브랜드가 영역을 넓혀가는 과정, 시냇물이 강으로, 때로는 호수로, 결국 바다로 나아가는 과정에는 든든한 팬의 응원이 필요하다.

입사한 지 얼마 되지 않은 햇병아리 시절, 과제가 주어졌다. 꼭 영업해오고 싶은 브랜드를 고르고, 제품을 소개한다는 가정하에 상세페이지를 직접 만들어보는 것이었다. 어떤 브랜드를 선택할까? 어렵지는 않았다. 지극히 주관적인 시선으로 우리나라에서 데님을 가장 제대로 만드는 브랜드 '데밀'

이었다.

옷을 즐기는 방법이야 각양각색이지만 유독 데님을 사랑하는 사람들을 볼 때면 감탄이 나온다. 오랜 시간을 데님과 함께하며 나만의 흔적을 바지 위에 남기고자 몰두하는 모습이나, 과거의 데님이 지닌 그 시대의 디테일을 고스란히 재현하는 데 집착에 가깝게 집중하는 사람들을 볼 때면 얼마나 매력 있기에 저렇게 흠뻑 빠질 수 있는 걸까, 데님이란 장르가 궁금해지기도 하고 그렇게 열중하는 그들의 모습이 부럽기도 하다.

데밀은 대중적으로 알려진 브랜드라 할 수는 없었다. 그러나 데님을 사랑하는 사람이라면 모를 수 없는 브랜드이기도 했다. 얕고 넓은 소비자층이 아닌 좁되 깊은 마니아층을 가진 브랜드. 데밀은 공방이라 할 법한 크지 않은 공장에서 옛시대의 옷을 재해석했다. 데님만을 만드는 브랜드는 아니지만 데님은 그들의 명실상부 대표 아이템이었다.

공동대표들의 이력 또한 쟁쟁했다. 데님 제조국으로 손꼽히는 일본에서 모든 제작 공정을 익힌 분, 빈티지 의류에 관한 방대한 아카이브를 구축해 과거에만 존재하는 디테일에 누구보다 해박한 분, 자신만의 철학으로 섬세하게 옷을 만들고 브랜드를 전개한 경험이 있는 분까지, 팬심이 있는 내게는 마치 어벤저스처럼 느껴졌다.

그런 데밀에 프로젝트 제안 메일을 보냈고, 덜컥 답변을 받았다. 첫 미팅을 하러 가는 길, 데밀을 더 많은 이들에게 잘 알리고 싶었다. 우리나라에도 이렇게 데님을 만드는 브랜드가 있다고. 떨리는 마음으로 과제로 만든 상세페이지를 보여드렸다. 훗날 대표님의 블로그 글을 보니 새로운 플랫폼에 프로젝트성으로 제품을 소개하면 브랜드 가치가 훼손되지 않을까 염려가 컸으나 첫 미팅에서 내 프레젠테이션을 보고 함께 진행해보기로 했다는 이야기가 있었다.

그렇게 프로젝트가 확정되고 기쁨과 설렘도 잠시, 과연 잘 소개할 수 있을까 하는 걱정이 앞섰다. 마니아들 너머 더 많은 대중이 데밀의 가치에 공감하도록 하는 것이 앞에 놓인 과제였다. 분명 쉽지 않을 터였다. 나뿐 아니라 대표님들도 같은 근심이었다. 그러나 걱정은 별반 도움이 되지 않는다. 그저 우리가 할 수 있는 모든 것을 묵묵히 준비할 뿐.

데밀이 만든 데님은 한 벌에 20만 원이 넘는다. 원단은 물론 단추며 실까지 퀄리티를 따져 사용하는 건 기본이고 모든 공정을 자체 공장에서 꼼꼼하게 만들기에 매겨진 가격이었다. 제작 공정을 고수해서는 가격을 더 낮추는 것도 물량을 맞추는 것도 무리였다. 서둘러 신뢰할 수 있는 연계 공장을 물색해 품질을 최대한 유지하며 생산 수량을 늘려 9만 원대 가격을 만들었다. 밤까지 매달려 상세페이지의 이미지와 문구를 손보는 동안 시간은 빠르게 흘러 프로젝트 오픈일이 다가왔다.

많은 이들의 기대와 그만큼의 조마조마함이 섞인 프로젝트는 결과적으로 성공이었다. 준비한 수량 220벌이 완판되었고, 나도 대표님들도 얼떨떨한 기쁨을 함께 나누었다. 성공은 했다. 그런데 어떻게 성공할 수 있었던 거지? 모두가 품은 궁금함이었다. 많이 알려지지 않은 브랜드인 데다 상대적으로 고가인 제품이고, 심지어 광고비도 많이 쓰지 못했는데.

준비과정의 노력이 물론 힘을 실어주었겠지만, 그 저변에는 그간 데밀의 행보를 응원하고 제품을 사랑해준 든든한 마니아들이 있었기에 가능했다고 나는 믿는다. 여러 패션 커뮤니티에 거짓말처럼 하나둘 프로젝트 소식이 올라오기 시작했다. 광고가 아닌 자발적인 입소문이었다. 자신이 사랑하는 브랜드가 더 큰 물로 나아가려 할 때 앞에서 끌어주는 예인선 역할도, 함께 노를 젓는 사공의 역할도 팬들이 모두 해주고 있었다. 누군가가 의문을 제기하면 나서서 설명해주었다. 데밀의 생산방식을 고려할 때 얼마나 합리적으로 제품을 구매할 수 있는 기회인지 알려주기도 했다. 그들의 한마디 한마디에 마치 내가 데밀의 일원인 것마냥 입꼬리가 올라가는 고마움을 느꼈다. 나 역시 프로젝트 담당자를 떠나 한 명의 팬으로서 두 벌을 구매했다. 이 구매가 그들이 바다로 나아가는 여정에 추진력을 보태길 바라는 마음을 담아서.

프로젝트가 종료되고 내게 고마워하는 데밀 대표님들에게 말했다. "이건 제가 뭘 잘해서 된 게 아니라 그동안 대표님들이 꾸준함을 통해 사람들의 믿음을 얻었기에 가능했다고 생각해요." 정말 그랬다. 이어 덧붙인 질문이 있었다. "그런데 구매한 분들이 원래 데밀을 좋아하는 고객님들이던가요?"

프로젝트가 잘 끝난 것은 좋은데, 원래 좋아하던 사람들끼리 벌인 자축파티 정도였던 건 아닐까? 그래도 괜찮지만 이왕이면 더 많은 이들에게 브랜드를 소개하고 제품을 인정받고 싶은 마음이 컸다. 그런데 돌아온 대답이 나를 더 기쁘게 했다. 생각보다 많은 분들이 신규 고객으로 함께했다는 것이었다. 데님을 입어보고 마음에 들어서, 또는 수선을 하러 공방에 방문하는 분들의 연령층도 성별도 한결 다채로워졌다고 했다.

프로젝트가 끝나고 시간이 지나서도 종종 데밀의 소식을 듣는다. 더 많은 플랫폼에 입점하고 다양한 브랜드들과 협업한다는 소식도 들린다. 내부 구성원이 늘었다고도 했다. 나와 함께한 프로젝트 덕분에 더 잘되었다고 생각하지는 않는다. 그 프로젝트가 아니었어도 당연히 그렇게 되었어야 할 일이고, 그렇게 되었을 것이다. 다만 한 가지 확실하게 믿는 구석은 있다. 데밀이 강에서 호수로, 호수를 거쳐 바다로 항해 일지를 써가는 여정에 든든하게 함께한 고객들, 그들 덕분에 지금의 데밀이 있고 앞으로의 모습도 기대할 수 있는 거라고. 나와 함께한 프로젝트가 호수에서 바다로 나아가는 어딘가에 작은 힘을 보탰고, 그래서 기분 좋게 이야기를 전할 수 있는 거라고.

인스타그램 :
브랜드의
소개팅 프로필

"너 소개팅할래?"

"인스타 있어?"

내 친구는 참 특이하다. 소개팅할 거냐고 물어보면 항상 소개받는 사람의 인스타그램 계정을 묻는다. 친구는 소개팅을 할지 말지 상대방 인스타그램 피드를 보고 결정한다고 한다. SNS가 한 사람의 전부를 반영하는 건 아닐 텐데, 그래도 자신이 좋아하는 분위기의 사람인지 체크해보고 싶다고 한다. 옷은 어떤 스타일로 입는지, 여행을 좋아하는지, 책을 좋아하는지, 취미는 무엇인지, 요즘 어떤 생각을 하고 사는지 인스타그램을 보면 대충은 보인다고 한다.

생각해보니 나도 그렇다. 소개팅할 때 상대방의 인스타그램을 확인하지는 않지만, 브랜드와 미팅을 준비할 때는 인스타그램을 꼭 찾아본다. 그런 다음 입점 제안 메일이나 DM을 보낸다. 일단 브랜드 외관이 마음에 들면 만나자고 말을 건다. 차 한잔 하며 얘기하자고 보내는 나의 미팅 요청은 소개팅 제안과 다를 바 없다.

브랜드들의 인스타그램에 들어가서 이 브랜드가 사람이라면 어떤 느낌일지 가늠해본다. 어떤 헤어스타일을 하고, 어떤 옷을 입었을까? 캐주얼한 이미지일 수도 있고 세련된 정장을 입은 이미지일 수도 있다. 혹은 스냅백을 쓰고 보드 타는 취미를 가진 아주 힙한 이미지일 수도 있다. 이 브랜드는 어떤 말투를 쓸까? 다정한 편일까? 특별히 자주 쓰는 단어가 있나? 자기를 과감하게 표현하는 브랜드일 수도 있고 내향형이라 자기 어필을 많이 하지는 않지만 자꾸만 눈길이 가는 은은한 매력이 있을 수도 있다.

관음증처럼 브랜드들의 인스타그램을 샅샅이 훑어보는 이유는 내가 몸담은 플랫폼과 결이 맞는지 보기 위함이다. 궁합을 사전에 체크한다고 해야 하나. 물론 미리 검색해둔 이미지와 실제 만났을 때의 이미지가 늘 일치하지는 않는다. 막상 만나보면 별로일 수도 있다. 또 긴가민가했는데 만나보니 훨씬 좋은 브랜드일 때도 있다. 인스타그램에서는 무드로만 밀어붙이고 말수가 적은 내향적인 이미지였는데 막상 만나보니 할 말이 너무 많은 제품일 때도 있었다.

인스타그램이 브랜드의 모든 걸 대변하는 공간이라 할 수는 없지만 나를 포함한 대부분의 PD들이 눈여겨보는 페이지인 건 분명하다. 플랫폼 MD들만 보는 게 아니다. 요즘 브랜드들의 타깃 고객은 거의 다 인스타그램을 하는 시대 아닌가.

이렇듯 SNS는 어느샌가 브랜드의 명함이 되었다. 미팅 때도 많이들 물어본다. "PD님, 저희 이제 시작하는 브랜드라 인스타그램은 안 만들었는데 프로젝트 진행할 때 만들어놔야겠죠?" 그때마다 "네, 만들어두셔야 합니다"라고 대답한다. 많은 초창기 브랜드가 인스타그램 만드는 걸 두려워한다. 잘하고 싶어서일 것이다. 톤앤매너를 어떻게 가져갈지, 브랜드 이미지를 어떤 느낌으로 구축할지 아직 갈피를 못 잡았는데 어설프게 운영하기는 싫어서 차일피일 미루게 되는 것이다.

브랜드가 인스타그램을 잘한다는 건 대체 어떤 의미일까? 아마 많은 브랜드가 이것을 고민하고 있을 것이다. 팔로어가 많으면 인스타그램을 잘하는 걸까? 게시물이 일관성 있게 무드가 맞춰져 있으면 잘하는 걸까?

내가 보기에 잘하는 브랜드의 인스타그램은 '사람 냄새'를 잘 흉내 낸다. 브랜드가 사람이 아닌데 어떻게 사람 냄새를 내냐고? 그리고 왜 그래야 하냐고? 인스타그램이라는 공간 자체가 사람을 구경하게 만들고, 사람을 구경하는 공간이기 때문이다. 브랜드들의 인스타그램 운영을 논하기 전에 당신이 인스타그램을 하는 이유를 먼저 생각해보라. 첫째는 '나'의 사생활을 기록하고 공유할 수 있어서다. 나의 일상을 기록하고 주위 사람들과 공유한다. 둘째는 '주변인'들의 일상을 둘러볼 수 있어서다. 셋째는 '모르는 사람들'의 일상을 볼 수 있어서다. 얼마나 많은 사람들이 귀여운 강아지를 키우는지, 어떤 릴스 댄스 챌린지를 하는지, 요즘 어떤 화장품을 쓰는지, 요즘 어떤 노래를 많이 듣는지. 이 모든 이유에 '사람'이 들어간다.

이 이야기가 힌트가 되었을 것이다. 브랜드가 마치 사람인 것처럼 인스타그램을 운영하면 된다. 처음에는 조금 어렵겠지만 본인을 치환해서 생각해보자. 오랜만에 친구들을 만나면 스토리에 친구들을 태그하고 모임 사진을 찍어서 업로드한다. 그러면 주변인들도 그 스토리를 리그램해서 다시 업로드한다. 브랜드도 이렇게 행동해보는 것이다. 고객이 우리 브랜드를 태그해 스토리에 올렸다면 리그램해보는 것이다.

피드도 마찬가지다. 유독 댓글을 달고 싶은 글이 있다. 공감대 형성이 잘되는 글, 웃긴 글, 혹은 셀카인데 내가 봐도 너무 예쁘게 나온 사진을 올리면 댓글이 많이 달린다. 브랜드 인스타그램에도 그런 느낌의 피드를 꾸준히 업로드해보는 것이다. 그리고 댓글이 달리면 친구들에게 답글 달듯이 소통해보자.

내가 좋아하는 뷰티 브랜드가 기존 클렌징폼을 작은 용기에 담아 여행용 클렌저를 선보였다. 예쁜 제품컷을 올린 피드에 고객 한 명이 댓글을 달았다.

"이거 하나만 들고 가면 클렌징은 해결이네요~ 파우치까지 챙겨주는 구성 센스 굿입니다! 이거 들고 제주도 다녀올게요!"

여기에 브랜드는 이렇게 답글을 달았다.

"한 달이면 딱 한 통 쓰고 돌아오시겠네요, 소중한 러버님! 맑고 깨끗한 제주도에서 저희 브랜드의 자연 유래 스킨케어를 즐기셨길 바랍니다."

이 브랜드는 인스타그램 팔로어들을 '러버'라 칭하며 소통한다. 여기서 고객은 브랜드가 '사람' 같다는 느낌을 받는다. 한 번도 이야기 나눈 적 없는 사람이 갑자기 말을 걸어오면 나도 모르게 눈길이 간다. 처음에는 눈길만 갔는데 내가 좋아하는 말투거나 외관이면 그때부터는 호감이 생긴다.

일반적인 구매 과정에서 브랜드가 말을 건네기는 쉽지 않다. 고객들은 제품을 살 때 외관, 상세페이지, 가격, 후기 등으로 주로 판단하기 때문에 브랜드가 적극적으로 개입해 고객과 소통하는 시간은 매우 짧다. 상세페이지의 톤앤매너나 기획을 브랜드의 개입이라 볼 수도 있겠지만 브랜드가 직접 나서서 실제 소통하듯이 설명해주고 안내하는 느낌을 받기에는 다소 정적이다. 반면 인스타그램은 브랜드의 적극적인 개입이 가능하다. 브랜드가 적극적으로 움직이는 순간 고객들은 제품으로 여겨온 존재를 사람으로, 마치 처음 얼굴을 마주하고 대화하는 듯 새로운 느낌을 받는다. 브랜드로서는 호감도를 높이고 각인시킬 절호의 기회다. 브랜드 인스타그램을 잘 운영하면 고객부터 플랫폼 MD까지, 모두에게 소개팅 제안을 받을 수 있다.

제품에 대한 피드를 올리고, 스토리를 올리고, 고객들과 재미있는 소통을 이어가는 게 신규 브랜드에는 만만치 않은 일이라는 것 또한 안다. 빙그레의 '빙그레우스'처럼 짜릿한 세계관을 운영하는 것도 어느 정도 브랜드 인지도가 있어야 가능한 이야기다. (잠깐 설명을 덧붙이면 빙그레우스는 빙그레 인스타그램의 자체 캐릭터로 '바나나맛우유' 왕관을 쓰고 '빵또아' 바지를 입은 왕자님이시다. 빙그레는 캐릭터를 활용해 인스타그램 팬덤을 급격하게 모으며 매출에서도 상승세를 이어갔다.) 팔로어 0에서 시작해야 하는 브랜드로서는 이런 시도들이 너무 어려운 과제일 수 있다.

브랜드를 사람처럼 만들기 어렵다면 한 명의 자연인이자 브랜드의 얼굴인 대표가 직접 브랜드 인스타그램을 운영하는 것도 좋은 전략이다. 초창기 브랜드가 팔로어를 모으고 고객들과 소통하기엔 이편이 더 쉬운 것 같기도 하다. 와디즈에서 워시오프팩 최초로 8억 원 가까이 펀딩받았던 한 뷰티 브랜드는 대표님의 개인 계정에 제품의 시작부터 끝까지 매 순간을 모두 담았다. 브랜드 론칭 시점에는 샘플 사진과 함께 이런 글을 올렸다.

> 바다보단 산이 좋고 싱그러운 초록을 참 좋아하던 저는 결국, 자연과 초록이 가득한 화장품을 만들고 있답니다. 영양사와 연구진이 1년 동안 연구에 연구를 거듭해 개발한 요 신박템은 뭘까요오? 모든 샘플의 테스트를 완료하고 드디어 제작을 앞두고 있어요. 기대하셔도 좋답니다!

이 피드를 시작으로 샘플링이 진행될 때마다 개인 계정에 게시물을 올리고 얼마나 꾸준히 개발해온 제품인지 보여줬다.

브랜드 계정을 운영하든 대표 개인 계정에 브랜드를 녹여내든 결국 중요한 건 본인들만의 느낌과 말투를 정립해 더 많은 고객, 더 많은 핫한 플랫폼과의 소개팅에 성공하라는 것이다. 꾸준히 올리자. 꾸준히 댓글을 달자. 꾸준히 사람 냄새를 풍겨보자. 잘 갖춘 인스타그램 하나가 발로 뛰면서 건네는 명함 10장보다 더 큰 위력을 발휘할지도 모른다.

서툰 처음,
어설프더라도 진심

    누구에게나 잊을 수 없는 처음이 있다. 첫사랑, 첫 고백처럼 달콤한 기억은 잠시 미뤄두고 온라인 유통업계에 일하며 기억을 스치는 여러 순간을 부여잡아 보자면, 첫 1억 딜, 첫 스타 딜, 첫 유튜버콜라보 딜 등 높은 성과를 냈던 기억이 가장 먼저 떠오르는 건 어쩔 수 없나 보다. 그런데 그중 단 하나만 꼽으라면, 1억 성과도 셀럽과의 협업도 아닌 '떡' 프로젝트를 떠올리곤 한다. 입사해서 맨 처음 진행한 프로젝트이기 때문이다.

    와디즈에 와서 가장 먼저 들었던 말은 "힘 좀 빼세요"였다. 당장 뭔가를 보여줘야 한다는 욕심과 처음 접하는 펀딩 시스템의 생소함, 그리고 이미 너무나 놀라운 퍼포먼스를 내고 있는 기존 PD들까지, 내 안에 쫓기는 마음이 드는 건 어쩔 수 없었다. 어떤 프로젝트부터 시작하지? 그러나 첫술에 배부를 수는 없는 노릇, 일단 가장 빨리 오픈할 수 있는 프로젝트부터 해보기로 했다. 힘을 빼고 시스템을 익혀본다는 마음으로 가장 편하고, 또 오래 거래해왔던 떡 공장의 문을 두드렸다.

내가 찾아간 곳은 전통적인 떡 공장이었다. 경기도 지역에 급식 떡과 단체주문 떡을 주로 납품하고, 온라인 소매나 채널 입점은 엄두도 내지 못하던 상황이었다. 내가 먹어본 떡 중 가장 찰지고 맛있다고 장담할 만큼 어디에 내놔도 욕먹을 퀄리티는 절대 아니지만, 온라인 시장에는 이미 너무 많은 떡이 경쟁하고 있었다.

첫 와디즈 펀딩을 준비하며 그들이 제안한 아이템은 찹쌀 떡이었다. 품질 좋고 단가가 비싼 경기미를 사용해 매우 찰지고, 찹쌀 함유량이 높아 쫄깃한 식감도 아주 좋았다. 그런데 안에 들어간 팥소가 너무 평범했다. 시장에 임팩트를 남기려면 '흔하게 보지 못했는데, 이름만 들어도 맛있을 것 같은 친숙한 맛'이 필요했다. 혹시 개발해둔 다른 맛은 없는지 회의를 이어가던 중, 공장을 총괄하는 생산팀장님이 한번 만들어본 거라며 가져온 떡이 있었다. 그 떡이 바로 '로투떡'이다. 우리가 익히 아는 커피과자 가루가 겉면에 코팅되어 있고, 속은 크림치즈와 모카향을 녹진하게 섞어 사르르 녹는 맛. 이거다, 누구나 좋아하는 아는 맛. 그 자리에서 떡에 이름을 붙여주고 바로 펀딩 준비에 착수했다.

문제는 트렌드였다. 당시 와디즈의 푸드 카테고리를 휩쓴 키워드는 '단백질'이었다. 달콤하고 맛있는 디저트류보다는 고단백 저탄수화물을 강조한 기능성 단백질 식품이 높은 매출을 기록하고 있었다. 이런 와중에 그저 맛있기만 한 찹쌀떡을 어떻게 풀어낼 것인가? 어떻게 펼쳐내야 트렌드와 관계없이 성공할 수 있을까?

푸드 카테고리의 최고 상품가치는 그래도 '맛'이니 그걸 극대화해서 정면승부하기로 했다. 가장 중점을 두었던 것은 '쫄깃함'과 '로투떡만의 크림'이었다. 척 보면 그 맛을 연상할 수 있는 커피과자 연출, 거기에 사람들이 좋아하는 쫄깃한 식감이 최대한 구현되도록 스토리를 짰다.

'처음'이라는 단어는 참 무섭다. 나의 '첫 펀딩'이기에 그냥저냥 하고 싶지 않았다. 그래서 스토리를 기획하고 콘텐츠를 다듬는 모든 과정을 업체와 일일이 소통하며 직접 만들었다. 떡을 반으로 갈라 쭉 늘이는 GIF의 경우 배경으로 깔리는 커피과자 가루의 양까지 조절해가며 촬영을 거듭했고, 서체 종류와 크기, 메인컬러까지 하나하나 조율했다. 지금 생각해보면 그리 중요하지 않은 요소까지 잔뜩 힘을 쏟았으니, 그 순간순간이 어찌 기억에 남지 않을 수 있을까.

그렇게 애지중지 스토리를 만들어낸 덕에 로투떡은 와디즈 떡 카테고리에서 최대 매출을 경신할 수 있었다. 업체 또한 타 채널 MD들의 러브콜을 비롯해 대형 오프라인 유통매장의 팝업스토어 제안을 받고, 대기업 납품 계약을 체결하는 등 펀딩 이후 성장을 이어갔다.

이 성과는 그간 해왔던 수백 개의 펀딩 레퍼런스에 비하면 작고 미미하다. 오히려 뒤에서 순서를 세는 게 빠를 수도 있겠다. 그럼에도 이 떡 펀딩이 가장 먼저 내 기억에 자리하는 건, 처음에서 오는 어설픔 때문인 것 같다. 어쩌면 이 펀딩 이후로 업체가 시장을 키워갈 수 있었던 것도 매출성과 때문만은 아닐지 모른다. 한 자 한 자 눌러쓴 듯한 업체 소개글부터 20년간 떡만 납품해온 공장의 자부심, 어디와 비교해도 자신 있는 재료… 오히려 능숙하지 못했기에 이 모든 강점과 열정이 읽는 사람에게 고스란히 전달되지 않았을까.

업체도 나도, 처음 열었던 그 펀딩이 아니었다면 많은 것이 바뀌지 않았을지 모른다. 누군가는 처음의 어설픔이 두려워 시작하기를 망설인다. 일단 첫걸음만 아주 정성껏 최선을 다해 떼보면 그다음 걸음이 너무 쉬워진다는 것 또한 지나고 나서야 알게 되었다. 어설프면 또 어떤가. 어설퍼서 더 잘 읽히는 진심이 있다.

서툰 처음, 어설프더라도 진심

PART 5

시장에서는
싸워 이기고
고객에게는
기꺼이 진다

Customer

고객 없이 상품은 존재하지 않는다.

문제에 봉착할 때

고객이란 단어를 떠올리면 실마리가 보인다.

잘되고 있는 브랜드도

고객을 바라볼 때 한 단계 더 성장한다.

5부의 마지막 장을 넘기며

조용히 되뇌어 보자. '고객, 고객, 고객.'

진심을 담아낸
편지 한 장

나는 편지 쓰는 걸 좋아한다. 좀 더 정확히 말하자면 편지로 상대방 울리는 걸 좋아한다. 상대방이 몰랐던 나의 진심을 녹여내 내가 당신을 어떻게, 얼마나 생각하고 있는지 알게 만드는 것. 메신저로 전하는 장문의 진심도 물론 좋지만 내 손으로 꾹꾹 눌러 담아 쓰는 손 편지가 더 좋다. 그리고 편지를 쓰는 것만큼이나 받는 것도 좋다. 예쁜 편지봉투에 담긴 손 편지는 봉투와 편지지를 고르는 시간까지 동봉되어 내게 오는 것 같다.

정말 필요한 순간에 내 진심을 담아 한 자 한 자 적어본 적이 있다면 손 편지가 어떤 의미를 담고 있는지 잘 알 것이다.

(혹시 한 번도 안 써봤다면 반성하시라. 부모님이든, 친구든, 연인이든 사랑하는 이에게 꼭 써봤으면 한다.) 상대방을 생각하고 고마웠던 순간, 소중했던 순간을 되뇌면서 나의 애정을 듬뿍 담는 행위. 낯간지러워 차마 입밖에 내지 못했던 단어들도 이상하게 편지지 위에서는 자유를 얻는다.

어느 날 내가 정말 좋아하는 브랜드 대표님께 이런 편지를 받았다.

제가 너무나 애정하는 PD님, 벌써 금요일이네요.
이번 한 주도 정말 꽉 채워서 열정을 불태우셨을 것 같은 느낌이 들어요.
조금 간지러운 이야기지만 추석선물과 함께 짧은 편지를 남깁니다.
피디님, 작년 한 해에도 수고 많으셨어요. 제가 정말 정말 많은 플랫폼의 다양한 분들과 이야기를 나누어봤지만 (자랑 아닙니다ㅎㅎ) "저 정도의 열정을 모든 브랜드에 태워넣으시면 어떤 기분일까…" 싶은 분은 피디님이 처음이자 유일해요… 저에게는 사실 제가 경험한 와디즈의 전부가 피디님이라고 할 만큼 함께한 프로젝트들이 너무 즐거웠고 행복했습니다. 제

생각만큼 잘 안 되어서 속상한 프로젝트에서부터 함
께 신경써주신 만큼 많은 사랑을 받은 프로젝트까지
하나하나 버릴 게 없는 보석 같은 경험과 시간이었어
요!! 함께해주셔서 정말 정말 감사합니다.
그리고 무엇보다 누구보다 뜨겁게 함께 고민해주셔
서 감사해요. 피디님은 따스하고 꺼지지 않는 불 같
아요. 일과 일상 모두 행복한 시간들만 가득하시길
기원합니다! 다가오는 연휴에도 편히 쉬시고 연휴 전
까지 파이팅하세요! 행복한 주말 보내세요:)

읽는데 눈물이 툭 떨어졌다. 나의 진심을 알아주는 사람과
일하고 있구나. 따스하고 꺼지지 않는 불이라니, 어떻게 이렇
게 예쁜 단어로 날 표현해줄 수 있지. 일을 하다 보면 잘 모른
다. 브랜드 담당자와의 대화는 상세페이지를 어떻게 기획하
면 좋을지, 프로젝트 공개는 언제가 좋을지, 광고비는 얼마나
태울지 같은 업무 내용으로 가득하다 보니 상대방이 날 어떻
게 생각하는지 알기가 어렵다. 대표님이 내게 전해준 진심이
아니었다면 나는 대표님이 날 얼마나 애정하고 있는지 알 수
없었을 것이다.

대표님의 편지를 하루 종일 마음에 품고 있다가 문득, 고객들도 마찬가지일 것 같다는 생각이 들었다. 고객들은 한 브랜드가 제품을 내기까지 어떤 과정을 거치는지 모른다.

나와 함께한 브랜드들은 고객들이 어떤 불편함을 느끼고 어떤 고민을 하는지 샅샅이 찾아내고, 수백 번의 샘플링을 거치고, 제품 패킹은 어떻게 할지, 단상자에 어떤 디자인이 들어가야 하는지 고민하며 시작부터 끝까지 오로지 고객을 향한 애정으로 모든 순서를 밟아나간다. 내가 대표님의 진심을 알고 감동했던 것처럼 고객들도 브랜드의 진심을 알고 감동할 수 있으면 좋겠다는 생각을 했다. 하나하나의 제품이 얼마나 큰 떨림을 안고 세상에 나오는지 그 순간을 고객들과 공유하고 싶었다.

그래서 대표님께 답장을 썼다. 어찌 보면 대표님이라기보다는 이 브랜드의 제품에 답장을 보냈다. 나는 이 브랜드가 어떤 준비를 해왔는지 가장 잘 아는 사람 중 한 명이므로 제품에 대한 나의 감동을 편지에 담고, 그 편지를 고객들과 공유한다면 다른 고객들도 브랜드의 노력에 공감해줄 거라 생각했다.

편지의 제목은 '누군가의 진심으로 씻는다는 것'이다.

메이커님, 저는 요즘 퇴근길이 즐겁습니다. 지친 발걸음을 간신히 이끌고 집에 도착한 순간, 뒤도 안 돌아보고 샤워실로 직진합니다.

물을 틀고, 하루 동안 누적되어 있는 피로를 씻어내고, 떡솝을 집습니다.

젤리 같기도 슬라임 같기도 한 이 제형을 콩알만큼 떠내고 얼굴에 부드럽게 롤링해요. 리프레시되는 향을 느끼며 얼굴을 문지를 때 이런 생각을 해요.

'나 지금 누군가가 정말 정성으로 빚은 제품으로 씻고 있구나.'

하루 끝, 이 제품에 숨겨져 있는 브랜드의 진심이 저를 위로하고 또 기분 좋게 만듭니다. 5번의 펀딩, 이제 여섯 번째 펀딩을 앞두고 있는 이 제품이 사랑받았던 이유는 당연히 좋은 제품력에 있겠지만 더 깊은 구석으로 들어가 보면 브랜드의 진심이 보입니다.

5번의 펀딩 동안 제형을 몇 번이나 바꿨고 가장 좋은 향을 위해 고민했던 그 시간들이 떡솝이 사랑받았던 이유라고 생각합니다. 그동안의 펀딩을 통해 만난 11,936명의 서포터님들, 모든 분들을 만족시킬 순

없었겠지만 끝없이 피드백을 듣고 최고의 제품력을 만들기 위해 노력했던 아렌시아의 진정성만큼은 닿았을 거라 믿습니다.

고객님들, 피부란 너무나 예민하고 지극히 사적인 공간이라 절대적으로 이 제품이 최고라고 말씀드리긴 어렵겠습니다. 하지만 좋은 피부와 행복해지는 세안을 위해 최선을 다해 고민했던 제품이라는 것은 압니다. 펀딩이 끝나고 서포터님들의 하루 끝과 시작이 떡솝과 함께 행복해지셨으면 하는 바람입니다.

대표님은 이 편지를 고객들에게 공유했고 고객들 역시 긍정적인 댓글을 남겼다. 편지 한 통으로 나와 브랜드 그리고 고객 모두가 연결되는 느낌이었다.

지금도 신제품이 나올 때 너무 떨린다는 대표님들에게 나는 그 떨림을 편지에 녹여내 달라고 부탁한다. 나와 오랜 기간 프로젝트를 진행했던 C사도 신제품을 론칭하는 프로젝트에서 손 편지를 공개했다.

사랑하는 고객님들께

안녕하세요, C사입니다. 와디즈에서 처음으로 브랜드를 론칭하였고, 1년간 100여 가지의 화장품을 사용하던 코덕 승무원 시절, 수없이 많은 브랜드의 컨셉 성분 1%만 적용시킨 화장품에 지치고, 정제수만 가득 찬 화장품에 실망해서 직접 유효성분 90% 이상 가득찬 화장품을 만들겠다고 다짐하고 홀로 공부하고, 뛰어다닌 시간이 떠오릅니다. 이렇게 만들면 원가가 굉장히 비쌀 것이다, 안 된다는 말에도 불구하고 끈질기게 샘플링을 요청하였고, 블랙리스트에 오를 정도로 열심히 개발하였습니다. 감사하게도 1년 4개월이 지난 현재 고객님들 덕분에 큰 성장을 할 수 있었습니다. 세계 각국에서 수출 문의 연락이 왔고, 싱가포르·대만·일본·중국 등에서 큰 사랑을 받고 있습니다. 아직 제품은 단 4가지밖에 없지만 한 제품 한 제품 저에게는 굉장히 소중하고 자식 같은 존재입니다. 신제품 론칭할 때마다 수백 번을 테스트하고 90% 이상 유효성분을 가득 담은 제품만을 출시하는 제 신념에는 변함이 없습니다. 서포터님들 덕분에 성장했음을 알기에 감사하는 마음으로 더 좋은 제품으로 항상 가장 먼저, 가장 좋은 혜택으로 와디즈에 론칭할 것을 약속합니다. 느리지만 정직한 브랜드, 피부만을 생각하는 브랜드가 되겠습니다.

이 브랜드가 고객을 어떻게 생각하는지, 자신의 제품을 얼마나 귀하게 여기고 있는지, 좋은 제품을 만들기 위해 제조사와 부딪쳤던 에피소드부터 문장 하나하나가 마음을 울린다.

모두가 브랜딩을 말하는 요즘이다. 브랜딩을 잘하는 방법도 전략도 넘쳐난다. 글쎄, 소박하게 진심을 담아낸 손 편지야말로 브랜딩의 첫걸음이 아닐까.《마음을 움직이는 일》이라는 책에서 전우성 저자는 브랜딩이란 '내 브랜드에 열광하는 사람들을 만드는 일'이라 정의했다. 누군가가 나에게 열광하기 전에 내가 당신에게 열광하고 있음을 먼저 보여주는 것은 어떨까. 훌륭한 상품기획, 마케팅 전략, 컨셉 전쟁에 숨 쉴틈 없는 온라인 시장에서 가끔은 전략적인 것들을 모두 뒤로 돌리고 진한 나의 진심 한번 내비쳐보면 좋겠다. 똑똑한 기획보다 묵직한 진심이 더 와닿을 때가 있으니까.

구매자가
서포터가 되는 길

내가 기억하는 나의 첫 후원은 초등학교 때 학교에서 나눠준 '사랑의 빵 동전 모으기'다. 그때는 빵 모양의 저금통이 어디에 쓰이는지 인지하지 못한 채 그저 친구들보다 동전을 더 많이 채워 가는 데 열중했던 것으로 기억한다.

그리고 5, 6학년 때쯤 학교에서 해외 결연아동을 1대 1로 후원하는 프로그램을 홍보했다. (부모님이 내주신 돈이지만) 그때 시작한 후원은 꽤 오래했는데, 간간이 우편으로 오는 해외아동의 손 편지가 후원을 이어가는 데 톡톡한 역할을 했다. 내가 후원하는 돈이 어떤 사람에게 어떻게 쓰이고 있는지, 정말 도움이 되었는지 알 수 있어서는 아니다. 맞춤법도 틀리고 꼬부랑거리는 글씨지만 직접 써서 보내준 편지 자체가 감동이었기에 후원을 함부로 끊을 수 없었다. 서툰 편지에 담긴 진정성이 나와 해외 아동을 이어주는 고리였던 셈이다.

와디즈의 사업모델인 크라우드펀딩도 본질은 다르지 않다. 크라우드펀딩은 개인이나 기업, 단체가 아이디어를 실현하는 데 필요한 자금을 여러 사람에게서 후원받는 것에서 시작했다. 와디즈 상세페이지에도 펀딩을 통해 조달받은 후원금을 어디에 사용할 것인지 반드시 기재하게 돼 있다. 단순한 구매자가 아니라 내 사업을 응원하는 서포터로서 고객을 대하는 것이다.

그러나 아쉽게도 크라우드펀딩의 본질적 의미에 맞게 후원자들과 지속적인 관계를 만들어가는 브랜드는 많지 않다.

펀딩의 장점 중 하나는 고객들과 밀접하고 진정성 있는 소통을 할 수 있다는 것이다. 와디즈에도 상세페이지 외에 '새소식' 카테고리가 있어 제품 후기와 댓글을 남기는 데 그치지 않고 블로그처럼 진행상황을 공유할 수도, 이벤트를 진행할 수도, 사적인 글을 남겨 소통할 수도 있다. 그러나 대부분은 펀딩이 끝나면 각종 이벤트 발표, 배송 안내, 자사몰 오픈 혹은 타채널 유통에 대한 홍보글을 올리는 데 그친다.

그런 브랜드들을 바라보며 안타까웠던 마음을 담아, 제품에 대한 진정성 하나로 소비자들과 끈끈한 유대감을 나누고 있는 브랜드 사례를 소개하고 싶다.

'뉴트리그램'은 바쁜 일상에서도 건강하고 균형 잡힌 영양소를 섭취할 수 있는 제품을 만든다는 모토를 가진 청년기업이다. '솔직단백'이라는 단백질바 제품이 시장에서 실제로 먹힐지, 고객 니즈가 있는 제품인지 확인하고자 2019년에 와디즈를 처음 찾았다. 이때만 해도 공유주방에서 대표가 직접 제품을 제조할 정도로 정말 작은 회사였는데, 첫 펀딩에 성공한 후 2022년에 신제품을 가지고 다시 찾아왔다. 새 아이템은 와플이었다.

"후원해주신 덕에 이렇게 성장했어요"

2차 펀딩으로 돌아온 뉴트리그램은 1차 펀딩 이후 3년여의 시간 동안 어떻게 성장해왔는지 '메이킹스토리'를 만들어 콘텐츠를 발행했다. 콘텐츠는 2편이었는데, 펀딩 이후 받은 피드백으로 제품의 스펙을 어떻게 변경했고 어떤 채널에서 어떻게 팔렸는지, 그리고 단백질바를 만들던 회사가 왜 와플에

도전하게 되었는지 등의 내용이 담겼다. 이는 고객들에게 브랜드에 대한 친밀도를 높일 뿐 아니라 '나도 이 브랜드가 성장하는 데 기여하고 싶다'는 마음을 일으키는 트리거가 되어주었다.

대개 제품을 구매하는 행위는 단순히 제품과 브랜드에 대한 평가에만 그치게 된다. 그러나 내가 어릴적 후원했던 해외 아동처럼, 내가 제품을 구매하는 행위가 브랜드를 성장시키는 데까지 이어진다는 것을 알게 되면 지속적인 관계를 맺고 싶어지지 않을까?

뉴트리그램의 단백질바는 출시 당시 경쟁자가 없을 정도로 특장점이 뚜렷한 제품이었다.

"저희 단백질바는 단백질이 16g이고요, 이는 계란 2.6개를 섭취하는 것과 동일한 섭취량입니다. 분리우유단백질mpi를 사용하여 7시간 동안 천천히 흡수되어 포만감을 높여줍니다. 압도적으로 낮은 순탄수화물, 당류 함량을 가지고 있습니다."

그러나 뉴트리그램은 제품 스펙을 강조하는 것에서 나아가, 대표 자신만이 할 수 있는 진정성 있는 이야기를 추가로 전달했다.

그램장(뉴트리그램 대표가 자신을 지칭하는 단어)은 건강한 식습관을 지향하며 오랜 기간 식단관리를 이어온 식품공학 전공자입니다. 알러지프리 식품회사에 근무하며 다양한 식습관을 가진 분들을 대면해보기도, 비건 및 저탄고지 등의 다양한 식사법을 직접 시도해보기도 했습니다.

이렇게 평생 지속가능한 건강한 식단을 찾아가다 보니 어떤 영양소를 먹어야 포만감이 있고 어떤 성분을 먹으면 알게 모르게 내 몸이 망가지는지, 단순한 열량제한, 영양소 섭취만이 전부가 아니라는 것을 알게 되었습니다.

더욱이 집에서 한 끼 제대로 챙겨 먹기도 바쁜 세상, 하루의 대부분을 집 밖에서 보내며 건강을 사수해야 하는 우리들을 위해 식단조절로 고민하는 모두의 고민을 조금이라도 덜어드릴 수 있도록 뉴트리그램이라는 라이프스타일 브랜드로 여러분의 일상과 함께 하겠습니다.

'진짜 식이와 식단으로 고민하는 사람들을 생각하는 기업이구나', 이 스토리를 인지했다면 편의점과 온라인의 수많은 단백질바 가운데 무엇을 선택할까? 옆에 1+1 할인상품이 있더라도 뉴트리그램 제품을 한 번 더 눈여겨보게 되지 않을까? 진정으로 소비자를 생각하는 사람이 만들었으니 상업적인 느낌보다는 믿고 먹을 수 있겠다는 생각이 먼저 들 것이다. 나아가 내가 펀딩한 제품이 그 회사를 성장시키는 데 도움이 되었다면? 비슷한 스펙의 다른 제품이 수두룩하더라도, 내가 펀딩한 브랜드를 지속적으로 후원하고 싶은 마음이 생길 것이다.

"내년에 꼭 펀딩할게요!"

나는 아마 와디즈에서 농부를 가장 많이 만난 사람일 것이다. 아주 작은 식물이라도 키워본 적 있는가? 씨앗을 사서 심는다는 것, 매일 적정량의 물을 챙겨주고 햇빛을 쐬어준다는 것, 내가 푸드 카테고리를 사랑하게 된 것은 내가 먹는 모든 음식이 이런 따뜻함에서 나온다는 사실 때문이다. 우리가 스타벅스에서 사먹는 바나나 하나, 편의점에서 산 도시락의 원재료 하나하나, 매일같이 만나는 음식들이 거쳐온 여정의 시작점에는 매 순간 정성을 다한 농부들이 있다.

내가 식품을 공부하면서 느낀 애틋함과 따뜻함, 이 온기를 담은 프로젝트를 꼭 진행해보고 싶었다. 제철에만 만날 수 있는 옥수수, 복숭아, 귤, 딸기, 밤 등을 가장 맛있을 때 맛보게 하고자 누구보다 발 빠르게 프로젝트를 준비했다. 물론 과정은 쉽지 않다. 눈 뜨면 물 주고 씨앗 심기 바쁜 이들에게 어떤 광고를 하면 좋을지, 상세페이지는 어떻게 써야 하는지 시시콜콜 소통하는 건 정말이지 보통 일이 아니었다. 매출을 내려면 할 일이 산더미인데, 이 모든 걸 해내기에 농부의 하루는 너무 바빴다.

그럼에도 꾸준한 소통으로 1000만 원 이상의 매출을 달성한 초당옥수수가 있다. 어느 날 서울에서 한의원을 운영하는 한의사 한 분이 찾아오셨다. 아버님이 지방에서 혼자 농사를 지으시는데 지금이 초당옥수수 철이라고, 열심히 재배 중인 옥수수를 와디즈에서 팔아보고 싶다고 했다. 한의사 아드님은 본업이 있음에도 점심시간이나 퇴근 후에 짬을 내 열심히 프로젝트를 준비했고, 그 결과 첫 펀딩에 1000만 원이 넘는 매출을 달성했다. 매출도 매출이지만 애지중지 길러낸 초당옥수수를 생각보다 많은 사람들이 원한다는 것, 그 가치에 공감해줬다는 게 더 뜻깊은 펀딩이었다. 그렇게 우리는 즐겁게 주말을 맞이했다.

평소와 다를 바 없는 여유로운 토요일. 느지막이 일어나 넷

플릭스 좀 보다 보니 어느새 저녁이었다.

톡. 투투둑.

적당히 오는 빗소리마저 참 괜찮다 싶었는데, 어느 순간 잔잔한 빗소리가 폭격음으로 변했다. 하늘에 구멍이라도 뚫렸나 싶을 정도로 엄청난 폭우가 쏟아졌다. 오늘은 집에만 있어야 하는 날이구나 싶어 다시 채널을 돌리려다 문득, 머릿속에 옥수수가 스쳐 지나갔다. 연락을 해볼까 하다가 주말에 오는 업무 연락이 얼마나 지겨운지 잘 알아 손가락을 멈추고 잠을 청했다. 그때 울린 공지글 알람.

> **제목 : [긴급] 이런 글을 전달드려 죄송합니다. 저희 펀딩이 취소될 예정입니다.**
>
> 안녕하세요, 펀딩을 하루 남기고 이런 글을 전달하여 정말 죄송합니다.
>
> 그간 매일 옥수수밭을 다니고, 펀딩이 잘돼서 너무 들뜬 마음으로 선물박스도 포장하고 준비를 한창 하고 있었습니다. 최근 태풍으로 전국에 비가 많이 왔지만, 제가 생각한 것보다 비가 너무 많이 내려 저희 농장도 고스란히 피해를 입게 되었습니다. 오늘 마지막 수확 전 농장을 둘러보던 중, 너무 많은 옥수수의

품질에 문제가 발생한 것을 확인했습니다.

모두 저희 농장의 관리 부족입니다. 뼈아프게 생각하고 반성하고 있습니다. 정말 죄송합니다.

그나마 괜찮은 옥수수를 골라 보내드려야 하나 고민도 되었지만, 이런 품질을 도저히 발송드리기는 어렵다고 결정 내렸습니다. 아쉬운 옥수수를 전달드리는 것이 고객분들께 더 죄송한 마음이 들고 신뢰가 무너지는 일이라고 생각합니다.

주말이라 어떻게 해야 되는지 몰라서 이 글을 보신 모든 참여자분들께 펀딩 취소를 직접 부탁드리겠습니다. 한 달 내내 기다려주시고 이벤트도 참여해주신 여러분, 너무 죄송합니다. 저희 정말 반성하고 내년에 다시 도전하겠습니다. 혹 이 글을 못 보시더라도 결제가 이루어지면 빠른 환불 진행을 해드리겠습니다. 정말 죄송합니다.

하루 만에 배송받을 수 있는 마켓컬리 같은 커머스가 있음에도 이 농장을 믿고 한 달여 옥수수를 기다렸던 고객들은 어떤 기분일까. 혹여 배신감을 느끼지는 않았을까 걱정되었다. 하지만 모든 상황을 실시간 공유하고 정확한 고지와 함께 진심 어린 사과를 전한 덕분에 고객들은 이 상황을 온전히 이해할 수 있었다.

> "세상에… 이렇게 글 남겨주셔서
> 너무 감사드립니다."
> "양심적인 판매자분이십니다.
> 내년에 펀딩하실 때 잊지 않고 펀딩하겠습니다."
> "속상하신 마음이 느껴져서 너무 안타깝습니다.
> 내년에 꼭 펀딩하겠습니다! 힘내세요!"
> "아이고… 가을장마 때문에
> 농작물 피해가 이만저만이 아니네요ㅠ
> 펀딩금 후원이라도 하고 싶습니다."
> "너무 아쉬운데 저희보다 더 속상하시겠죠?
> 내년에 또 기회 주세요!"

내가 생산자도 아닌데, 댓글들을 보며 내 마음까지 괜히 치유되는 느낌이었다.

누군가는 프로젝트 취소를 '최근 태풍으로 인해 작물 수급이 불가하여 배송이 불가능해졌습니다. 죄송합니다' 정도로 안내했을 수도 있다. 그러나 이분은 진심을 다해 소통함으로써 오히려 자신의 농장을 '진심으로 소통하는 농가'로 기억시켰다. 이렇게 고객과 라포가 형성되면 다음해 초당옥수수 수확 시즌에 누군가는 또 이 농장을 찾을 것이다. 고객과의 접점에서 매 순간 진정성 있게 대한다면, 제품이 아닌 생산자를 믿고 팔로우하는 고객들이 분명히 생긴다.

쇼타임!
위기를 기회로

위기다. 잘되던 일이 갑자기 삐걱거리거나, 예측하지 못한 변수가 발생하거나, 내가 통제할 수 없는 상황에서 문제가 발생할 때 우리는 '위기'라고 말한다.

변태가 아닌 이상 위기상황을 즐기긴 어렵다. 하지만 《트리거》라는 책에선 "각종 스트레스, 본능, 재난의 위험이 가득한 중요한 순간이 오히려 다루기 쉽다"고 말한다. 성공한 사람들은 그때가 일종의 쇼타임이라는 사실을 알고 무대에 자신을 올릴 준비를 해둔다. 내가 어떻게 대처하느냐에 따라 위기는 기회가 된다.

대학을 졸업하기도 전에 와디즈 PD 입사를 확정지었던 나는, 와디즈 펀딩을 진행해본 메이커 경험이 있다. 그것도 115 대 1의 경쟁률을 뚫고 '메이커 어워드'를 받을 만큼 완성도 높은 프로젝트를 리드해본 다소 독특한 이력이다. 학생 때부터 공부보다는 창업에 훨씬 관심이 많았다. 어떻게 하면 기말고사에 A학점을 받을 수 있는지 고민하는 대신, 진행하는 펀딩 프로젝트의 매출을 높이려면 어떻게 해야 할지 전략을 고민하느라 바빴다. 함께 펀딩을 진행할 팀원들을 모으고, 화투라는 어찌 보면 가장 흔한 제품을 팔아보기로 했다.

'시작은 미미하나 끝은 창대하리라'는 격언이 있듯, 대박 펀딩의 시작은 생각보다 어처구니없었다. 팀원들과 뭘 팔아볼까 머리 싸매고 고민하던 중, 한 명이 일전에 게임 BJ를 하면서 '맞고 방송'을 한 경험이 있다는 말에 화투 아이템을 떠올렸다. 4차 산업혁명 시대에 썩 어울리는 멋있는 제품은 아니었지만, 48장의 화투패에 스토리를 입혀 디자인하고 화투판이라는 리워드를 기획해 약 3000만 원의 펀딩액을 달성했다. 1만 5000원짜리 화투를 누가 사겠냐는 주위의 비아냥이 재고가 없어 더이상 팔지 못하는 '우와' 하는 감탄으로 바뀌는 순간이었다. 첫 펀딩에 3000만 원이라니, 아르바이트로 간신히 학식을 사 먹던 대학생들이 난생처음 거금을 눈으로 보니 정말 감회가 새로웠다.

펀딩이 끝나고 우리는 배송 준비를 시작했다. 제조사에서 마무리된 인쇄물을 받아보고 꼼꼼하게 QC Quality Control를 진행했다. 잘못 인쇄된 부분은 없는지, 마감은 깔끔한지, 팀원들과 몇천 장의 화투패를 한 장 한 장 살펴봤다. 그런데 아뿔싸, 패 하나가 이상했다. 48장의 화투패가 모두 다르게 디자인되어야 했는데 같은 디자인이 두 장 들어 있었던 것. 9월의 피 한 장이 중복 인쇄된 것이었다. 고민이 되었다. 이 한 장이 게임을 하는 데 크게 문제가 될까? 사실 게임에는 그리 중요하지 않은 피 한 장이다. 눈썰미가 남다른 사람이 아니라면 발견하기 어려울 정도의 미세한 실수였다.

그러나 화투를 받아본 고객은 어떨까? 아무리 게임에 지장 없다 해도 기분이 좋을 수는 없다. 비싼 돈을 주고 불량품을 받았다는 가격 논리뿐 아니라, 구매를 결정한 자신의 안목이 틀렸다는 자괴감, 그리고 펀딩이라는 특수성으로 발생하는 2개월의 기다림까지, 고객의 불만이 빗발칠 수밖에 없다. 이에 대해 단순히 피 한 장이라고, 게임에 큰 지장은 없다고만 고지하고 배송을 강행했다면 어떻게 될까? 굳이 말하지 않아도 결과를 알 것이다.

고민 끝에 우리는 재생산을 결정했다. 난생처음 보는 매출에 감동했는데 그 매출을 재생산하는 데 써야 한다니 눈물이 좀 났지만, 원하는 고객은 수수료를 포함해 전액 환불하고,

기다려주는 분들께는 조건 없이 피 한 장을 추가로 보내드리기로 했다.

> "약간의 아쉬움을 갖고 있었으나 그닥 불편함을 인지 못했는데 재생산해서 보내주신다니 감사하네요. 끝까지 책임지는 자세 높이 삽니다. 새로 보내주신다니 기다릴게용^^"
>
> "이 정도 피드백하시는 거면 앞으로도 걱정 없겠네요^^ 당장은 추가비용에 작업에 배송까지 신경쓸 일이 많으시겠지만, 덕분에 많은 소비자들의 신뢰를 얻으실 겁니다~ 저는 개인적으로 안 받아도 그만인데 그렇지 않으신 분들도 계시니… 아무튼 그냥 넘어갈 수도 있는 부분을 먼저 오픈하고 책임지려는 모습이 멋지십니다^^ 응원할게요~~!!"

위기였지만, 우리는 쇼타임으로 만들었다. 진심이 담긴 우리의 메시지와 대처방안은 고객들의 마음을 움직이기에 충분했다. 우리의 위기는 기회가 되었고, 덕분에 더 많은 충성 고객을 확보할 수 있었다. 고마워하는 고객들의 글을 보며 우리는 다시 한 번 깨달았다. 위기는 정말 기회란 걸 말이다.

위기 상황에는 누구나 멘붕에 빠질 것이다. 비단 한 사람의 소상공인뿐 아니라 삼성전자라도, 천하의 스티브 잡스일지라도. 인간이라면 당연하다. 그러나 이 위기 상황을 얼마나 슬기롭게 대처하는지가 결국 큰 사람과 아닌 사람을 구분하는 가장 큰 요건이라는 건 과거의 사례에서도 숱하게 찾아볼 수 있다. 하나의 사업체를 운영하면서 어떤 문제가 생길지는 모르지만 단 하나, '문제가 발생하지 않는 순탄한 드라마'는 결코 없으리란 건 확실히 안다. 위기가 기회가 될지, 나락으로 가는 첫 계단이 될지는 이를 얼마나 슬기롭게 해결할지에 달리지 않았을까.

고객은 이미
말하고 있다

직업 때문일까, 종종 브랜드로부터 신제품 개발에 대한 의견을 요청받곤 한다.

"PD님, 저희 이번에 신제품 개발을 해야 하는데 요즘 소비자들이 좋아하는 게 뭘까요? 요즘 와디즈에서 뭐가 트렌드인가요? PD님은 얼리어답터이시니 의견에 맞추어 제품 개발을 해보려고 합니다!"

그럴 때마다 나는 속으로 되묻는다. '정말 제 의견이 중요할까요?'

와디즈에는 사업자가 없는 개인부터 법인사업자까지 다양한 분들이 제품을 만들어 소개한다. 규모가 있는 회사라면 탄탄한 신제품 개발 프로세스와 시장조사 역량 등을 갖추고 있지만, 개인으로 회사를 운영하는 분들은 신제품 개발을 위한 인력도 툴도 없는 경우가 많다. 그래서 플랫폼 담당자의 의견이 간절하다는 것에는 십분 공감한다.

내가 드리는 솔루션은 항상 같았다. 소규모 사업을 운영하면서 간과하는 부분이 늘 비슷했기 때문이다.

"대표님, 저희 제품을 구매한 고객분들의 의견은 들어보셨나요?"

가장 중요한 '고객'의 의견을 들어보았는지 여쭤보면, 대부분 거꾸로 물어보신다.

"어떻게 물어보나요?"

2020년 초부터 뷰티 시장에 홈에스테틱 관련 제품이 쏟아지기 시작했다. 특히 코로나19로 집에서 보내는 시간이 많아지면서 손쉽게 셀프 마사지를 할 수 있는 있는 괄사 제품의 인기가 높았다. 괄사는 하트형, 엔젤형, 버드형, 클로버형 등 모양도 다양하고 세라믹, 천연밀랍, 도자기 등 재료도 다양하며, 얼굴에서부터 두피 관리까지 용도도 여러 가지라 홈에스테틱에 관심 있는 사람들은 하나씩 꼭 구비해두는 홈케어 기본템이 되었다.

N브랜드의 시작도 그랬다. 유기를 전문으로 제조하는 곳

이었는데, 프리미엄 유기괄사를 선보이며 뷰티 카테고리에 진출했다. 그러나 고객 피드백이 마냥 좋지는 않았다.

> "냄새가 별로예요. 쇠냄새가 나요."
> "크기가 작아서 마사지하기 불편해요."
> "오일을 사용하면 휴지에 계속 검은 게 묻어나요.
> 독 같은 성분은 아닌 거죠?"
> "너무 무거워서 마사지하다가 손목이 아파요.
> 세라믹이 훨씬 편한 듯."

제품에 혹평이 달리면 간혹 업체로부터 후기를 삭제해줄 수 없냐는 문의를 받기도 한다. 그러나 고객들의 후기를 단순히 불만 표시로만 해석한다면, 아직 고객의 목소리를 들을 준비가 되지 않았다고 말하고 싶다. 이는 제품 사용에 대한 불만이 아니라, 품질과 성능을 개선할 수 있는 방향성을 안내하는 목소리다.

다행히 N브랜드는 그런 우를 범하지 않았다. 고객 리뷰를 모양, 크기, 가격, 사용감 등으로 분류해 문제점을 분석한 끝에 휴대성 좋은 작은 괄사에서 50cm 길이에 달하는 울퉁불퉁한 바디 괄사를 제작했다. 그리고 이 과정을 가감 없이 소통했다.

1. 크기가 너무 작아요.

휴대성을 고려해 기존 제품을 한손에 들어오는 작은 크기로 만들었습니다. 그러나 전신에 사용하고 싶어하는 고객분들은 들고 다니는 것보다 집이나 사무실 등 오래 머무는 곳에 두고 사용하시게 된다는 것을 알게 되었습니다. 그래서 과감히 휴대성을 포기하고 기존 괄사와 아예 구별되는 라인으로 빅 사이즈를 제작하게 되었습니다.

2. 손에서 쇠냄새가 나요.

유기로 괄사 마사지를 하시면 손에 금속 제품 특유의 쇠냄새가 난다는 피드백을 많이 주셨습니다. 쇠냄새는 식초물과 살뜨물에 담가 세척하여 완화할 수 있지만, 고객분들이 자주 사용하기에는 불편한 액션임을 알게 되었습니다. 그래서 고무 핸드그립을 제작하여 쇠냄새를 완전히 차단할 수 있도록 추가하였습니다.

3. 마사지오일에 닿았을 때 검게 변해요.

특정 오일은 유기에 닿으면 검게 변할 수 있습니다.

검게 변하는 것 자체가 불편하신 분들을 위해 저희가 직접 검은 흔적 반응을 보이지 않는 안전한 오일을 제작하고 있습니다. 수차례의 샘플 테스트를 거쳐 전체 EWG 1등급의 천연 오일을 제작했습니다. 유기괄사를 사용하실 때, 더욱 안전하고 깨끗하게 마사지하실 수 있도록 어울리는 제품들을 같이 개발하도록 하겠습니다.

4. 전신 구석구석 괄사를 사용하고 싶은데 손 안 닿는 곳이 너무 많아요.

대부분의 유기괄사는 곧은 형태에 매끈한 표면을 하고 있습니다. 곧은 형태는 인체의 굴곡진 부분에 사용하기 힘들고 마사지볼 형태는 특정 부위 전용으로만 제작되기 때문에 둥근 형태를 추가하였고, 실제 나뭇가지처럼 올록볼록한 텍스처를 하나하나 깎아 만들어 조금 더 몸을 제대로 풀어낼 수 있도록 만들었습니다.

리뷰는 단순히 아직 구매하지 않은 고객들에게 제품 정보를 제공하는 척도만이 아니다. 고객이 혹평을 남겼다는 것은,

우리 제품을 실제로 사용해본 사람들이 제품의 문제점을 개선할 방법을 알려주는 것이기도 하다. 리뷰가 일러준 대로 제품을 개선한 N브랜드는 2주 만에 1000명이 넘는 고객을 모아 1억 원 이상의 매출을 달성했다.

실행이
팬덤을 만든다

"저 와디즈 공부 많이 하고 왔어요~ 와디즈 스쿨 강의도 들었고요!"

통화로 처음 인사드렸을 때 와디즈 공부를 많이 했다고 강조했던 한마디가 생각난다. '그랏토'는 15년간 텀블러, 보온병, 진공 온수통 등 다양한 진공 제품을 제작, 유통해온 업체로, 캠핑 바비큐 용품을 만드는 건 처음이라고 했다. 세상에 없던 시제품을 만들기까지의 시행착오와 번거로움을 이겨낸 대표님은 진정으로 잘 팔아보려고 노력하는 사람인 것 같았다. 온라인 판매 경험이 없으면 어떻고 레퍼런스가 없는 물건이면 어떠한가. 목표는 노력하면 달성할 수 있다.

'몽바', 이건 정말 처음 보는 물건이었다. 몽골 바비큐 방식 그대로 맥반석 열로 조리되는 그것, 기존의 바비큐 조리방식 과는 전혀 달랐기 때문에 제품부터 이해해야 했다. 그래서 미 팅에 참고하려고 유사제품 검색을 시작했다. 그런데 어찌된 일인지 도무지 찾을 수 없었다. 말 그대로 세상에 없던 제품 이었던 것. 미팅 전에 제품소개서를 요청하니 "오셔서 직접 봐야 합니다"라고 한 대표님의 말씀이 비로소 이해되었다.

대표님은 사람들의 반응이 궁금하고 잘되면 당연히 좋지 만, 한 명이라도 이 제품의 가치를 알아주길 바라는 마음으 로 준비했다는 걸 강조하셨다. 품질만큼은 자부한다는 말로 들렸다. 이어지는 논의에서도 의미 없는 얘기는 전혀 없었 다. 이런 일은 흔하지 않다. 많은 브랜드가 출시할 제품을 보 여주자마자 얼마 정도 팔릴 것 같으냐고 물어본다. 사실 나도 척하고 알고 싶지만, 그럴 수 없는걸? 제품을 실제로 보고 브 랜드 담당자의 설명까지 들은 후 '억 단위가 가능하다'고 말 하면 듣는 사람은 기쁘겠지만, 그 예상이 적중하리라는 보장 이 없다. 브랜드가 열심히 만든 이 제품을 고객이 처음 접하 는 곳은 온라인 상세페이지가 전부다. 그러므로 적어도 상세 페이지를 어떻게 기획했는지 살펴본 후에야 대략적으로나 마 매출을 짐작해볼 수 있다. 아직 상세페이지가 준비되지 않 은 브랜드에는 뭘 어떻게 준비해야 하는지 20분간 힘주어 설명한다. 그런데 듣고 나서도 "그래도 PD님 직감이 있지 않나요?"라고 다시 물을 때가 있다. 그럴 땐 어쩌겠는가, 듣고 싶은 대답을 해준다. 장담할 수 없지만 1000만~3000만 원 사이에서 가볍게 말하곤 한다.

그런데 그랏토 대표님은 나에게 '얼마를 할지'를 묻지 않고 '어떻게 해야 할지'를 더 궁금해했다. 좋은 신호였다. 왜냐, 지금까지의 경험을 통해 갖게 된 내 지론은 앞으로 준비를 얼마나 철저히 하느냐에 따라 성공이 정해진다는 것이기 때문이다.

몽골식 바비큐 용품이 구체적으로 어떤 특장점이 있는지 온전히 파악하기 위해 경기도 화성에 있는 브랜드 사무실에 방문했다. 대표님은 모락모락 연기 나는 화로대에 맥반석을 달구며 환영해주시더니 이걸로 만든 음식부터 맛봐야 한다며 시식을 권유했다. 상상이 안 가는 맛일 줄은 몰랐다. 바비큐와 보쌈 사이의 참맛을 보았다. 겉은 바삭하고 속은 육즙으로 촉촉한… 감사한 마음으로 먹던 중에 어떻게 이런 참신한 물건을 만들게 되었는지 궁금해서 물었다. 원래 텀블러 제조가 주력상품이었는데 점점 중국 업체로 주문이 넘어가면서 일이 줄어들자 직접 텀블러를 온라인에 팔아보기 시작한 지 얼마 안 되었다고 했다. 지인들과 캠핑을 자주 하는데 그때 떠오른 아이디어로 태어난 제품이라고 했다. 제품이 만들어진 계기를 듣고 나니 대표님의 노력이 빛날 수 있게 해야겠다는 생각에 더욱 열과 성을 아끼지 않았다.

상세페이지 스토리를 기획할 때는 피드백을 불같이 주었다. 상세페이지로 제품을 보자마자 10초 안에 사람들을 사로잡아야 한다. 신개념 바비큐 용품은 불 위에서 굽는 그릴이 아니라 달궈진 맥반석의 간접 열기로 스테인리스 통 안에서 익히는 방식이다. 이 낯선 제품 원리가 제품 사진과 짧은 문구로 지나치게 간단하게 표현되어 있었다. 단번에 원리를 이해하기도 어렵고 신개념의 바비큐 용품이라고 인식시키기에도 충분하지 않았다.

특히 상단에 위치한 콘텐츠는 단번에 고객을 사로잡지 못하면 바로 이탈하기 때문에 더 날카롭게 보게 된다. 맥반석이 어떻게 재료들 사이사이에 위치하고, 통 안의 열이 어떻게 순환돼 음식을 익히는지가 한눈에 보이는 시각 자료가 필요했다. 좋은 방법이 생각나지 않아서 통에 들어간 고기와 맥반석 상태를 단면 형태로 보여주면 훨씬 이해가 쉬울 것 같다는 의견을 냈다. 무식해 보여도 텍스트로는 전달되지 않는 실제 사용 느낌이나 조리과정을 한눈에 설명할 수 있을 것 같았다.

그런데 사나흘쯤 후 정말로 제품의 단면을 절단해서 만들어 오실 줄이야. 대표님의 강한 의지만큼 반드시 성공시켜야 한다는 책임감이 더해졌다.

제품의 완성도에 대한 구체적인 내용을 챙길 수 있도록 상세페이지 맨 아래 구간도 꼼꼼히 살폈다. 어느 하나 빠짐없이 실제 공장에서 세심하게 제조하는 장면, 캠핑하는 이들이 중요하게 보는 무게와 크기, 본품 및 다양한 구성품 소개와 활용법까지 모두 완성했다.

네 차례의 추가 촬영까지 하고 완성된 자료 중에서 본품의 단면을 잘라서 실제 내부 상태를 보여주는 영상의 광고 효율이 압도적으로 높았다. 덕분에 앱 내 광고, CRM 광고까지 다방면으로 홍보하는 데 큰 힘이 되어주었다. 다행히 2주 만에 알림 신청자를 3011명이나 모으는 성과를 거두어 목표 매출을 달성할 확률이 한층 높아졌다.

프로젝트가 진행된 3주 동안에도 대표님은 실행을 멈추지 않았다. 세상에 없던 제품이기 때문에 사람들에게 소개할 말이 많다는 고민을 털어놓았다. A4용지 5장을 빼곡히 채운 설명글을 고객들에게 보여주고 싶다고 했다. 그러나 설명이 필요한 내용이라도 글만 있는 방식은 지양한다. 설명하는 글에 부합하는 이미지 또는 영상을 덧붙이는 것이 효과적이다. 대표님은 즉시 시각적인 자료를 준비해보겠다고 했다. 그렇게 맥반석 달구기, 다양한 고기 조리, 안전 안내, 기타 활용방법

등 4개의 콘텐츠가 완성되었다. 사용자들을 위해 직접 경험하면서 얻은 노하우를 덧붙여 고객들에게 알렸다.

제품에 대한 애정이 남달랐기에 고객들의 댓글 하나하나에도 성심성의껏 반응했다. 어느 고객이 통닭 조리 실험을 요청하자 곧바로 실행으로 화답했다.

제목 : 서포터님 주문으로 닭요리에 도전해봤습니다.

안녕하세요, 서포터님들.
어제 펀딩에 참여하신 서포터님 중에
커뮤니티에 아래와 같은 글이 올라왔습니다.
"사장님~
닭 한 마리 토막 안 내고 통째로도 가능해 보이는데
실험 한번 해주세요~"
그래서 도전해 보았습니다.
바로바로 비어치킨…

준비물 :
닭(토종닭 1.75Kg), 머스타드소스, 바베큐시즈닝,
맥주

사진과 같이 머스타드와 바비큐 시즈닝 가루를
닭 전체에 발라서 준비했습니다.
일반 비어치킨과 차이점은
맥주를 통 안에 부었습니다.
결과물이 궁금하시죠…
궁금하면 아래 유튜브 동영상으로 보세요^^
몽바[비어치킨 만들기]
끝까지 최선을 다해 만들겠습니다. 감사합니다.

대표님은 사람들이 제품의 진가를 알아주길 바라는 마음에 하고 싶은 말이 많아서 할 수 있는 모든 것을 행동으로 옮겼을 뿐이다. 그렇게 정신을 차려보니 몽바는 2억 원의 매출과 함께 브랜드를 응원하고 좋아해주는 1000여 명의 고객을 보유한 신박한 캠핑 바비큐 용품이 되어 있었다.

사랑이라는 말 없이
사랑하기

가끔 편지를 쓴다. 사랑이라는 표현 없이 애정을 담아본다. 한 달에 약 1000개의 프로젝트가 열리는 플랫폼. 1년이면 1만 개 이상의 프로젝트가 열리는 셈이다. 그 사이에 마치 보물찾기처럼 내가 쓴 편지를 숨겨둔다.

좋은 물건을 만드는 브랜드를 만난다. 그들과 호흡을 맞춰 제품 이야기를 전달하는 게 내 일이다. 늘 고민한다. '어떻게 하면 더 효과적으로 전할 수 있을까?' 대개는 제품의 장점이 명확하게 드러나도록 직관적인 전달에 초점을 맞춘다. 제품과 브랜드의 이야기에서 가장 강조할 점이 무엇인지 찾고 이를 뾰족하게 벼리는 작업을 거친다. 이야기를 두드려 날카롭게 다듬는 상상속 대장간 소리가 들리는 것 같다.

'소비자는 잡지를 읽으러 오는 게 아니다.' 입사한 지 얼마 되지 않았을 때, 상세페이지를 어떻게 가이드해야 하는가에 대해 선배에게 들은 조언이다. 텍스트가 많아지면 피로를 느낀다. 이미지, 더 나아가 움직이는 이미지로 전달해야 한다. 짧은 호흡과 간결한 리듬감으로 소비자의 시간을 아껴주고 명확하게 기억에 남게 해야 한다는 게 선배들로부터 배운 내용이고, 데이터도 이러한 방향이 맞다고 알려주었다.

모두 동의하는 말이다. 그런데도 자꾸만 청개구리 같은 생각이 들었다. 좀 더 우회적으로 은근슬쩍 제품을 소개해보고 싶은 마음이 솟구쳤다. 보통의 상세페이지보다 호흡을 길게 가져가는 방향은 어떨까. 조금 덜 뾰족해도 괜찮으니까. 이 제품이 이래서 좋다는 사실, 장점이 몇 가지고 가격이 얼마나 합리적인지를 전면에 드러내지 않더라도 읽고 나면 뭉근하게 여운이 남도록 전달하는 건 역시 어려울까. 마음 한구석에 늘 그런 미련이 있었다.

그러던 어느 날 퇴근 후, '한번 써볼까?' 하는 생각이 퍼뜩 들었다. 노트북을 켜고 이리저리 무언가를 적었다. 국내에서 문구로 유명한 제조사, '피스코리아'의 택배 커터를 소재로 써낸 에세이였다.

처음엔 '은근슬쩍 소개하기'라는 이름을 붙였다가 곧 'PD

레터'라고 정정했다. 잡지에 실리는 편집장의 글을 떠올리며 썼다. 택배 커터 이후 지금까지 약 10편의 레터를 썼다. 제품을 꼼꼼히 사용한 후 솔직한 마음을 담백하게 담아내는 데 집중했다. 약 1000자 분량의 텍스트만 담은 레터가 대부분이지만 만들다 보니 또 욕심이 생겼다. 특별히 더 공들여 전해보고 싶은 제품은 하루 일정을 빼 제조 공장에 직접 찾아갔다. 부족한 실력으로 브랜드사와 공장장님을 취재하고 촬영도 했다. 5000자 분량에 사진도 들어간 레터를 발행한 적도 있다. 아무도 몰래 'PD레터 ver.2'라는 이름도 붙였다.

편지엔 받는 이가 있는 법. PD레터의 받는 이는 제품에 관심 갖고 구매했거나 망설이고 있는 소비자와 이 제품을 세상에 선보인 브랜드사다. 나는 사회성이 좋은 편이 아니다. 정말 잘되었으면 하는 응원을 전하는 일조차 서툴다. 그런 터라 내 편지가 작은 염원을 담아 브랜드사에 전하는 나름의 애정표현으로 여겨지면 좋겠다는 생각도 했다. 레터를 받고 기쁨과 고마움을 전해주시는 브랜드사로부터 나도 힘을 얻었다.

상대방에게 가닿는 이야기, 나아가 오래도록 남을 수 있는 이야기를 전해야 하는 게 나의 일이라는 사실을 꼭꼭 씹는다. 잘 익은 밥을 머금은 듯 단맛이 감돈다. 씹어도 씹어도 질리지 않을 그 맛.

PART 6

성공하는 브랜드가
가진 것

Mindset

성대모사도 표정모사도 시작은 대상에 대한 관찰이다.
요목조목 뜯어보고 따라 해본다. 어느 한 포인트를 파악해
비슷하게 행동하다 보면 닮아질 수 있다.

성공한 브랜드는 어딘가 비슷한 아우라를 풍긴다.
6부에는 성공한 브랜드, 닮고 싶은 브랜드들의
공통된 모습을 담았다.
우리 브랜드의 모습은 어떠한가, 왕이 될 상인가?

예술이 아닌
사업을 한다

"감사합니다, PD님! 기획, 마케팅, 운영까지 많은 것들을 배웠습니다. 제가 수강료를 드려야 하는데, 오히려 돈을 벌게 해주시다니요! 피와 살 같은 경험 잘 소화해서 앞으로도 성장하는 모습 보여드리겠습니다!"

올해 초, 한 프로젝트를 마무리하고 R 대표님께 받은 손 편지의 마지막 부분이다. 군인 시절 이후로 남자에게 받은 손 편지는 처음이었다. 마땅히 할 일을 했을 뿐인데 이렇게까지 고맙다고 해주시니 내가 되레 고마울 따름이다. 생각해보면 한 것도 그렇게 많지 않다. 생각 하나만 바꿔주었을 뿐이다. 예술을 하지 말고, 사업을 하시라고.

세 살 터울의 친형이 있다. '유전자 몰빵'이라는 말을 우리 형제를 보며 느끼곤 한다. 예술적인 유전자는 모두 형에게 간 것 같고, 논리적이고 분석적인 유전자는 모두 나에게 유전된 것 같다. 예술적인 유전자가 충만한 사람은 아닌지라, 예술 작품을 봐도 큰 감흥을 느끼지 못한다. 전 세계 예술의 집합체라 불리는 루브르 박물관을 관람할 때도, 그 유명한 〈모나리자〉 작품을 볼 때도 '그렇구나~' 하고 5초 만에 넘어간 걸 보면 말을 더 보태지 않아도 될 것 같다.

하지만 이런 나도 빌리 아일리시같이 성공한 아티스트를 볼 때면 이런 생각이 든다. 노래가 좋은지 평가하기에는 내 안목이 한없이 부족하지만, 그녀만의 세계관이 뚜렷하다는 건 확실히 알겠다. 그 세계관에 많은 이들이 열광한다면 사업적으로도 예술적으로도 성공한 것 아닐까. 그녀의 내한공연이 항시 매진되는 걸 보면 어렵지 않게 알 수 있다.

많은 대표님과 미팅할 때도 세계관이 뚜렷한 분들을 종종 본다. 그 세계관에 다수의 대중이 공감한다면 매출로 연결된다. 내가 하고 싶은 것과 대중이 원하는 지점이 우연으로든 필연으로든 연결된다면 금상첨화겠지만, 이 글을 읽는 분들도 그게 말처럼 쉽지는 않다는 것을 알 것이다. 냉혹하지만 다수 대중의 공감대를 이끌어내지 못하면 저조한 매출에 머물고 만다. '사업'을 해야 하는데 '예술'만 한 것이다.

R 대표님의 사진 필터 펀딩은 누적으로 3500만 원의 매출을 기록했다. 억소리 나는 프로젝트들에 비하면 그리 크지 않을 수 있지만, 이분이 첫 펀딩에서 총매출 6만 4000원을 기록했던 걸 감안하면 장족의 발전이다.

첫 미팅 때부터 느꼈지만 R 대표님은 아티스트 성향이 다분했다. 6만 4000원 매출을 기록했던 프로젝트는 욕실에 걸어둘 수 있는 벽화 포스터였다. 미대를 나온 경력을 살려 직접 그린 감성 넘치는 패브릭 포스터였다. 기존 팔로어층이 탄탄했다면 요란한 홍보 없이도 충분히 많이 팔리겠지만, 그렇지 않으면 사실 사야 할 이유가 전혀 없는 아이템이다. 다시 말해, 미적 가치를 제외한다면 다른 포스터들과 차별화되는 점이 없었다.

생각해보자. 이 프로젝트에 펀딩하기까지 어떤 의사결정 과정을 거칠까. 욕실에 공허함을 느껴서 → 욕실을 꾸밀 아이템을 찾던 중 → 포스터가 제격이라 생각하는 사람들 중에 → R 대표님의 그림이 마음에 든 사람만이 구매를 결정한다. 거르고 거르고 나면 구매할 사람이 너무 적다. 이렇게 해서는 예술활동이지 사업이 될 수 없다.

"대표님, 기존에 스토어를 운영하실 때 가장 잘 팔린 게 무엇이었나요? 그게 사람들이 원하는 겁니다. 욕실 포스터를 지금 판매하기에는 시기상조입니다. 나중에 팔로어층이 더 많아지면 가능하겠지만, 지금은 더 많은 사람의 취향을 자극할 수 있는 제품이 필요합니다."

마침 R 대표님이 색감 보정 서비스를 운영 중이었기에, 사진 및 브이로그에 입힐 수 있는 색감 및 질감 필터를 제작하는 건 어떠냐고 제안했다. 잘 찍은 사진을 한층 무드 있게 만들고 싶은 욕구는 전 국민이 가진 욕망이고, 이를 자극한다면 아티스트 성향을 최대한 살리면서도 사업성이 나올 수 있겠다고 생각했다. 일반인들은 쉽게 할 수 없는 예술적 감성을 일반인이 가장 좋아하는 소재에 접목한 것이다.

그래서 예전에 제작해두었던 색감 필터들에 펀딩을 위해 추가로 제작해 2000종에 이르는 필터를 선보였다. 필터를 구매한 고객들도 "전문가라 그런지 색감이 다르다"며 뜨겁게 반응했다.

> "급하게 찍은 사진에 맘에 드는 필터를 넣었더니
> 화보가 되었네요."
> "무슨 어플 써야 하는지도 모르는 사람인데
> 친절하게 설명해주셔서
> 이것저것 도전해볼 수 있을 것 같습니다.
> 열심히 활용해서 작품 한번 만들어보렵니다."

> "폰으로도 이렇게 꾸밀 수 있다는 게 넘 좋아요."
> "영상 필터도 펀딩으로 와주세요."

R 대표님은 유의미한 매출과 함께 사업의 감각을 얻었고, 고객들은 '필터를 활용해서 나도 작품 한번 만들어보겠다'며 예술 의지를 천명했으니, 사업으로도 예술적 자아실현으로도 제법 성공한 프로젝트라 할 수 있지 않을까.

이 세상의 주인공은 나일 수밖에 없다. 이 글을 쓰는 나도 그렇고, 이 글을 읽는 당신도 그럴 것이다. 그런 삶의 태도가 소중해지는 시대이기도 하다. 남들이 좋다는 대로 살지 말고 '나다움'을 찾으라는 조언도 많이 한다. 그게 브랜딩의 핵심 가치라는 데 나도 물론 공감한다. 다만 이것 하나만큼은 기억했으면 한다. 브랜딩의 답은 내 안에, 마케팅의 답은 사람들에게 있다는 것. 내 일은 사람들이 진정으로 간지러워하는 부분을 긁어주고 있는가? 최소한 온라인에서 처음으로 내 브랜드, 내 제품으로 제품을 판매해보고 싶다면 나만 아는 예술보다는 모두가 공감하는 사업을 하는 것이 대중을 스며들게 하는 방법이다. 예술은 사업을 하고 난 후에 해도 늦지 않고, 오히려 좋다.

경쟁자에
한눈팔지 않는다

상품을 처음 세상에 출시하는 것은 아주 오랫동안 고대해왔던 누군가를 마주하는 것처럼 무척이나 떨리는 일이다. 누군가는 '출산'에 빗대기도 한다. 제품의 기획부터 생산 그리고 론칭까지의 호흡은 짧아도 2개월, 길면 1년 이상 걸리는 장기 프로젝트이니 그럴 만도 하다.

근사한 제품을 만들어 나만의 브랜드를 론칭한다는 생각으로 상품기획의 흐름을 한번 따라가 보자. 요즘 세대가 안 사고는 못 배길 힙한 휴대폰 케이스를 만들어볼까? 브랜드명과 제품명에 대한 상표권 출원이 모두 완료되었다는 전제하에 시작하더라도 그 과정은 매우 바쁘고 고되다. 제품 디자인을 확정하기까지 온 영혼을 바쳐 작업한다. 완성된 휴대폰 케이스를 머릿속으로 그려보기만 해도 뿌듯해지지만 기쁨도 잠시, 지금부터 시작이다.

휴대폰 케이스를 생산하기 위한 부자재를 사입하고, 생산 공장과 수차례 논의해 최소 발주수량MOQ을 정하고 이에 따른 생산원가를 계산해 판매가를 책정한다. 제품이 담겨나갈 단상자를 챙기는 것도 잊으면 안 된다. 고객의 만족스러운 브랜드 경험을 위해 팸플릿을 만들어 인쇄하고, 직접 소통할 수 있는 SNS 채널도 미리 정비해두어야 한다.

제품을 어느 채널부터 론칭할 것인지 정하는 것은 또 다른 고민의 시작이다. 론칭 방법 및 프로모션을 고민하고, 선택한 채널에 입점 제안을 하는 것도 필수. 온라인 판매에서 가장 중요한 상세페이지 기획 및 제품 촬영에 들어가는 시간과 비용도 만만치 않다. 애써서 이 모든 작업을 완료했다면 이제는 제품을 보낼 차례다. 집에서 직접 택배 작업을 할지, 택배사와 계약할지, 3자물류3PL를 쓸지 고민해 가장 저렴한 배송방안을 확보해야 한다.

그 이전에 제품의 차별점, 타깃고객층, 브랜드 아이덴티티 등 세세한 부분을 고민한 것까지 합한다면 더 기나긴 시간이 걸렸을 터. 이런 수고를 알기에 제품의 탄생을 일상적으로 마주하는 나조차 신규 프로젝트를 오픈할 때는 매번 새로운 마음가짐이 된다. 직접 제품을 만든 당사자의 마음은 헤아릴 수 없을 정도로 떨리고 복잡할 게 분명하다.

이 일을 하면서 대기업, 중견기업, 1인 기업은 물론 아직 사업자도 내지 않은 예비 대표님들까지 두루 만나게 된다. 참 재미있는 건, 상품 출시를 수십 년간 진행해온 베테랑 부장님들도 신제품 론칭 앞에서는 늘 겸손하다는 것.

"저희 제품, 진짜 사활을 걸었거든요."

"이번에 이거 꼭 터져야 해요."

"이번 제품은 진짜 역대급으로 공들인 제품이에요."

각양각색의 간절한 단어들로 내비치는 초조함 안에는, 오랜 기간 수많은 이들의 노력을 통해 세상에 나오는 생명체를 반드시 잘 살려내야 한다는 결연한 의지가 있다. 나에게도 고스란히 와닿는다. 수십 년 경력의 상품기획자들도 익숙해지지 않는 것이 신제품 론칭이니, 상품 출시를 처음 해보는 대표님들은 더더욱 작은 요소에 집착하는 모습을 보이기 마련이다.

여기서는 그중 한 가지에 대해 말하고 싶다. 처음 온라인에 상품을 전개하거나 브랜드를 론칭하는 대표님들이 다른 브랜드를 지나치게 의식하고 살핀다는 것이다.

"PD님, 어제 우리 제품이랑 비슷한 프로젝트가 오픈했던데요."

"A 브랜드가 이번에 가격을 더 싸게 가져왔더라고요."

"여기는 광고 효율이 얼마나 돼요?"

물론 경쟁사 모니터링은 매우 중요하다. 그러나 너무 많은 요소를 너무 많이 신경쓰다가 핵심을 놓칠 수밖에 없다는 점을 경계해야 한다. 바로 이 지점에서 능숙하고 경험 많은 대표와 초보 대표의 차이가 극명하게 드러난다. 중요한 것에 힘을 쓰고, 중요하지 않은 것에는 과감히 신경을 꺼버리는 것. 결단이 필요한 어려운 일이다.

이런 생각을 할 때면 항상 떠오르는 장면이 있다. 한때 우리나라를 뒤흔들었던 드라마 〈스카이캐슬〉에서, 항상 전교 1등을 놓치지 않는 딸아이가 "이번 시험에서도 올백 맞았다"고 자랑하자 아이의 아버지가 "다른 애들은 시험 어떻게 봤대?", "항상 2등 하던 걔는 이번 시험 잘봤대?"라고 꼬치꼬치 캐묻는 장면이다. 시험에서 좋은 성적을 얻으려면 경쟁자들의 실력, 응시한 시험의 난이도 등 외부 요소가 중요한 것처럼 상품 론칭도 비슷한 면이 있다. 비슷한 시기에 론칭하는 다른 제품들의 매력도가 떨어질수록 우리 제품이 더 돋보일 수 있고, 상단에 노출될 기회를 얻을 수 있다.

하지만 이쯤에서 본질로 돌아가 보자. 시험을 잘보려면 외부 요소도 중요하지만, 결국 핵심은 '내가 잘하는 것'이다. 외부 요소는 내가 잘해서 만든 결과를 더욱 돋보이게 해주는 플러스 요소일 뿐 결과를 바꾸는 주원인이 될 수 없다. 신상품 론칭도 마찬가지다. 같은 시기에 론칭하는 경쟁사의 제품, 가격, 콘텐츠, 심지어 플랫폼의 외부 환경까지 모두 중요한 요소는 맞지만, 결국 핵심은 이것이다. '내 제품이 매력적인가?' 그 본질이 확고하게 선 뒤에야 논할 수 있는 부가 요소라는 것이다.

와디즈 최초로 콘돔을 론칭한 K사가 있다. 그때만 해도 보기 어려웠던 파격적이고 색다른 콘텐츠로 시장의 주목을 받았고, 후속 제품인 마사지젤로 자신의 영역을 확고히 다져나가며 신선한 브랜딩을 펼쳐오고 있다.

사람들이 흔히 잘못 알고 있는데, 콘돔은 성인용품이 아니라 의료기기다. 의료기기 광고 심의를 받아야만 온라인에서 판매할 수 있기 때문에 선정적이거나 자극적으로 상세페이지를 만드는 데에는 한계가 분명하다. 반면 마사지젤은 화장품이다. 제재가 상대적으로 적다 보니 브랜드 정체성을 좀 더 자유롭게 담아낼 수 있었다. K사가 후속작을 고민한 끝에 마사지젤을 선택한 가장 큰 이유다.

다만 그들은 단순히 이미지만으로 소비되는 것이 아닌, 시장에 없는 제품으로 견고하게 브랜딩을 쌓고 싶어 했다. 그래서 첫 제품인 콘돔의 성공 이후 바로 후속 제품을 출시하는 대신 몇 년간 개발을 거듭한 끝에 두 번째 제품을 선보였다. 그들이 내놓은 것은 흔한 마사지젤이 아니었다. 바로 가루 형태의 마사지젤. 이 가루를 물에 타면 촉촉한 질감의 끈적임 없는 마사지젤로 변신하는 것이 포인트였다. 사용자가 원하는 점도에 맞게 사용할 수 있다는 점이 매우 매력적이었고, 시각적으로도 재미있는 콘텐츠를 만들어내기 좋은 아이템이었다. 몇 년의 고민과 노력이 결실을 맺어 K사는 다시 한 번 1억 이상의 높은 매출을 달성하며 시장에 그들의 이야기를 제대로 선보일 수 있었다.

그 후 와디즈에 무수히 많은 콘돔과 비슷한 컨셉의 마사지젤이 소개되었다. 하지만 K사는 프로젝트를 진행할 때마다 자신의 콘텐츠와 스토리에 공을 들이고 고민을 나눌 뿐, 경쟁사는 신경쓰지 않았다. 언젠가 "우리 프로젝트가 성공한 다음부터 비슷한 프로젝트가 여럿 오픈했는데 신경쓰이지 않으세요?"라는 질문을 했을 때에도 그들의 대답은 심플했다.

"전혀요. 저희가 보여줄 게 아직 너무 많은데요. 제 눈엔 전혀 다른 제품이라서요."

우리가 보여줄 제품의 강점, 스토리, 가치가 아직 많이 남아 있는데 다른 제품을 신경쓸 이유도 여력도 없다는 것. 실제로 프로젝트를 준비할 때면 자신들의 스토리에 어찌나 공을 들이는지, 인트로의 서체 크기 하나, 영상 자료 하나, 심지어 소소한 띄어쓰기조차 수정에 수정을 거듭했다. 자신의 제품과 브랜드에 오롯이 몰입하여 견고하게 팬층을 쌓아가는 모습에서 흔들리지 않는 브랜드의 힘을 느꼈다.

다시 한 번 시험을 떠올려보자. 수능처럼 중요한 시험이면 더 좋겠다. 다른 사람의 마킹 소리가 들린다면, 그 시험에 100% 집중하지 못하고 있다는 뜻이다. 문제 하나에 모든 에너지를 쓰는 순간에는 문제를 풀어가는 그 과정 외에는 아무것도 들리지 않는다. 정말 이 제품으로 성공하기를 원한다면, 먼저 풀어야 하는 문제들에 모든 에너지를 집중하자. 불필요한 요소까지 모두 챙기고 살피느라 낭비되는 리소스를 꽉 잠가야 한다.

우리 제품을 사려고 하는 사람은 누구인지?

우리의 타깃고객은 누구인지?

예비 구매자가 막상 우리 제품 구매를 망설인다면 이유가 무엇인지?

고객에게 확실하게 선택받는, 우리 제품의 가장 매력적인 요소는 무엇인지?

…

우리 제품에만 집중해도 풀어야 할 문제가 산더미다. 이 문제도 제대로 풀지 않고 다른 요소에 신경쓰는 것은, 기본 개

념이 정립되지 않은 상태에서 심화 문제만 붙들고 있는 수험
생과 다를 바 없다. 고객에게 보여주고 싶은 우리 제품의 차
별화된 강점을 명확하게 정의하고, 이를 어떻게 보여줄지 몰
입해서 고민하는 것. 이것이 놓쳐서는 안 될, 가장 많은 시간
을 들여 고민해야 할 부분임을 잊지 말자.

사람들이 원할 때
보여준다

우리나라 쌀 소비량이 갈수록 줄고 있다고
는 하지만 그래도 '한국인은 밥심'이다. 밥을 주식으로 먹고
자란 부모님과 우리 세대에는 변치 않는 진리가 하나 있다.
바로 '압력솥으로 지은 밥은 전기밥솥이 결코 흉내 낼 수 없
다'는 것. 코로나 시국 이후, 집에서 요리를 해먹는 사람들이
늘어나며 갓 지은 솥밥에 대한 수요도 따라서 증가했다. 집에
서도 대충 한 끼 때우는 게 아니라 한정식집에서 먹듯이 제대
로 차린 음식을 격식 있게 즐기려는 사람들도 늘었다. 이 수
요를 파악한 후 국내 굴지의 전통 압력솥 브랜드 P사와 미팅
을 진행했다. 맞다, 당신이 짐작한 그 브랜드다. P사는 어릴

적 우리 집에도 있었고, 그 솥으로 밥을 지으면 참 고슬고슬 맛있다는 이야기를 어머니에게 숱하게 들었다. 그래서일까, 미팅 전부터 '젊은 사람들'에게 이 브랜드를 제대로 선보이고 싶다는 욕심이 있었다.

P사에서 와디즈에 처음 론칭한 제품은 주물 코팅 냄비였다. 가마솥 원리를 적용한 냄비로, 묵직한 주물 뚜껑에 도자기 수분뚜껑으로 압력을 한 번 더 가하는 설계였다. 호불호 없는 화이트컬러에 가격도 부담 없는 4만 원대였는데, 결과는 아쉽게도 약 2000만 원 매출에 그쳤다. 그 이유를 나는 '기다림에 대한 희소성'이 떨어져서라 판단했다. 시중에 수많은 냄비가 있는 데다 4만 원대라는 저단가 포지션도 5주나 기다릴 이유를 설득하는 데에는 오히려 걸림돌이 되었다. 기능이든 가격이든 디자인이든 적어도 하나에는 반드시 예리한 설득 포인트가 있어야 했는데, 어떤 요소든 충족하기에는 2% 부족했다는 뼈아픈 결론이었다.

그리고 두 번째 미팅, 다시 한 번 심기일전하여 제품 선정부터 공을 들였다. P사에서는 마침 오랜 기간 론칭을 고민하던 제품이 있었는데, 바로 '가정용 압력밥솥'이었다. 본래 식당용으로 납품하던 제품인데, 몇 분 만에 솥밥을 즐길 수 있다는 장점 때문에 개인의 구매요청이 적지 않았다고 했다. 다만 가정용으로 판매하기에는 가격대가 만만치 않아 결정을 보류하고 있던 차였다. '요즘 사람들은 집에서 밥을 잘 안 한다던데, 이 비싼 솥을 누가 필요로 할까?'라는 고민이었다.

하지만 내가 보기에 가격보다 더 중요한 건 '소비자들이 원하는 그 시점에 보여주는 것'이었다. 제품 론칭에 가장 중요한 요소 중 하나는 바로 수요가 커지는 타이밍을 놓치지 않는 것이다. 집밥과 요리에 대한 수요가 폭증하는 코로나 시국에, 몇 분 만에 식당에서 먹는 퀄리티의 솥밥을 집에서 지을 수 있다면 사람들의 니즈를 제대로 긁어줄 수 있지 않을까? 게다가 사용법도 전기밥솥만큼 쉬웠고, 솥밥의 비주얼 또한 SNS에 올리기에 더할 나위 없었다. 이 아이템을 확신한 또 한 가지 이유는 '그들이 가장 잘하는 영역'이기 때문이다. 국내 굴지의 압력솥 브랜드가 만든 냄비에는 많은 설득요소가 필요하지만, 국내 굴지의 압력솥 브랜드가 만든 가정용 미니 압력솥은 다른 설명이 필요 없었다. 국내에서 가장 오래 했고, 가장 잘한다는 걸 사람들이 다 아니까.

품목을 확정한 후에는 제품의 디테일을 다듬었다. 식당 납품용B2B이 아닌 가정용B2C 제품인 만큼 더욱 고급스럽고도 명확한 차별점이 필요했다. 가정용 제품은 식당용과 다르게 양 손잡이를 부착하여 안전성을 높이고, 가정에서도 한정식 솥밥처럼 갖춰 먹을 수 있도록 나무 받침대나 스텐 뚜껑 등 액세서리를 추가해 풍성함을 더했다. 또한 누가 하더라도 같은 맛을 낼 수 있도록 밥솥 전용 인덕션을 함께 구성하여 편리함을 추가했다.

구성에도 세심한 계산을 더했다. 이 모든 구성이 포함된 압력솥 풀세트의 가격은 20만 원대. '나도 솥밥 한번 해볼까?'라는 마음을 먹고 들어와도 선뜻 지갑을 열기에는 어쩐지 무거운 가격이다. 그래서 구성에서 꼭 필요한 것들만 뽑아 10만 원대 실속세트를 추가했다. 가격 앞자리가 달라지면 심리가 달라지는 것은 당연지사. 게다가 10만 원대 실속세트가 있음으로써 오히려 돈을 조금 더 주고 풀세트를 구매하고자 하는 니즈를 유발할 수도 있으리라 생각했다.

역시는 역시, 해당 제품은 론칭 첫날 1억 원이 넘는 물량을 모두 소진했으며, 이후 물량을 모아 진행한 앵콜펀딩 역시 2억 원이 넘는 판매고를 올리며 주목할 만한 레퍼런스를 만들어냈다. 향후 안전재고로 남겨둔 극소량의 물량마저 와디즈 스토어 프로모션으로 전량 판매되며 '스타 아이템'으로 자리 잡았다. 가정용 제품을 써본 식당 주인이 P사 자사몰에 식당용 제품을 대량 주문하는 등 부가적인 제품 문의도 많았다고 했다. 이에 P사는 다양한 소비자 니즈를 면밀히 파악하여 새로운 소재로 신제품을 론칭하고자 다시 한 번 준비 중이다.

어떤 제품이든 시장에 한 획을 그을 수 있는 기회가 한 번은 온다고 생각한다. 그 기회를 놓치지 않으려면 우리가 가장 잘하는 제품으로 시장에 입지를 다져놓고 준비하는 시간이 반드시 필요하다. 신규 브랜드라면 '우리가 가장 잘하는 게 무엇인지'를 명확히 정의해두고, 때가 오면 기회를 놓치지 않고 가장 잘하는 제품을 당당하게 선보여야 한다. 압력솥 하면 떠오르는 굴지의 전통 브랜드가 젊은 고객들이 모인 신규 채널에서 억대 매출을 달성할지 누가 예상이나 했을까. 오랜 브랜드건 신생 브랜드건 누구에게나 기회는 오지만, 누구나 잡을 수 있는 것은 아니다.

고객 앞에
겸손을 잃지 않는다

여러 업체를 만나 신제품을 접하다 보면 특이한 공통점이 발견된다. 바로 '브랜드에 대한 자랑'이다. 자랑이 나쁜 것은 아니다. 오히려 탁월한 셀링 기술에 가깝다. 우리가 어떤 역사를 가진 브랜드인지, 어떤 기조로 제품을 기획하는지, 규모가 얼마나 큰지, 연 매출이 얼마나 되는지 등 브랜드에 대해 열심히 소개해주신 덕분에 몰랐던 탄탄한 중견 브랜드를 알게 되고, 그 제품을 새롭게 보게 되기도 한다.

하지만 아쉬움도 있다. 플랫폼과 PD에게는 친절한 브랜드가 막상 고객에게는 친절하지 않은 경우가 있어서다. 뻣뻣하다기보다는 잘 몰라서 발생하는 미숙함에 가깝다. "그건 저희가 담당하고 있지 않습니다. 와디즈에 문의하세요." "제품 발송 당시에는 문제가 없었으므로 환불은 어렵습니다." 딱딱한 통보성 멘트에 아쉬운 탄식이 나오기도 한다. '이렇게 하시면 안 될 텐데….'

글로벌 캠핑 브랜드 '데카트론'은 오랜 기간 공들여 펀딩을 제안했던 곳이다. 캠핑에 대한 인기가 절정에 다다르는 시기이기도 했지만, 과거 유럽을 여행하며 데카트론의 오프라인 매장을 방문했을 때 합리적인 가격과 다양한 제품군으로 만족스럽게 제품을 구매한 기억이 있기 때문이다. 데카트론이 한국 시장에 진출한 지는 제법 오래됐지만 온라인 시장에는 아직 공격적으로 확장하기 전이었다. 와디즈를 통해 론칭과 마케팅이라는 두 마리 토끼를 잡아보자는 공감대가 형성돼 장장 8개월 만에 드디어 진행이 성사되었다.

무엇이든 처음부터 욕심을 부리면 안 된다. 브랜드 정체성을 보여주는 첫걸음이므로 신중함이 요구된다. 오랜 고민 끝에 여러 아이템 중 가장 자신 있는 제품으로 '에어텐트'를 꼽았다. 지금이야 여러 브랜드에서 에어텐트를 선보이지만 론칭 당시만 해도 꽤나 생소한 개념이었다. 폴대가 아닌 에어펌프로 공기를 주입해 텐트를 설치하는 방식으로, 초보자도 10분이면 어려움 없이 설치할 수 있다는 게 강점이다. 특히 데카트론의 에어텐트는 해외 직구도 활발할 만큼 매력적인 제품이었으니 마다할 이유 없이 바로 펀딩 준비에 착수했다. 그 과정에서 여러 우여곡절이 있었는데, 특히 이 에어텐트 모델은 전 세계적으로 품절 상태여서 중국 지사와 협의해 펀딩에 필요한 물량을 확보하고 입고일까지 무사히 들여오는 과정도 무척 험난했다.

여러 어려움 속에서도 펀딩 알림 신청자는 4000명에 육박했고, 준비한 텐트 250동은 오픈 30분도 되지 않아 매진되었다. 텐트 한 동에 최소 100만 원가량의 금액대였음에도 순식간에 이뤄진 매진이었다. 그 후 여러 캠핑 카페에서 바이럴이 뒤따랐다. "마치 수강신청 같았다", "성공하신 분들 계신가요?", "직접 매장 가서 보니 너무 좋았다" 등 제품 이야기가 활발해지면서 네이버의 해당 제품 검색량이 최대치를 찍기도 했다. 이미 물량은 동이 났음에도 앵콜펀딩을 요청하는 고객이 900여 명에 달했다.

하지만 여기서 끝이 아니었다. 이 제품을 펀딩한 고객들은 '캠핑 전문가'였고, 제품을 받아보기 전부터 온라인 사이트 자료를 분석해 아쉬운 점을 가감 없이 피드백하기 시작했다. 그중에서도 가장 난제였던 건 '제품 자체에 대한 수선 요청'이었다. 시작은 어느 고객의 지적이었다. '한겨울에 쓰기에는 다소 무리가 있어 보인다. 스커트와 밑창이 분리되어 찬 공기가 유입될 것 같으니, 이걸 수선해서 보내주거나 수선업체를 찾아달라'는 내용의 댓글이 달리자 20여 명이 줄줄이 동의한다는 댓글을 단 것이다. 꼭 업체가 해줘야 하는 것은 아니지만 고객의 입장은 그렇지 않다. 제품 자체에 문제가 없다 해도 이 대응을 어떻게 하느냐에 따라 제품 만족도가 달라질 테니 업체로서도 난감한 요청이 아닐 수 없었다.

그러고 나서 하루가 지났을까, 메이커가 직접 작성한 새소식이 올라왔다. 내용은 깜짝 놀랄 만했다. 수선 종류와 종류별 소요 비용, 그리고 그들이 직접 연계한 전문 수선업체 연락처와 의뢰방법 등을 상세히 안내한 것이었다. 수백 개의 업체와 소통해온 나로서도 거의 처음 보는 '완벽한 대처'였다.

이 대처가 완벽하다고 생각했던 이유는 딱 하나, 펀딩 이후 브랜드 담당자가 한 말 때문이다. "고객이 원하셔서 저희도 방법을 찾아봤는데, 불가능하지 않겠더라고요. 결국 제품이든 대처든 만족이 중요하니까요."

이 말에서 나는 '겸손'이라는 단어를 떠올렸다.

세상에 많은 제품이 태어나고 죽는다. 어떤 제품은 브랜드로서 생명을 얻어 한 살 한 살 자라기도 하고, 어떤 브랜드는 이제 걸음마를 떼는가 싶다가 돌연 죽음에 이르기도 한다. 브랜드가 생명력을 얻어 성장하는 과정에서 가장 잃기 쉬운 것이 '겸손'이다. 갓 태어났을 때는 고객을 위해 무엇이든 할 수 있을 것 같다가도, 규모가 커지면서 고객의 작은 요구사항은 슬그머니 우선순위에서 밀려나는 경우를 많이 보았다. 이것이 무조건 잘못되었다고 생각하지는 않는다. 고객의 모든 요구사항이 반드시 옳은 것은 아니고, 작은 요청 하나하나에 집착하다가 자칫 큰 시야를 잃을 수도 있다. 그러나 데카트론의 당연하면서도 지키기 어려운 그 겸손에서 나는 성공하는 브랜드의 관상을 보았다. 고객의 요구사항이 옳다, 그르다를 떠나 '가능하다면 해야지. 고객의 만족이 항상 최우선이니까' 라고 생각하는 간결한 마인드. 그 마인드를 잃지 않는다는 건 얼마나 대단한 일인가.

겸손이라는 단어는 초심과도 가깝다. 처음 제품을 만들고 브랜드를 기획하던 그 마음을 잃지 않으면 겸손은 자연스레 따라온다. 그리고 고객이 가장 먼저라는 자세를 잃지 않으며 나아가는 브랜드는 고객의 선택을 받을 수밖에 없다.

과감히
최초가 된다

여기 한 1인 기업 대표님이 있다. 와디즈 첫 펀딩액은 300만 원, 그런데 두 번째 펀딩액은 4000만 원 이상으로 13배 상승하더니 결국 누적 2억 원 이상의 매출을 만들며 규모를 키워냈다. 누적 고객 3600여 명에 만족도도 4.5점을 유지하고 있다. 게다가 유망한 스몰브랜드에 와디즈가 직접 투자하는 '넥스트 브랜드'에 1인 기업으로는 유일하게 선정돼 투자유치까지 받았다. 가히 놀라운 성장세. 도대체 첫 펀딩 이후 무슨 일이 있었을까. 궁금하신 분들을 위해 공개한다.

처음 대표님과 인연을 맺은 건 어느 박람회였다. 조그마한 부스에서 양산을 판매했는데, 지원 인력도 없이 혼자 부스를 운영하는 모습을 보고 궁금증이 생겨 말을 걸어보았다. 그때 대뜸 "저희 원래 안경 전문인데, 와디즈 펀딩도 한 번 했어요!"라고 했다. 안경 전문인데 왜 양산을 팔고 계실까? 궁금증이 더욱 커져 미팅을 잡게 되었다.

이야기를 들어보니 브랜드를 키우기 위해 여러 플랫폼에 입점하여 운영 중인데, 안경 판매만 해서는 규모가 좀처럼 커지지 않아 양산 제품군도 같이 운영 중이라고 했다. 하지만 양산 판매도 지지부진해 와디즈로 신제품 안경을 펀딩해보았는데 매출이 단돈 300만 원에 그쳐 답답하던 차였다고 했다. 생각보다 많은 분들이 겪는 현실이다. 마땅한 해결책도 떠오르지 않아 이것저것 손 닿는 건 다 해보는 시기. 기획자로서 가장 괴로운 때이기도 하다. 뚜렷한 답도 나아갈 방향도 보이지 않아 그저 최선을 다해보는 수밖에 없기 때문이다.

불행 중 다행일까, 직전 펀딩 페이지를 살펴보니 아쉬운 점이 바로 눈에 들어왔다. 개선할 점이 명확하면 문제를 해결할 가능성도 커진다. 지난 펀딩을 살펴봤을 때 가장 먼저 눈에 들어온 건 '자동차로 밟고 지나가도 깨지지 않는 안경'이었다. 뒤이어 실제로 타이어가 뭉개고 지나가도 멀쩡한 안경 이미지가 움짤로 뜨고 "100년 뒤 여름에도 꺼내쓸 수 있는 안경"이라는 카피가 따라 나왔다.

안경 홍보에서 가장 중요한 포인트가 무엇이라 생각하는가? 자신 있게 말하건대 '룩북lookbook'이다. 안경은 기능성 재화이지만 그 어떤 재화보다 비주얼이 중요하다. 얼굴에 착용하는 제품이어서 때로는 액세서리보다 더 까다로운 비주얼이 요구된다. 모델이 너무 튀어서도 안 된다. 안경에 자연스럽게 초점이 맞추어지되, 하이엔드 브랜드의 감도를 표출할 수 있는 고급스러운 감성이 필요해 더욱 까다롭다.

한마디로 안경 본연의 기능성과 패션 액세서리의 역할, 이 두 마리 토끼를 다 잡을 수 있다는 걸 보여주는 상세페이지가 필요했다. 대표님에게 상세페이지 전면 개편 및 촘촘한 새소식 프로모션 그리고 섬세한 소통을 요청했다. 구체적인 미션은 새소식 10개와 커뮤니티 댓글 100개 만들기. 새소식 10개는 의지를 갖고 블로그 쓰듯 열과 성을 다하면 되지만, 커뮤니티 댓글 100개는 대표님이 직접 쓸 수도 없고 어떻게든 소비자의 반응을 끌어내야 하는 어려운 미션이다. 그러나 대표님은 감사하게도 여러 가지 프로모션을 통해 댓글 100개를 만들어내며 나와 함께 진행한 첫 리뉴얼 펀딩에서 4000만 원이 넘는 매출액을 달성했다.

뜨거운 반응을 확인한 대표님은 한발 나아가 고객 관점에서 무엇이 필요할지 궁리해 곧장 실행에 옮겼다. 전국에 지점을 둔 안경점에 제안해 도수 있는 안경 렌즈를 좀 더 저렴하게 맞출 수 있도록 업무협약을 체결한 것이다. 서포터들의 만족감은 더욱더 올라갔고, 평점 4.8점 이상을 받으며 성황리에 펀딩을 마무리할 수 있었다.

첫 단추는 잘 꿰었는데 대표님의 고민은 끝나지 않았다. 이후 유통 전략을 어떻게 세울지에 대한 고민이었다. 마침 오프라인 체험공간인 '와디즈 스토어'를 막 론칭하던 시점이어서 스토어를 빨리 선점해보자고 제안했다.

신규 채널은 잘될지 안 될지 가능성을 점치기 어렵다. 공수를 들여 입점했는데 반응이 처참하면 그 또한 손실이므로 많은 업체가 신규 채널 입점을 주저한다. 하지만 대표님은 신규채널 입점의 손익을 따지기보다는 할 수 있는 모든 것을 해본다는 자세였고, 마침내 스토어에 입점해 안경 카테고리의 첫 스토어 딜을 오픈하게 되었다.

오픈 직후에는 스토어의 존재감이 크지 않았던 게 사실이다. 그러다 스토어 규모가 점차 커짐에 따라 가장 먼저 입점한 안경 브랜드의 이점이 점점 빛을 발하기 시작했다. 일찍 입점한 만큼 후기가 많았고, 자연스럽게 안경을 찾는 고객들이 가장 먼저 볼 수밖에 없었다. 높은 평점은 스토어에서도 꾸준한 구매를 일으키는 동력이었다. 판매량이 많은 제품은 와디즈가 직접 사입해 배송하는데, 덕분에 배송이 빨라져 판매에 날개를 달았다. 펀딩에서 더 큰 매출을 달성한 안경이 많았음에도 스토어에서 안경 1위 자리를 뺏기지 않을 수 있었던 이유다. 우수한 스토어 운영 성과와 지속적인 펀딩 성공으로 결국 대표님은 1년여 만에 와디즈의 '넥스트 브랜드'에 선정돼 투자를 받는 쾌거를 이루었다.

기술이 발달하고 소비자의 취향이 다양해지면서 제품을 소개할 수 있는 신규 채널도 빠르게 늘고 있다. 그곳에 접근해 비어 있는 왕좌를 차지할 기회는 누구에게나 있다. 하지만 뛰어드는 사람은 항상 소수다. 실패의 위험을 줄이고자 여러 상황을 따지고 리소스를 고려하고 결과를 예측해가며 보수적으로 판단한다. 실제로 신규 채널 입점이 항상 성공으로 귀결되는 것도 아니며, 한정된 자원을 가장 효과적인 루트에 투자하는 것은 사업 운영의 기본 중 기본이다.

그러나 시장을 공략하려면 빨라야 한다. 선점의 혜택을 누리고자 한다면 더욱 그렇다. '이 채널에 1인자가 있는가?' '내가 1인자가 될 수 있는 시장인가?' 이 두 가지를 판단해서 가능성이 있다면 과감히 문을 두드려보자. 비어 있는 시장을 먼저 공략하는 것, 누구나 할 수 있지만 결코 쉽지는 않은 결정이 만들어낸 결과가 놀랍지 않은가.

한 끗으로
승부를 본다

좋아하는 편집숍에서 진행하는 럭키드로우 이벤트에 참여한 적 있다. 내가 뽑은 행운의 번호는 212번, 당첨 번호 중에는 232번과 312번이 있었다. '숫자 하나만 달랐으면 내가 당첨인데' 하는 생각이 들자 아쉬움이 더 커졌다. 그러다 이내 잠잠해졌다. 세상은 어긋난 로또 번호와 같다고, 한 끗 차이인 것 같지만 그걸 단순한 한 끗 정도로 바라보면 곤란해질 거라는 생각에 도달했기 때문이다.

경쟁으로 숨막히는 시장에서 우리도 할 수 있다고, 잘 팔릴 거라는 막연한 자신감이 든다. 그러나 시장의 반응은 냉담하다. 생각만큼 주문이 들어오지 않는다. 사람들이 우리 제품의 진가를 몰라주는 것 같아 야속하다. 경쟁자라 생각되는 저 제품, 우리 제품과 별로 다를 바 없는 것 같은데 왜 저쪽엔 소비자들이 뜨거운 반응을 보내는 걸까. 이래서 시장 선점이 중요하다고 하는 건가. 광고비를 얼마나 들이붓고 있는 걸까.

　이런 푸념을 해본 적 있다면 다시 한 번 생각할 필요가 있다. 내 눈에는 정말 똑같은 제품인데 상위 노출을 선점했다고 억울해하지(?) 말자. 소비자는 똑똑하다. 우리 제품과 그 제품 사이에는 분명 다른 점이 있다, 작다고 느껴지지만 사실은 결코 작지 않은. 우리는 늘 다른 제품을 쉽게 평가한다. 한 끗 차이라고 말이다. 그 한 끗을 만들기까지 거쳤을 쉽지 않은 여정은 알아차리지 못한 채로.

　한창 생활용품 카테고리를 키워보고 싶어 열렬히 제품을 찾던 때가 있었다. 매일같이 쓰는 제품, 어느 집에나 있는 제품이라면 곧 모든 사람이 잠재 소비자가 되지 않을까. 그런 품목 중 좋은 제품을 잘 선별하면 큰 매출을 만들 수 있을 거라 생각했다. 그래서 눈에 불을 켜고 제품군을 찾다 어느 빨래 건조대가 눈에 들어왔다.

　세상에는 수많은 빨래 건조대가 있다. 그리고 대부분 얼마나 많은 빨래를 널 수 있는지 그리고 얼마나 튼튼한지에 초점을 두어 제품을 홍보한다. 추가로 강조한다 해도 건조대 이동이나 보관이 편하고 공간 활용이 용이하다는 내용을 덧붙이는 정도다. 그 와중에 W사의 빨래 건조대는 눈길을 끌었다. 그 건조대도 시장이 요구하는 기본 요건은 물론 갖추고 있었다. 튼튼했고 많은 빨래를 널 수 있었다. 공간을 활용할 여지도 컸다. 그 모든 요건 외에 그들이 가진 비장의 한 끗, 그게 내 눈길을 끌었다. 빨래와 나 사이의 '밀당' 기능이었다.

건조대에 빨래를 널고 걸 때면 건조대를 사이에 두고 왔다갔다 오가는 수고를 들인다. 빨래를 널어본 적 있다면 그 모습이 머리에 떠오를 것이다. 누군가는 그냥 왔다갔다 좀 하면 되지 않냐고 생각할 수도 있는데, W사는 이 불편함까지 해결했다. 건조대의 살대를 제자리에서 밀거나 당기며 움직이지 않고도 빨래를 모두 널고 걸 수 있게 한 것이다.

이 제품을 꼭 소개해보고 싶었다. 튼튼하고 빨래를 많이 널 수 있는 건조대는 많지만 이런 건조대는 없었으니까. W사에 제품을 소개해보고 싶다는 메일을 보냈다. 오지 않는 답장을 기다리는 시간, 조바심이 났다. 무작정 입점 제안을 하는 콜드콜 영업은 잘 못하는데, 소비자에게 이 제품을 꼭 전해보고 싶다는 마음이 나의 소심함을 이겼다. 심호흡을 하고 30분쯤 망설이다 전화를 걸었다. 지금 돌이켜보면 결국 통화 버튼을 누르는 데 성공한 내가 기특하다.

마침 업체는 더 개선된 제품을 준비 중이어서 새로운 밀당 빨래 건조대를 소개하기로 일사천리로 논의되었다. 그러나 정작 프로젝트를 준비하며 들었던 건 설렘이 아니라 걱정이었다. 7만 원에 가까운 가격은 빨래 건조대치고는 분명 비싸다고 느낄 법했다. 사람들이 과연 밀고 당기는 이 기능 하나에 2배에 가까운 가격을 지불할까?

소비자들은 기꺼이 그렇게 했다. W사의 빨래 건조대는 첫 프로젝트에 1억 가까운 매출을 만들어냈다. 한 끗이 만든 매출이라 해도 과언이 아닐 것이다. '겨우 한 끗 차이 아닐까?' 하는 의구심은 소비자가 해소해준다. 작아 보여도 결코 작지 않다고. 그 한 끗을 비틀어낼 줄 아느냐 마느냐가 시장에서의 성패를 좌우한다고 말이다.

나이 들어도
낡아지지 않는다

어릴 적 부모님 손을 잡고 백화점에 가면 늘 보이던 브랜드들이 있었다. 지금은 가히 브랜드 춘추전국시대라 해도 과언이 아니지만 내가 자란 1990년대에는 이불은 A브랜드, 신발은 B브랜드처럼 좋은 제품을 살 때면 으레 떠오르는 터줏대감들이 백화점에 자리잡고 있었다. 지금은 좋은 제품이 너무 많아져서 물건 하나 사려면 온라인 후기를 살살이 살펴보며 제품을 탐색하지만, 과거에는 한 카테고리를 대표하는 소수의 브랜드가 시장을 주름잡았다고 해도 과언이 아니다. 그 터줏대감들은 지금 어디에서 물건을 팔고 있을까?

와디즈 같은 신규 채널에 입점을 제안할 때 가장 난도가 높은 유형 중 하나가 바로 이 '백화점 브랜드'다. 이미 고가 정책으로 시장에 포지셔닝된 브랜드라면 신규 채널 입점을 유도하기가 특히 까다롭다. 그들은 백화점의 높은 수수료율을 감당할 수 있는 수준으로 가격을 책정하고 품질에 공을 들이기 때문에 가격이나 품질 면에서 월등한 프리미엄을 표방한다. 저가형 상품이 많은 온라인에서 그들의 가격으로 '온라인 터줏대감'들을 이기기란 여간 어려운 게 아니다. 요즘 소비자들의 소비심리는 또 어떤가. 아낄 땐 확실히 아끼고 쓸 땐 확실히 쓰는 성향이 매우 강하다. 구매하려는 재화가 '확실히 아끼고 싶은 품목'에 해당된다면, 그 순간 백화점 브랜드는 선택지에서 제외된다. 또 가심비를 추구하는 성향이 강해진 터라 적당히 괜찮은 퀄리티에 압도적으로 싼 제품들이 서로 경쟁하며 시장을 넓혀가고 있다. 이래저래 백화점 브랜드는 모두의 입맛을 충족시키기 어려운 포지션에서 시작할 수밖에 없다.

'박홍근홈패션'은 국내 침구 중견 브랜드로 백화점 전 지점에 입점해 있으며, 수십 년간 혼수 예단의 명가로 손꼽혀왔다. 주 고객층은 50대 이상의 여성으로, 프리미엄 퀄리티의 침구를 30만 원대부터 100만 원대의 가격대에 판매한다. 이들은 백화점 고가 정책을 그대로 유지하되, 홈쇼핑 등 주 고객이 많이 모이는 채널에서 프로모션을 활발하게 전개하는 정책을 이어오고 있었다. 반면 와디즈의 주 고객층은 30~40 대 직장인이니 그들의 메인타깃과 전혀 겹치지 않았고, 그 외에도 별다른 접점이 없어 보였다.

"저희 와디즈 하고 싶어요. 신규 고객층을 발굴하고 싶습니다."

예상과 달리 이 브랜드는 '새로워지려는 니즈'가 매우 강했다. 잘 팔아오던 기존 전략 외에 새로운 고객층, 새로운 채널을 발굴해 새롭게 브랜딩을 전개하고 싶어 했다. 기존의 연령대 높은 고객들보다 더 젊은 고객을 탐색하고자 하는 강한 의지로 첫 와디즈 론칭을 결정했다.

박홍근홈패션은 업을 전개한 지 40년이 넘은 브랜드로, 50대 이상의 소비자라면 한 번쯤은 접해본 브랜드이니 인지도는 충분하다고 생각할 것이다. 그러나 여기서 간과해서는 안 될 점이 있다. 바로 '우리가 판매할 곳(와디즈)에 이 브랜드를 어떻게 노출할 것인지'에 대한 전략이다. 아무리 유명 브랜드라 해도 채널의 특성을 고려하지 않은 단순 노출은 효과를 보기 어렵다. 소개팅 자리에 상대방이 처음 보는 낯선 복장을 하고 나가서야 되겠는가. 경험으로 익히 알겠지만, 정말 잘해보고 싶은 사람이라면 첫 만남부터 그 사람이 어떤 스타일을 좋아하는지 미리 파악해서 그에 맞추는 것이 기본이다. 신규 채널에서의 론칭도 다르지 않다. 그 채널의 주 고객층이 선호하는 스타일로 갖춰 입고 나타나는 것이 무엇보다 중요하다.

이 브랜드가 그동안 구사한 전략은 프리미엄하고 깔끔명료한 소구방식이다. 일반적인 온라인 플랫폼도 '스크롤을 많이 내리지 않고 얼마나 짧고 명확하게 보여주는지'가 관건이다. 상세페이지가 길어지면 이탈할 확률이 높고, 지루하지 않게 끝까지 읽게끔 하기가 무척 어렵기 때문이다. 수많은 제품과 경쟁하기 위해서는 단시간에 제품의 강점을 확실히 인지시켜야 한다. 하지만 와디즈는 눈에 띄게 양상이 다르다. 와디즈에서 짧은 상세페이지는 매우 위험한 전략이다. 와디즈 고객들의 상세페이지 체류시간은 평균 5분으로, 웬만한 유튜브 동영상보다도 더 집중해서 본다. 따라서 초반에 호기심을 확 끌고, 5분간 상세페이지 내용을 읽으면서 지루함을 느끼지 않을 만큼 흡인력 있게 스토리텔링을 전개하는 것이 중요하다.

이러한 플랫폼 특성에 맞춰 이번 신제품은 와디즈 유저들에게 친숙한 기능적 GIF를 활용하고 특장점을 큼직하게 강조하는 스타일로 풀어냈다. 그들이 원래 입고 있던 옷을 와디즈 고객 스타일에 맞춰 바꿔입은 것이다. 마치 글과 그림으로 된 홈쇼핑처럼, 시선을 끌 수 있는 영상을 중간중간 계속 삽입하는 한편 고밀도 원단의 촘촘함을 강조하는 실험 영상도 다양하게 선보였다.

그중 가장 반응이 좋았던 것은 면 100수 소재에 대한 강조다. 통상 이불에 사용되는 면은 40~80수로, 100수는 한층 촘촘하고 고급스러운 소재이지만 단가가 비싸서 흔하게 사용되지 않는다. 실물을 만져보면 면 40수와 100수의 차이가 명확하지만, 눈으로 봐서는 전문가가 아니고서야 구별하기도 쉽지 않다. 실물을 봐도 구분이 어려운데 사진으로 이 차이를 부각하기는 더욱 어려운 게 당연지사. 그래서 고민 끝에 면 40수와 100수에 각각 고운 밀가루를 넣고 흔들어 털어내는 실험 영상을 첨부해 100수 소재가 얼마나 촘촘한지 눈으로 확인할 수 있게 했다. 이밖에도 먼지를 털어내 비교하고 물을 뿌려 마르는 속도를 비교하는 등 다양한 실험 영상을 통해 차이점을 '시각적으로' 드러내는 데 주력했다.

여기서 끝이 아니다. 이 브랜드가 기존의 온라인 론칭에서는 한 번도 해본 적 없는 다양한 이벤트를 시도했다. 와디즈 고객들은 댓글이나 이벤트 참여도가 타 플랫폼에 비해 굉장히 활발한 편이다. 이러한 특성에 착안해 이불 전용 세탁망, 베개솜 등을 증정하는 댓글 이벤트 등을 진행해, 단일 이벤트 응모 댓글이 100개에 육박할 정도로 활발한 고객 참여를 이

끌어냈다.

이러한 노력 덕분에 단일 이불 제품으로 총 2억 원이 넘는 매출이라는, 그들도 나도 온라인 업계도 모두 깜짝 놀랄 결과를 만들었다. 무엇보다 젊은 층의 반응을 확인한 것이 브랜드에는 의미 있는 발견이었다. 고객들 또한 검증된 프리미엄 브랜드를 와디즈에서 만날 수 있어 고맙다는 반응이 주를 이뤘다. 성공적인 첫 론칭 이후 박홍근홈패션은 여름 이불과 겨울구스이불 등 다양한 시도를 이어가며 고정적인 팬층을 확보해 매 시즌 즐겁게 신상품을 선보이고 있다.

새로워지고 싶다는 중견 기업을 매년 만난다. 하지만 정작 론칭 시점에 오랜 관습을 버리지 못해 좋은 성과를 거두지 못하는 모습도 흔하게 보곤 한다. 브랜드 담당자 혼자의 힘으로는 해결할 수 없는 여러 가지 사정이 있었으리라 짐작만 할 뿐, 좋은 제품이 있는데도 새로운 고객을 유치하지 못하는 모습에 아쉬움을 삼키며 응원할 수밖에 없을 때마다 참으로 안타깝다.

"브랜드가 나이 드는 건 너무 당연할뿐더러 필요하고 좋은 거예요. 하지만 늙어가되 낡아지지 않아야 해요. 브랜드를 가꾸면서 새로움도 접목할 수 있도록 여백도 남겨두어야 해요."

《작지만 큰 브랜드》에서 박가네빈대떡 추상미 대표가 한 말이다. 나이 들어도 생각이 늙지 않는 한 언제나 새로운 브랜딩이 가능하다는 것. 실제로 박가네빈대떡은 제주맥주 등 젊은 세대가 선호하는 브랜드와 협업을 주저하지 않으며 자신의 브랜드에 생기를 불어넣고 있다. 그럼으로써 브랜드의 터전인 광장시장까지 언제 와도 즐길거리가 있는 흥미로운 곳으로 인식시키고 있다.

신규 채널에 성공적으로 론칭하고 빠르게 단골 고객층을 쌓는 가장 확실한 길은 플랫폼마다 그들의 '맞춤식' 전략을 세우는 것임을 잊지 말자. 물건을 팔기 전에 '누구에게' '어떻게' 팔 것인지 정의하는 것은 매우 중요하다. 우리 브랜드를 새로운 채널로 확장하고 싶다면 그 채널에, 그 고객에 맞는 옷을 입으려는 시도를 해보자. 브랜드가 새로워지는 가장 빠른 방법이라 믿어 의심치 않는다.

어쩌다 PD가 되어버린 건에 대하여

싸게 팔던 MD에서 '사게 파는' 일을 하는

에디터 지윤의 이야기

'대한민국 최저가', '특가대표'를 내걸던 온라인 커머스 플랫폼에서 MD 생활을 시작했다. 온라인 유통시장의 춘추전국 시대라 불리던 시기에 MD의 최우선 덕목은 뭐니뭐니 해도 '잘 꺾어오는 것'이었다.

　처음 제품리스트를 보면 우선 "대표님, 너무 비싸요"부터 시작하고, 쿠폰까지 적용한 값이 과연 최저가가 맞는지 상품 품번을 모조리 검색해 가격 검수를 하고, 가격이 조금이라도 비싼 옵션이 발견되면 100원 단위까지 깎아서 어떻게든 맞쳐왔다. 처음부터 끝까지 '가격'이 전부인 시대였다.

지금은 가격보다는 가치에 집착하는 플랫폼 와디즈로 자리를 옮겼고, 이곳에서 유통의 흐름이 조금씩 바뀌고 있다는 것을 체감하고 있다. 타 브랜드 제품보다 압도적으로 비싸더라도 그만 한 '값어치'가 있는 제품이라면 날개 돋친 듯 팔려나간다. 가격보다 중요한 것은 가치라는 사실이 해가 갈수록 명확해진다.

가치를 중요시하는 고객들을 처음 마주하면서 쓴맛을 봤던 기억이 아직도 생생하다. 한창 수돗물 유충 이슈가 대두되던 때, 광고 메시지부터 경쟁사의 프런트 화면까지 온통 샤워필터가 도배되었다. 그야말로 샤워필터 호황기였다. 나 역시 서둘러 오랜 거래처로부터 100% 국내 생산한 우수한 품질의 샤워필터를 공수했고, 온라인 최저가 대비 2000원 이상 싸게 가격을 매만진 뒤 프로젝트를 공개했다. 나름대로 수년간 MD로서 시장 내 다양한 레퍼런스를 만들어왔기에 '터지는 가격'을 만지는 데 자신 있던 데다 시즌까지 더해졌으니 '이건 무조건 된다'는 확신을 가졌다.

그러나 기대가 무색하게도 최종 매출은 고작 300만 원대. 그때의 나는 이해하지 못했다. 도대체 왜? 이렇게 사람들이 찾는 제품인데 왜 팔리지 않았을까? 심지어 제품이 이렇게나 좋은데?

"2000원 더 싸다고 사람들은 더이상 지갑을 열지 않아요."

샤워필터 프로젝트의 쓰디쓴 결과에 대한 의문을 해결하기 위해 한 동료 PD에게 질문했을 때, 그가 말한 심플한 답변이었다. 머리를 한 대 맞은 듯 신선한 충격을 받았다. 가격으로 대변되는 '터지는 상품'의 공식은 더이상 유효하지 않다는 것을 실감한 순간이었다. 단 몇천 원의 차이는 아무리 좋은 제품이라도 고객의 지갑을 열지 못한다는 뜻이다.

이 책이 가장 도움이 되었으면 하는 분들은 바로 '제품은 좋은데 어떻게 팔아야 할지'가 고민인 분들이다. 매일 온라인 시장을 들여다보는 나조차 쉽지 않은데, 하물며 온라인에 익숙하지 않은 분들이라면 더 어려운 것이 당연하다. 게다가 온라인 시장의 트렌드는 왜 그리도 빠르게 바뀌는지. 오랜 기간 제품에만 집중하며 공장을 운영해오신 나이 지긋한 대표님들을 보면 진심을 다해 팔아드리고 싶다. 광고나 마케팅에 대한 사전 지식은 없더라도 수년의 세월이 투영된 그분들의 제품이 널리 알려지고 빛을 보기를 바라고 또 바란다.

그런 분들을 위해 최대한 많은 경험을 담았다. 그런 분들이 이 책을 통해 다양한 규모, 다양한 업종의 브랜드 사례를 접하고, 꾸준하고 흔들림 없이 가치를 추구해주시면 좋겠다. 온라인 유통업계가 더욱 다채로운 가치로 가득했으면 좋겠다.

그래서 그 색깔을 본 누군가가 또 용기를 내서 쉽게 진입할
수 있는 장이 되었으면 좋겠다.

콘텐츠를 팔다가 브랜드를 팔기로 한
에디터 서현의 이야기

내 첫 회사는 MCN이었다. 'Multi Channel Network', 다이아
TV, 샌드박스 등 유튜버들과 협업하는 회사를 한 번쯤 들어
봤을 것이다. MCN은 크리에이터를 영입하고 해당 크리에이
터의 채널을 관리하고 크리에이터의 맨파워를 활용해 광고
를 한다. 유튜브가 막 부상하고 있었고, 내가 맡은 일도 너무
재미있었다. 크리에이터들의 스케줄을 관리하고 조회수를
분석하고, 콘텐츠를 기획하고, 심지어 크리에이터들과 함께
영상을 찍기도 했다.

　하지만 언제부터였을까. 흔히 말하는 '현자타임'이 밀려들
기 시작했다. 유튜브는 한계선이 없었다. 내 기준에 충분히
자극적인 영상도 지루하다 했고, 시청자들은 더 많은 도파민
을 원했다. 조회수, 썸네일 클릭률, 시청지속시간, 내가 통제
할 수 있는 변수가 하나도 없었다. 이뿐인가.

　"서현 님, ○○○ 유튜버 단가 얼마죠?"

　"아, 걔는 300 정도요."

　크리에이터의 맨파워를 지칭하는 말들이긴 하지만 사람에

게 금액을 붙이는 일들이 뭐랄까, 인간에 대한 탐구를 진하게 했던 사회학도로서는 받아들이기 힘들었다.

CTR(썸네일 클릭률)이 떨어질수록 콘텐츠 주제는 점점 더 자극적으로 변해갔다. 먹방 유튜버들은 조회수를 올리기 위해 사람의 위가 결코 소화하지 못할 양을 먹어댔다. 그 모습을 카메라에 담는 나 또한 식도가 턱 막히는 느낌이었다. 인간에게 못할 짓을 제안한 듯한 죄책감이 들면서 이젠 진짜 안 되겠다 싶었다.

사람들의 일상에 녹아드는 일을 하고 싶어 콘텐츠 분야를 선택했는데 이 영역이 자꾸만 자극적으로 변질되는 인상을 받았다. 다른 방식을 택하고 싶었다. 그게 브랜드였다. 사람들의 일상에 가장 잘 녹아들어 있는 제품들. 하지만 상품을 최저가로 가져와 온라인에 쿠폰만 붙여 파는 일을 하기는 또 싫었다. 최대한 많은 제품을 소개하고 이 제품의 브랜딩 영역까지 관여할 수 있는 일을 찾고 싶었다. 그렇게 와디즈를 만났다.

물론 와디즈도 부정여론이 있다. 신제품을 응원하는 플랫폼인데 해외에서 이미 판매 중인 제품이 펀딩되기도 했으니 사람들이 실망할 만도 하다. 하지만 3년간 함께해온 와디즈에 부정적인 면모만 있지는 않다. 누군가의 삶을 바꾸기 위해 정말 많은 연구를 거쳐 세상에 제품을 내놓고, 실제로 이 제

품을 통해 고객들이 만족했을 때의 짜릿함을 나는 매번 함께
한다.

당신은 고객으로서, 마케팅 비용을 미친 듯이 써서 누구나
다 아는 인지도 높은 브랜드들만 살아남는 시장을 원하는가?

나는 아니다.

작더라도, 자본이 충분하지 않더라도, 진정성 있는 기획으
로 누군가의 삶을 변화시키는 스몰브랜드들은 여전히 우리
곁에 있다. 나는 그들과 발걸음을 맞춰 걷는 지금이 좋고 자
랑스럽다. 그 모든 발걸음들을 모아 만든 책이다. 누군가 이
책을 읽고 또 한 번 영감을 얻어 다음 발걸음을 내디딜 수 있
으면 좋겠다. 그런 마음으로 썼다.

'믿고 먹는 희정 픽'으로 시작해
이제는 전국의 맛을 찾아내는 에디터 희정의 이야기

언제부터였는지 모르겠지만, 내가 추천하는 맛집들은 반짝
했다 사라지는 SNS용 맛집이 아닌 근본 있는 맛집이라는 자
부심이 강했다. 맛있는 것에 대한 정보가 궁금할 때 나를 찾
는다는 것, 내가 타인에게 확신을 갖고 무언가를 추천한다는
것, 누군가 "거기 가면 뭐 먹어?"라고 물어볼 때 가장 맛있는
조합과 그다음에 먹으러 갈 디저트집까지 안내해주는 것이
재미있었다. 그리고 상대방의 만족스런 피드백이 왔을 때의

뿌듯함이 날 행복하게 했다. "아무렴, 역시 내가 추천한 건 믿을 만하지."

이것이 F&B로 업을 정한 이유다.

대학교 3학년 때, 식품유통회사의 창업 멤버로 이 시장에 처음 발을 내디뎠다. 제품을 팔기 위해 제조사 담당자들을 만나면, 너나 할 것 없이 '진짜 잘 만든 제품'이라고 말했다. 마케팅 포인트를 물어보면 "경쟁사 제품보다 ○○ 함량이 ○% 높아요", "경쟁사 제품보다 진짜 맛있어요"라고 강조했다. 그러면 나는 제조사의 말을 그대로 옮겨, 이 제품을 사야 하는 이유를 "A회사보다 스펙이 좋다. 지금 시장점유율이 높은 B회사보다 사전시식단의 후기가 정말 좋다"라고만 소개했다. 만든 사람이 가장 잘 알겠지 하고!

실제로 먹어봐야 맛의 진가를 아는 제품은 아침 일찍 일어나 집에서 조리를 하고, 예쁜 패키지에 담아 샘플을 돌렸다. 혹여 제품이 식어 맛없어질까 봐 보온 박스까지 구매해 열심히도 했다.

그러나 점점 더 많은 소비자를 만날수록 이 영업은 잘못된 방식이라는 것을 인지하기 시작했다. '○○ 함량이 높다'는 말은 고관여자들만 인지하는 스펙, 굳이 지갑까지 열고 싶지는 않은 메시지임을 깨닫는 데는 그리 오래 걸리지 않았다. 오르지 않는 매출이 말해줬으니까.

그렇다면 우리 제품의 USP는 무엇이 되어야 할까? '진짜 맛있다'는 게 가장 중요하다면 일단 먹어봐야 알 수 있는데 어떻게 인지시키지? 이 질문들에서 제품이 시장에 나오기 전에 미리 셀링포인트를 찾고 싶다는 니즈가 커져갔다.

그러고서 만난 PD라는 나의 업무. 나는 제품의 탄생을 함께하는 PD라는 일이 참 좋다. 제품을 시장에 선보이기 전에 생산자와 함께 차별화된 셀링포인트, 소비자에게 전달할 메시지를 찾는다. 그 메시지가 시장에 먹힐 때의 희열감. 그 희열은 마치 내가 소개해준 맛집을 좋아한 사람들의 피드백처럼 행복감을 안긴다. 판매자와 함께 나누는 이 감정들이 내가 이 업을 지속할 수 있는 이유가 되고 있다.

노력 없이 만들어진 제품은 없다. 모든 제품은 누군가가 소중하게 만들어낸 귀한 자식일 것이다. 같은 옷을 입어도 좀 더 태가 나도록, 시장에서 산 옷도 백화점에서 구입한 옷처럼 우아해 보이도록 제품의 가치를 높이고 싶을 것이다. 우리 제품이 지닌 독특한 가치를 만들어내고 싶은 분들에게 이 책이 도움이 되기를 바란다. 고객의 마음이 조금 더 움직이도록, 제품이 좀 더 잘 팔리도록 고민하는 시간에 보탬이 되길 바라며, 이 책을 통해 그 마음을 전달해본다.

당연히 카피라이터가 될 줄 알았던
에디터 우재의 이야기

정말로 그랬다. 의심조차 없었다. 고3 때 처음으로 제대로 된 꿈을 가졌다. 카피라이터였다. 좋은 카피를 쓰기 위해서는 사람의 마음을 잘 알아야 하지 않을까. 심리학을 전공으로 택한 이유다. 카피라이터가 되려면 무엇을 해야 할까. 광고동아리 활동과 공모전, 광고회사에서 진행하는 교육 활동, 길지 않지만 카피라이터라는 직함을 달고 인턴 생활도 거쳤다. 감사하게도 잘한다는 선배의 칭찬도, 너는 광고를 계속하면 좋겠다는 애정 담긴 조언도 들었다. 나는 당연히 내가 카피라이터가 될 줄 알았다.

그런 내가 지금은 와디즈에서 PD로 3년째 수많은 브랜드를 만나고 프로젝트를 진행하고 있다. 스스로 사회성이 좋다고 생각하지 않는다. 그런 내가 영업 기반의 업무를 3년 동안 해내고 있다는 게 신기하기도 하다.

꼭 카피라이터가 되지 않아도 괜찮겠구나. 언제부터였을까, 뚜렷하진 않아도 마음 한구석에 희미하게 품게 된 생각이다. 두 번째 회사에서 건강에 문제가 생겨 쉬어야 했던 때부터였을까, 아니면 옷가게에서 아르바이트를 할 때부터? 마음 건강을 생각하는 스타트업에서 오디오 클립용 대본을 작성할 때부터? 커피회사에서 커피를 내릴 때부터였을까? 브랜드가 좋다는 이유로 와디즈에 들어와 다양한 브랜드를 만나던 그 언제부터였을까? 꼭 카피라이터가 되지 않아도 괜찮겠다는 생각이 점점 뚜렷해졌던 건.

발견과 전달. 2년 전, 따릉이를 타고 서울 시내를 달리다 문득 떠오른 두 단어다. 그 순간 많은 것들이 명료해졌다. 발견과 전달이라는 두 키워드는 내가 지금까지 좋아했던 일, 해왔던 일을 관통했다. 나는 발견하고 전달하는 것을 좋아하는구나. 그러니 꼭 카피라이터를 하지 않아도 괜찮겠구나. 지금 하는 이 일 역시 발견과 전달이라는 키워드에 더없이 잘 맞는 일이다.

새로운 브랜드를 발견하고, 그들의 제품에서 또 다른 가능성을 발견한다. 콘텐츠에 관여하고 마케팅 방안을 고민한다. 잘 전달해내는 것 역시 우리의 일이다.

앞으로 나는 어떤 발견을 하고 어떤 걸 전달할까. 5년 후, 10년 후의 내 모습이 궁금하다. 우리가 적어낸 이 글이 누군가에게 나름의 발견이 될 수 있다면 좋겠다. 그런 마음으로 전달하고자 했다.

어쩌다 PD가 되어버린 건에 대하여

구두를 개발하고 '어떻게' 팔아야 하는지 궁금했던
에디터 훈아의 이야기

책으로 글을 남기는 이유는 브랜드와 일하는 게 좋아서거나 신제품을 어떻게 잘 파는지 누구보다 잘 알기 때문이 아니다. 내가 하는 일의 본질이 여기에 있기에 글을 쓸 수 있다. 신제품기획, 상품개발, 판매, 홍보, 영업까지… 취업 준비를 하던 중 디자인 구두 브랜드 사장님이 되었다가 와디즈 PD로 일하고 있다.

원하는 것이 마음속에 들어오면 돌고 돌아도 결국 해내야 한다. 고등학교 때 특정 대학교의 의류학과를 가고 싶었지만, 점수가 안 될 것 같아 원하던 대학교의 일본학과에 입학했다. 패션산업 공부를 하고 싶었던 나는 일본학과에서 결국 의류학과로 전과하고 패션 브랜드를 열었다. 하고 싶은 건 해야 하기 때문에 구두를 직접 개발하게 되었던 것도 맞다. 굽이 있지만 발이 덜 아프고 어떤 코디에도 가볍고 편하게 스타일링할 수 있는 여성 구두를 사람들에게 알리고 싶었다. 그림으로 그렸던 디자인을 실제 편하게 신을 수 있는 구두로 만들어내기까지, 일일이 직접 경험하며 배워가는 열정적인 시간을 보냈다.

하지만 판매자로서는 부족하고 엉성한 것투성이였다. 판매 감각이 없어서 어떤 채널에서 팔고, 제품을 어떻게 소개할지, 가격책정 등을 잘하고 있는지 갈피를 잡지 못했다. 해외 쇼핑몰에 입점할 좋은 기회가 왔는데도 잡지 못했다. 온라인 판매담당자들의 생생한 현장 이야기를 알았다면 조금 쉬웠을까? 그 당시에도 이런 푸념을 했다. "아, 누가 옆에서 좀 가르쳐줬으면 좋겠다." 온라인의 현장 이야기를 알 수 있었다면 브랜드 초보였던 나에게 상당한 도움이 되었을 텐데, 자신감이 날이 갈수록 떨어졌다.

그럼 와디즈 PD로 일하면서는 어떠했을까. 신제품 출시 기획, 마케팅, 판매전략, 목표매출 달성 등 하나부터 열까지 순조롭게 진행되는 일은 하나도 없었다. 매출 내는 건 정말 내 맘 같지 않다. '목표는 명확하고 과정은 차분하게 해내자' 라는 중심을 가지고 일하면서 나아가고 있다. 지금도 순간순간 부딪히며 답답했다 뿌듯했다 반복하며 그렇게 조금씩 성장하는 게 이 일의 재미다. 브랜드가 가격으로만 승부를 볼 게 아니라 가치를 사람들에게 알리고 시너지를 낼 수 있도록 고민하는 일에 몰입하고 있다.

새로운 브랜드 또는 신제품 출시를 준비하는 사람들에게 용기가 되고, 진심으로 도움이 되길 바라는 마음으로 조목조목 기록했다. 이 책에서 알려주는 신생 브랜드의 성장기에 필요한 정보와 노하우를 알고 있으면, 브랜드들이 조금은 덜 힘들게 온라인에서 생존할 수 있지 않을까.

대학생활의 7할이 펀딩, 펀딩에 미친 대학생이었던
에디터 명회의 이야기

자랑할 내용은 아니지만, 적성과 맞지 않는 전공을 선택하여 4년간의 대학생활에 학업으로 인한 성취감은 그리 크지 않다. 아니, 거의 없다고 하는 게 맞겠다. 시험기간에는 하기 싫은 공부에 몸부림친 기억밖에 없고, 1시간을 앉아 있으면 50분은 딴짓, 10분 공부하는 일상이 이어졌다.

공부하기 싫어서 다른 쪽으로 눈길을 돌린 것이 사업이었다. 자랑할 만한 수치인지는 모르겠지만 학부생 시절 몇 차례의 펀딩을 대표로서 직접 론칭하고, 누적으로 1억 원이 넘는 매출을 기록해보았다. 취업 필수서류라 불리는 각종 자격증은 하나도 없지만 나에게는 여전히 내 새끼 같은 보물들이자 소중한 경험들이다.

팔자에도 없는 비누도 만들어서 팔아보고, 도자기 공방 수십 곳에 콜드메일을 뿌려보기도 했으며, 교통사고가 난 몸을 이끌고 공장 영업을 다니기도 했다. 학점보다는 매출에 신경 쓰는 일련의 행위들이 학생이라는 신분에 칭찬받을 만한 행동은 아니겠지만, 자부할 수 있는 건 그 행동들이 지금 PD 일을 하는 데 가장 큰 자양분이 되었고 후회가 하나도 남지 않는다는 점이다. 각기 다른 제품을 만들고 판매하는 과정이 쉽지만은 않았지만, 그래도 셰익스피어의 작품을 분석하는 것보다는 경쟁사의 제품을 분석하는 게 더 재미있었다.

짧은 지면에 언급하기 어려울 정도의 고난을 거치며 브랜드를 론칭해온 탓인지, 적재적소에 내게 조언을 줄 선배님 한 분만 있었다면 어땠을까 하는 생각을 했다. 그 결핍이 지금까지도 큰 탓인지, 신상품을 론칭하는 브랜드들에게 올바른 길을 안내하는 이정표 역할을 하는 중이다. 수많은 브랜드들의 펀딩 프로젝트를 도우며 더 많은 이들에게 더 크게 도움되는 일을 한다는 사명으로 업의 보람을 찾곤 한다.

브랜드를 처음 론칭하는 과정에 함께하는 것, 생각보다 훨씬 짜릿한 일이다. 한 생명이 태어나기까지 길고 긴 과정을 거치듯, 브랜드의 신상품이 론칭되는 순간은 수개월간 수많은 담당자들의 피땀눈물이 응축된 결과물이라는 것을 누구보다 잘 안다. 그만큼 생각할 것도 많고 준비할 것도 많다. 그럼에도 내가 해냈다면 당신도 해낼 수 있다는 진부한 말로 이 글을 마무리하고자 한다. 특별한 능력이 있지도 않았고, 단지 공부하기 싫어 딴짓거리를 하던 대학생도 할 수 있을 정도였으면 말이다. 그 과정에 이 책이 많은 도움이 되길 바라며, 글자 하나하나에 어떻게 하면 당신께 더 도움이 되는 글을 쓸 수 있을까 하는 마음을 꾹꾹 눌러담았다. 당신의 모든 피땀눈물과 설렘의 집합체인 신상품이 더욱 좋은 옷을 입고 더욱 좋은 학교에 갈 수 있기를 진심으로 기원한다.

신상품 론칭 전,
체크해봅시다

0. 우리 제품의 가장 뾰족한 강점은 어떤 영역에 있나요?

우리 제품이 시장에 놓이는 모습을 상상해봅시다. 많은 제품 가운데 소비자가 굳이 우리 제품을 선택해야 할 이유는 무엇이어야 할까요? 어떤 고객이 대상이며, 그들의 마음을 움직일 수 있을 이유는 다음 3가지 중 어디에 있을까요?

> 기능(　　) · 디자인(　　) · 가격(　　)

'기능'이 우선되는 제품이라면

1. 우리 제품의 강점을 숫자로 표현할 수 있나요? ········· ☐

청소기의 흡입력, 화장품의 원료 함량, 식품의 영양성분 등 명료하게 자랑할 만한 수치가 있는지 확인해봅시다.

2. 수치로 어필하기 어렵다면 원료나 제조공정, 만든이의 이력 등에서 차별점이 뚜렷한가요? · · · · · · · · · · · · · · · · · · · □

특별한 봉제방법을 적용한 청바지나 만든이의 이력이 독보적이라면 제품 신뢰도를 높이는 강점이 될 수 있습니다.

3. 다른 제품에서는 찾기 어려운 우리 제품만의 특별한 기능이 있나요? · □

4. 그 기능을 소비자들이 정말로 필요로 하나요? · · · · · · · · □

'세상에 없던 제품'이라는 것에만 매몰돼 있지는 않은지 점검해봅시다.

5. 우리 제품의 기능으로 소비자는 어떤 효용을 누릴 수 있나요?
· □

'디자인'이 우선되는 제품이라면

1. 기존 제품들 사이에서 시각적으로 확실하게 다르다고 할 수 있는 제품인가요? · □

그렇다면 그 부분을 광고에 어떻게 녹일지 미리 고민해봐도 좋습니다.

2. 제품 디자인과 색상이 트렌드 및 대중의 선호에 부합하나요?
· □

디자인에 정답은 없지만, 오답이라 할 만한 부분은 존재하는 것 같습니다. 나의 취향이 아닌 소비자들의 선호가 무엇일지 생각해봅시다.

3. 함께 쓰이는 제품들과 자연스럽게 어우러질 수 있는 디자인과 색상인가요? · □

제품도 사람처럼 다양한 관계를 맺습니다. 가전에 흰색이 많고 캠핑장에서는 올리브그린 색상이 눈에 들어오는 데에는 이유가 있을 거예요.

4. 제품 패키지는 제품을 잘 담아낼 수 있는 디자인인가요? · · □

도서관이나 서점에서 책 표지만 보고 괜히 펼쳐봤던 경험 있으시죠? 패키지는 제품을 만나는 첫인상입니다. 패키지가 제품을 잘 나타내고 있나요?

5. 제품을 표현하는 로고와 폰트는 적절한가요? · · · · · · · · · □

애플 광고에서 폰트를 바꾸면 예뻐 보이지 않는다는 말이 있죠. 적절한 로고, 폰트의 중요성은 아무리 강조해도 지나치지 않습니다.

'가격'이 우선되는 제품이라면

1. 우리 제품은 필수재인가요, 사치재인가요? · · · · · · · · · · □

주기적으로 소비되는 생활 필수재라면 비싼 가격대가 제약이 될 수 있겠죠. 반대로 삶을 윤택하게 해주는 사치재라면 프리미엄한 소구도 가능한 반면 많은 대중에게 판매하기는 어려울 수 있습니다.

2. 시장에서 스펙이 가장 유사한 제품과 비교해 확실한 가격우위를 점하고 있나요? · □

'가격이 경쟁력'이라 할 만큼 확실히 차별화되나요? 내가 아닌 소비자의 시선에서 바라보는 것이 중요합니다.

3. 시장 평균보다 비싼 가격이라면, 고객이 납득할 만한 제품의 확실한 USP가 3가지 이상 있나요? · · · · · · · · · · · · · · · · □

고객은 우리 제품만 보는 게 아닙니다. 계속해서 비교하며 구매하죠. 타제품 대비 우리 제품만이 줄 수 있는 USP가 무엇이며, 그것이 실제로 비용을 '더 지불할 만한 가치'가 있는지 냉정하게 판단해봅니다.

- USP 1 : _____

- USP 2 : _____

- USP 3 : _____

4. 20만 원대 이상이라면 '한정수량', '한정판' 등을 소구할 수 있는 제품인가요? · □

5. 묶음 구성을 할 때 주력으로 판매하려는 구성에 가장 큰 혜택을 주었나요? · □

구매심리를 자극하도록 다음과 같은 의도를 넣어 설계해야 합니다.

첫째, 객단가(고객 한 명이 지출하는 평균 가격)를 높이는 설계인가요?
· □

- SKU가 한 개라면, 대용량 구성에 매력적인 혜택을 설계합니다.
- SKU가 여러 개라면, 비슷한 가격대의 단품 구성과 멀티 구성을 제시해 객단가가 높아지도록 설계합니다.

둘째, 고객이 '혜택가'로 구매한다고 느껴지도록 가격 숫자가 정리되어 있나요? (ex. 20,000원 vs. 19,980원) · · · · · · · · · · · · · · · □

셋째, 고단가의 제품을 판매하기 위한 제품별 가격단계가 촘촘하게 책정되었나요? · □

신상품 터지는 상품은 이렇게 만들어집니다

2023년 8월 15일 초판 1쇄 발행
2024년 1월 2일 초판 3쇄 발행

지은이   천지윤·김서현·고희정·정우재·최훈아·권명회

펴낸이   김은경
편집   권정희
마케팅   박선영, 홍하은
디자인   황주미
경영지원 이연정

펴낸곳   ㈜북스톤
주소   서울시 성동구 성수이로7길 30, 2층
대표전화 02-6463-7000
팩스   02-6499-1706
이메일   info@book-stone.co.kr
출판등록 2015년 1월 2일 제2018-000078호

ⓒ 천지윤·김서현·고희정·정우재·최훈아·권명회
(저작권자와 맺은 특약에 따라 검인을 생략합니다)

ISBN   979-11-93063-06-4 (03320)

북스톤은 세상에 오래 남는 책을 만들고자 합니다. 이에 동참을 원
하는 독자 여러분의 아이디어와 원고를 기다리고 있습니다. 책으로
엮기를 원하는 기획이나 원고가 있으신 분은 연락처와 함께 이메일
info@book-stone.co.kr로 보내주세요. 돌에 새기듯, 오래 남는 지
혜를 전하는 데 힘쓰겠습니다.